MW01632727

Geneviève Fraisse

Féminisme et philosophie

Gallimard

Dans la même collection

LES DEUX GOUVERNEMENTS : LA FAMILLE ET LA CITÉ, *n° 390.*

LE PRIVILÈGE DE SIMONE DE BEAUVOIR, *n° 642.*

Dans la collection Folio Histoire

MUSE DE LA RAISON. DÉMOCRATIE ET EXCLUSION DES FEMMES EN FRANCE, *n° 68.*

LES FEMMES ET LEUR HISTOIRE, *n° 90.*

Geneviève Fraisse est philosophe, directrice de recherche émérite au CNRS. Son travail est axé sur l'épistémologie politique de la pensée féministe. Elle est l'autrice de nombreux ouvrages sur la généalogie de la démocratie, les concepts de l'émancipation citoyenne et artistique et la problématisation de l'objet sexe / genre. Elle fait une parenthèse politique, comme déléguée interministérielle aux droits des femmes (1997-1998) puis comme députée européenne (1999-2004). Elle prend l'initiative de deux rapports parlementaires, l'un sur le spectacle vivant, l'autre sur les femmes et le sport. Elle est productrice de « L'Europe des idées » à France Culture (2004-2008).

De 2011 à 2013, elle donne à l'Institut d'études politiques de Paris un cours de philosophie, intitulé « Pensée des sexes et démocratie », dans le cadre de PRESAGE (Programme de recherche et d'enseignement des savoirs sur le genre).

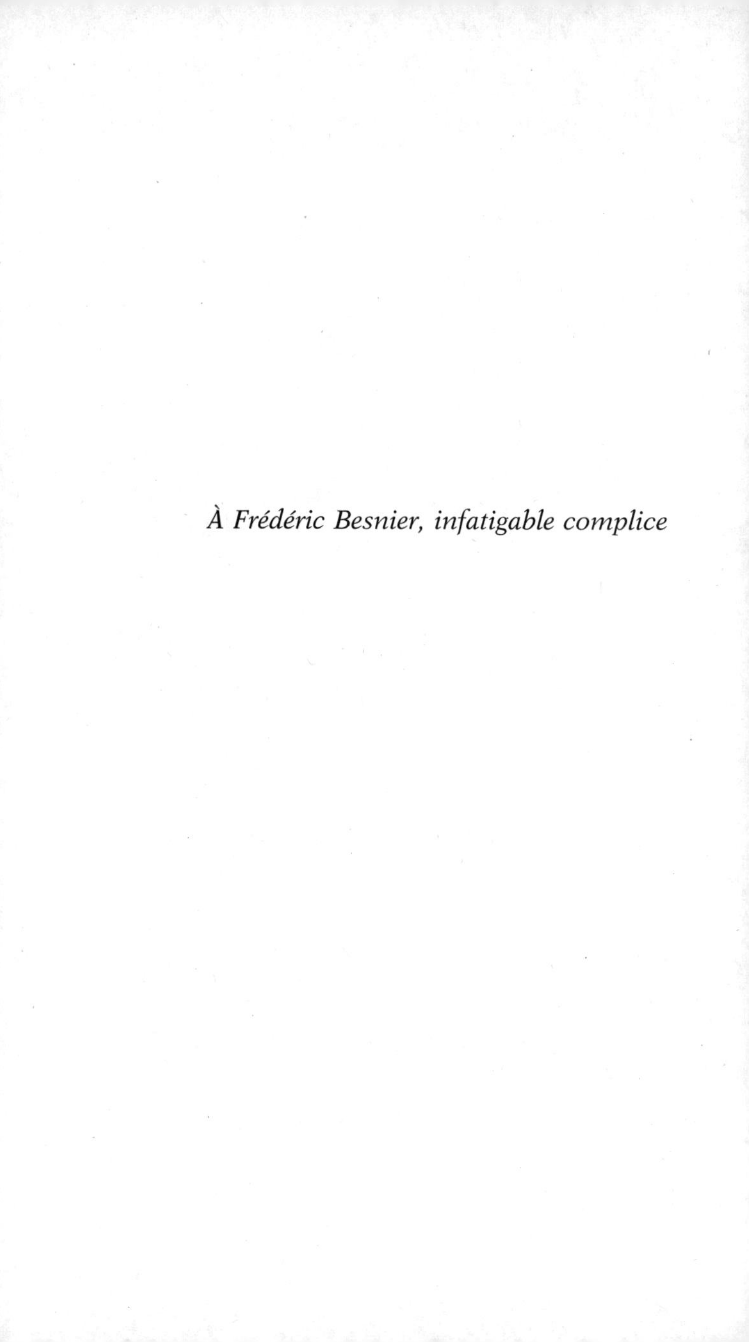

À Frédéric Besnier, infatigable complice

Colporter

« Le concept dit l'événement, non l'essence ou la chose », écrit Gilles Deleuze. Cette affirmation est adéquate à mon choix philosophique : je cherche le concept. Pour ce faire, j'entrecroise le devenir, l'Histoire, avec l'« acte de pensée », ici l'intelligence du féminisme. Puis j'emprunte aussi au philosophe l'expression « dialectique des formes » pour extraire de l'actualité sociale et politique les idées qui s'y fabriquent. Alors le concept, outil de compréhension, donne à la fois le relatif d'un moment donné, et l'absolu de l'exigence d'abstraction.

Au « nomadisme » cher à ce philosophe, je préfère le colportage où, de villes en villages, on parcourt l'universel, offrant des marchandises conceptuelles qui sont comme des lumières pour éclairer l'espoir d'égalité commun à toutes et tous.

La colporteuse emprunte le chemin de l'Histoire tout en offrant à qui voudra ce que les événements et les conflits lui ont permis de penser.

Avertissement

Ce recueil se compose de textes divers publiés, pour la plupart, depuis le début des années 2010, dans des journaux, ouvrages, blogs...

Ils sont en général reproduits intégralement, afin de respecter leur cohérence et leur temporalité. Les notes de fin d'ouvrage ont été limitées au strict nécessaire.

Ce livre rend compte du déploiement d'une pensée. Au fil des textes, les concepts et notions développés, qui se croisent et se recroisent selon différents éclairages, offrent un corpus radical dans lequel lecteurs et lectrices pourront déambuler.

PREMIÈRE PARTIE

ÉPISTÉMOLOGIE POLITIQUE

Le savoir s'accumule et c'est la meilleure nouvelle. Depuis quelques décennies la question sexe / genre a réussi à s'imposer comme problème théorique et, par conséquent, comme champ de recherche, lieu d'explorations, d'hypothèses, de théories. Mais aucune position de surplomb, de maîtrise de ce champ, n'est possible. Pourquoi ? Parce que cet objet de pensée échappe sans cesse à la sérénité académique, parce que le sujet de pensée impliqué doit encore défendre sa légitimité scientifique. Ainsi ai-je compris que je serai une « colporteuse », colporteuse d'idées qui peuvent servir à tout le monde.

J'ai donc choisi la mise en chantier d'une réflexion toujours suspecte quant à sa scientificité. Encore fallait-il trouver l'espace susceptible de constructions progressives, d'éclairages cumulatifs. Ce sera l'histoire, présente et passée. L'histoire est un laboratoire où s'élaborent des rêves et des stratégies. Et si on croise le rêve et la stratégie, on obtient des notions qui rassemblent les morceaux de revendications partielles ou de détours obligés. Ces notions vont devenir les conditions de possibilité de la pensée féministe, plus encore des concepts identifiant le problème, celui du rapport entre sexe et démocratie.

Mais l'histoire a un double visage : il y a ce qu'elle montre, et ce qu'elle cache. Toute généalogie, celle ici pratiquée, à savoir la généalogie de la « démocratie exclusive » à l'ère contemporaine, entraîne vers les explications. C'est heureux et satisfaisant pour l'esprit. On peut relever les progressions, les déplacements, les moments de rupture ; bref suivre le temps de l'histoire. On peut aussi explorer les espaces, ceux de la vie des femmes, espaces de leurs droits, civils, politiques, économiques, familiaux. Mais on ne comprend toujours pas comment un système politique, la démocratie, peut à la fois inclure et exclure un sexe de la table commune, et comment un mouvement collectif, le féminisme, a pu se construire dans une dynamique concrètement politique.

Cela nous amène à reconsidérer le terme de « généalogie », finalement trop explicatif. D'où mon intérêt pour le mot foucaldien de « provenance », plus flou certes, mais plus exigeant quant à l'histoire longue. « D'où » vient la pensée de l'égalité des sexes, quel moment de l'histoire la rend possible ou impossible ? Comment surgit cette fatale contradiction entre une pensée du contrat social, anticipant sur les républiques modernes à venir, et la propriété du corps des femmes circulant comme une marchandise malgré la volonté de celles-ci d'être reconnues comme êtres de raison ? En effet, le politique et l'économique se croisent dans l'espace capitaliste au travers des corps sexués.

Penser la provenance oblige à accepter de réfléchir la contradiction, invisibilisée ou déniée, dès que la démocratie et la république se confrontent à la différence des sexes. Je propose donc d'« habiter » cette contradiction. Car apparaît alors ce qui ne se voyait pas, l'impensé d'une société contractuelle, énonçant l'organisation citoyenne (exclusive puis inclusive) tout en masquant l'usage du corps des femmes.

Reste évidemment à colporter la nouvelle avec les concepts de l'émancipation qui éclairent largement la scène politique à venir. J'ai eu la chance d'être témoin et actrice d'un événement historique, mai 68, qui voulait « changer la vie », qui changea ma vie.

RUPTURE 68

Qu'est-ce qu'une rupture dans l'histoire ? Une révolte ? Une révolution ? Un moment où tout bascule d'un monde vers un autre ? Les célébrations de mai 68 de l'année 2018 ont montré, plus que les précédentes, un langage commun — du moins pour un grand nombre de témoins, notamment des femmes —, celui d'avoir eu la chance d'avoir 20 ans lors de ce bref moment politique. L'intéressant, ici, est de souligner la contradiction historique dans laquelle les féministes se sont trouvées prises. Mai 68 change la vie, mais pourtant, rien de l'oppression des femmes n'est visible dans les slogans, les affiches, les assemblées générales. Dans un deuxième temps, au lendemain de ce moment de dépassements multiples, commence un mouvement de libération des femmes qui envahit l'espace public, et qui dure encore. L'hymne du féminisme, qui se chante toujours aujourd'hui, affirme que les femmes sont « sans passé » et « sans histoire ». L'absence du féminisme en 1968 se redouble ainsi de l'affirmation d'une inexistence historique. Et pourtant, ce qui est alors en train d'avoir lieu, la cristallisation d'un mouvement de libération des femmes, dit exactement le contraire. La contradiction ne m'a pas échappé dès le début des années 1970. Elle permet d'élargir la compréhension de la rupture en en montrant la temporalité qui se fabrique aussi avec des contretemps. La rupture est faite d'éclats : le féminisme ne croise pas mai 68 ; le féminisme survient en son lendemain. Il est persuadé d'inventer l'histoire alors qu'il reprend un fil déjà ancien, celui du « nous, les femmes » de 1830, saint-simoniennes, qui inaugurèrent une dynamique collective d'émancipation féministe.

Mais pourtant, rupture il y a. Elle se voit dans ce qui s'invente de neuf et, pour un mouvement étudiant, ce sera la recherche du socle sur lequel établir une pensée en accord avec ce qui vient de se vivre. Le mouvement des femmes s'inscrira dans cette histoire nouvelle. Alors on pense avec tout ce qui tombe sous la main, on fait feu de tout bois. L'histoire vient à la rescousse de la philosophie et la sociologie montre toute sa force d'esprit critique. Aujourd'hui, on parlerait doctement de transdisciplinarité ; hier il s'agissait simplement de récupérer tous les matériaux, toutes les matières utilisables pour penser un monde nouveau. Utopie ou non, ce n'était sans doute pas la bonne question. Il fallait d'abord déployer des champs d'investigation au plus loin de l'héritage académique qui avait été étouffé par le mandarinat, c'est-à-dire par l'autorité intellectuelle et institutionnelle. Le mélange disciplinaire, pratiqué en toute liberté, tenait à la nécessité de défaire les pratiques autoritaires qui produisaient de la pensée stérile. Quant au féminisme, tout était à inventer. Mais inventer quoi ? Des pratiques, bien sûr, des théories pourquoi pas, qu'elles soient importées ou non du marxisme.

Pénétrer dans le champ de la pensée comme telle, ne pas être le complément, ou le supplément de la philosophie existante, est une tâche toujours actuelle.

Chapitre premier

COLPORTEUSE*

Colporter, c'est se déplacer ; c'est avoir un baluchon, plein de marchandises. Colporter, c'est n'avoir que son corps pour se transporter, pour voyager, soit parce que les moyens manquent, soit parce que le but du voyage nécessite une forme singulière de parcours. Colporter, c'est tracer son chemin. Ici, il s'agit d'un parcours dans la pensée féministe.

La colporteuse du féminisme, figure contemporaine, pratique le parcours individuel dans une histoire collective, à ce moment-là de l'histoire, celle en train de s'écrire à la fin du XXe siècle, au début du XXIe siècle.

Mais pourquoi ? Parce qu'il n'y a pas de lieu fixe, pas de point de départ assuré et pas d'espace déjà donné à l'objet sexe / genre dans la pensée instituée. Cette question, couplée avec celle de l'égalité des sexes, avec celle de l'émancipation

* « Colporteuse, ou l'épreuve de l'histoire », in *Engagements et sciences sociales. Histoires, paradigmes et formes d'engagement*, J.-P. Higelé et L. Jacquot (dir.), Nancy, PUN-Éditions universitaires de Lorraine, 2017.

des femmes, n'est pas un objet légitime dans la tradition philosophique (ainsi que jusqu'à récemment, dans les autres disciplines). Il faut, par conséquent, accepter de partir de l'empirique pour construire une épistémologie. « Le féminisme, ça pense », ai-je écrit pour présenter *La Fabrique du féminisme* (2012, 2018), et la boîte à outils choisie ne saurait être orthodoxe. Ce qui est rapporté aujourd'hui témoigne alors d'une nécessité comprise après coup, non d'un choix élaboré au départ.

Être colporteuse, c'est avoir accepté la nécessité de la liberté, celle de construire à partir de morceaux épars du savoir ; c'est donc s'engager dans une stratégie de pensée qui se construit au fur et à mesure. À la suite de quoi, donner de l'intelligibilité à la pensée féministe est clairement une ambition théorique.

Certes, il n'y a pas de lieu attribué par la tradition, pas de philosophème sexe / genre. Mais pourquoi le déplacement, le mouvement viendrait-il compenser cette absence de port d'attache ? Tout simplement parce que seule l'histoire — l'histoire du passé et l'histoire en train de se faire — peut donner une matière propice à la conceptualisation. On peut même avancer que l'actualité, celle du féminisme depuis les années 1970, est le creuset, la matière, qui permet de créer enfin un espace d'intelligibilité. Ainsi, d'emblée, cette matière a convoqué la connaissance généalogique de l'émancipation des femmes, donnée par l'histoire moderne et contemporaine, par l'ère démocratique.

Jusque dans les années 2000, je me voyais en fantassin, non pas dans l'idée d'une guerre à mener mais par conviction que l'appartenance à un groupe, à un collectif, celui des féministes, faisait de moi une soldate, parmi d'autres ; soldate soucieuse d'avancer dans un ensemble. Puis j'ai préféré l'image de la colporteuse. La figure de la colporteuse, comme celle du fantassin, désigne une situation horizontale et sans surplomb. Il n'y aura pas de maîtrise. La différence alors, dans le passage d'une figure à l'autre, tient à la distinction entre être un exemplaire, ou être une singularité. La singularité, dans un engagement double, théorique et pratique, a prévalu à cause d'une ambition personnelle, celle de fabriquer de l'intelligibilité, jointe à la compréhension d'un engagement spécifique. Mon hypothèse philosophique est celle de l'historicité, d'une temporalité subversive qui se détourne du schéma de la déconstruction sociale et qui affronte l'inéluctable ritournelle du « de tout temps » affectée aux relations entre les sexes…

Dans ce qui est porté et apporté par le colportage, on distinguera trois objets : les nouvelles, les marchandises, et une lanterne magique. Prenons un exemple, celui d'un texte publié sur le blog « LibéRation de Philo » en octobre 2015[1] : il s'agit d'Olympe de Gouges et du buste dont l'inauguration à l'Assemblée nationale est alors reportée. Ainsi la nouvelle, l'information, c'est le suivi du feuilleton qui dure maintenant depuis plus de 20 ans, de la reconnaissance par la nation du rôle de cette femme pendant la Révolution française, de sa stature historique d'actrice politique. Arrivée en tête du sondage électronique pour entrer au Panthéon en 2014, écartée par la présidence de la République du lieu des « grands hommes », elle est alors choisie par l'Assemblée nationale pour avoir un buste aux côtés de Jean Jaurès. Mais le buste n'est pas prêt pour le jour prévu. Cela, c'est la nouvelle, l'actualité du mois d'octobre 2015. La marchandise, c'est-à-dire l'analyse de la difficulté à la reconnaître comme une « grande femme », honneur de la patrie, permet la distinction entre l'héroïne politique et la représentante du peuple, souligne la pertinence de lui donner une place dans la maison des élus de la nation puisqu'elle pensait qu'une femme pouvait monter à la tribune (et pas seulement à l'échafaud). Et la lanterne magique ? Elle met en lumière son rapport au peuple à travers son plaidoyer pour l'égalité des sexes et sa stature de femme publique, éclairage donné par une lettre acquise récemment par cette même Assemblée nationale, lettre qui précède de quelques jours le 14 juillet 1789 ; et où elle écrit qu'il faut se souvenir du peuple. Ainsi l'actualité est une occasion de réflexion et de construction de repères à partir de la généalogie historique.

C'est pourquoi il n'y a pas de position de surplomb théorique, en amont de la recherche, ni de maîtrise d'un objet déjà là. En revanche, il se pourrait qu'il y ait une prétention philosophique, celle d'inscrire la pensée féministe dans un cadre universel, de travailler à la sortir de sa particularité supposée.

L'histoire est donc convoquée doublement : c'est une épreuve, lieu de l'engagement nécessaire, ou incontournable, et c'est une preuve, un savoir qui, reconstitué ou construit, organise l'intelligible.

L'ENGAGEMENT

On analysera encore « la chance d'une génération », celle qui avait 20 ans en 1968, qui étudiait à la Sorbonne, qui était dans la rue avec le Mouvement de libération des femmes (MLF), et autres urgences, autant qu'en bibliothèque pour dévorer les archives féministes. La mienne. Ces années 1970, c'est la rencontre avec Jacques Rancière et la fondation de la revue *Les Révoltes logiques* en 1975, les croisements avec *Les Temps modernes* et leurs fondateurs.

L'engagement s'exprime en deux expériences intellectuelles, qui sont encore aujourd'hui agissantes, l'expérience de la contradiction d'une part, l'expérience du rapport théorie-pratique d'autre part. La contradiction entre luttes solidaires fut une évidence structurelle. Cependant, l'émancipation des femmes prend toujours à rebours celles des travailleurs et des races, non parce qu'elles s'opposent entre elles mais parce que, dans leur contiguïté politique, il y a nécessairement une tension dans les choix stratégiques. La hiérarchie des luttes est intrinsèque à la réalité politique. « Les femmes » étaient, en langage marxiste notamment, une contradiction « secondaire ». Parenthèse très contemporaine : le terme « intersectionnalité » relève désormais d'une double exigence, scientifique et politique, épistémologique et militante. Il y a sûrement l'idée d'un dépassement de la contradiction. On n'esquivera pas pour autant la difficulté, car les tensions stratégiques ne manquent pas d'avoir des conséquences théoriques. Pour ma part, j'ai proposé de parler de « contiguïté ».

La seconde expérience fut de nous interpeller mutuellement sur le possible rapport entre théorie et pratique. L'althussérisme puis le maoïsme soulevaient la question du lien entre les deux termes, et, plus encore, nous réfléchissions à la « pratique théorique », sorte d'alliage à multiples facettes, celle de l'action radicale, celle de la subversion intellectuelle.

Ainsi l'engagement était une cause, et non une conséquence de la pensée, un socle où se placer pour réfléchir. L'implication politique allait de pair avec la curiosité intellectuelle. D'où, comme une évidence, l'insuffisance à revendiquer son camp, ou à donner son opinion, puisqu'il ne s'agissait pas seulement de défendre une position mais d'en énoncer les conditions de possibilité. De ce point de vue, l'exemple clair peut être la mise en regard de Jean-Paul Sartre et de Simone de Beauvoir, à la fois intellectuels et écrivains. En substance, dit Sartre, dans *Plaidoyer pour les intellectuels* (1972), l'intellectuel est perçu comme celui qui se mêle de ce qui ne le regarde pas ; quand Beauvoir, cela saute aux yeux, se mêle de ce qui la regarde, dans ses livres *Le Deuxième Sexe* et *La Vieillesse*. En ce sens, le « privilège » de Simone de Beauvoir, terme que je mets en évidence et en exergue de son écriture, vient de cette écriture même, et la fréquence de ce mot sous sa plume donne une version multiforme de la place qu'elle se donne, au long de sa vie, dans un engagement aussi pratique que théorique. Le privilège n'est pas ce qui fait obstacle à son travail et à son engagement, mais ce qui s'analyse comme un donné pour être au plus près de ses compétences. Du coup, l'intellectuelle n'est pas seulement une éventuelle représentante de son époque, ici le renouveau du féminisme dans la seconde moitié du XXe siècle, elle est plus simplement, et plus fortement, représentative, exemplaire.

Peu après le parcours de Simone de Beauvoir, impliquée dans ses textes par sa situation de femme, et osant l'assumer, le passage à l'intellectuelle spécifique proposé par Michel Foucault survient comme un simple enchaînement. Partir du spécifique, c'est-à-dire de son savoir accumulé, est bien ce à partir de quoi une parole peut se justifier et offrir un contenu propre à l'engagement. Il arrive aujourd'hui qu'on perçoive l'intellectuel spécifique comme un expert, juste bon, sans doute, à délivrer des connaissances. C'est un incroyable contresens qui s'explique trop facilement par notre XXIe siècle. Soulignons donc que l'intellectuel spécifique n'est pas un expert mais un savant qui tire sa force politique de ce qu'il sait, et non de ce qu'il ne sait pas. Dans la tension entre la position (ou la posture) et le savoir, l'intellectuelle féministe choisit précisément de penser le « quoi » et de ne pas s'attarder sur le « qui », de penser le problème et non l'identité. Je vais y revenir.

À cet instant, on peut tenter de comprendre comment s'inscrit dans la lignée gauchiste le « savoir situé », expression qui, aujourd'hui, fait référence en matière d'inscription sociale et politique de tout chercheur. S'il s'agit d'analyser le « donné au départ » du chercheur (comme de l'intellectuel qui s'engage dans la cité), donné qui ne doit pas être ignoré du lecteur de la recherche, en quoi cela ferait-il progresser le « savoir situé », le fameux « d'où tu parles ? » des années 1970 ? Par moins d'interpellation soupçonneuse, et par plus de souci d'épistémologie politique ?

L'ÉPREUVE, LA PREUVE

L'épreuve est simplement politique. Il faut prendre acte des contradictions politiques, évoquées plus haut, contradictions stratégiques en fonction du rôle primaire ou secondaire attribué aux groupes dominés. Puis aller au-delà, et rentrer dans la matière du féminisme, par exemple en formulant des problèmes. Car formuler des problèmes, c'est s'éloigner de l'opinion, de cette opinion à quoi on voudrait réduire l'engagement, pour aller vers une expression philosophique d'une question politique : l'égalité des sexes.

Quelques exemples, rapidement, de l'épreuve, épreuve de l'histoire en train de s'écrire :

1) Le service domestique[2] : non pas le travail domestique, non pas les travailleuses domestiques, mais l'équation service / égalité. Cas concret de la

hiérarchie des femmes à l'intérieur de la classe des femmes : les féministes des années 1900 avaient déjà identifié la difficulté. Pour ma part, il s'agit, à la fin des années 1970, de faire le lien entre le travail domestique gratuit effectué par toutes les femmes, l'injonction au féminisme « lutte des classes » (les travailleuses d'abord) et le fait intangible du million de femmes payées pour ce travail domestique. La notion, le concept de « service », permet alors de nommer une question, celle de la place du service en démocratie.

2) La démocratie exclusive[3] : ou comment la rupture révolutionnaire permet et empêche la pensée de l'égalité des sexes. Par des mécanismes propres à un système moderne démocratique, se reconstruit une pensée de l'exclusion des femmes adaptée au nouveau régime politique, notamment grâce au jeu d'opposition entre l'exception et la règle, les mœurs et les lois, la raison et le sexe... Et quand se confrontent démocratie et république, on voit réapparaître les deux gouvernements, civil et domestique, pour établir un partage républicain entre famille et cité, une distinction entre les deux « moitiés de la république », dit Rousseau[4]. Séparation classique des gouvernements, cependant que la modernité introduit le concept de représentation. Ainsi se différencie le mouvement pour la parité, où je notais la distinction entre gouverner et représenter, entre être nommée et être élue, deux entrées en politique tout à fait spécifiques.

3) Le consentement[5] : dans les années 1990, on débat sans fin sur la vérité du consentement d'une jeune fille qui décide de porter le foulard ou d'une

prostituée qui assume son métier. On peut être pour le port du foulard et contre la prostitution ; ou inversement. Cela relève de l'opinion militante. En joignant les deux questions du point de vue de l'acte de consentir, dont la complexité a été établie par trois siècles de modernité du contrat, on peut poser la question du consentement, non pas comme simple argument individuel et individualiste, mais bien plutôt comme argument politique, inventant le monde de demain. Alors le consentement politique offre un cadre théorique autre que celui de la philosophie néolibérale.

Le colportage, parcourant l'histoire, est une mise à l'épreuve conceptuelle. Et, avec une ironie joyeuse, on pourrait retourner une phrase de Diderot à l'avantage de la colporteuse : dans *Sur les femmes*, il écrit que pendant que les hommes « lisent dans les livres », les femmes lisent « dans le grand livre du monde ». Lire dans le grand livre du monde : oui, c'est bien par là que la pensée féministe peut être identifiée. Disons qu'il y a l'épreuve, la difficulté, la complexité d'une question, et puis, il y a la preuve, ce qui fait preuve, ce qui peut être vérifié.

Exemples, là encore :

1) Doit-on dire « conciliation » de la vie privée et professionnelle, ou « articulation », comme je le propose lorsqu'en 1997-1998 je suis déléguée interministérielle aux droits des femmes ? Si j'emploie le mot « articulation », je suis dans la construction d'une évolution sociale, recherche active de l'émancipation en vue d'une compatibilité entre travail et famille ; si j'emploie le mot « conciliation »,

je prends acte d'une difficulté chronique, propre à la vie des femmes, échec renouvelé plutôt qu'enjeu d'invention sociale.

2) La parité : faut-il vraiment débattre de la différence des sexes comme fondement du politique, ou au contraire comme inhérente à l'universel ? Ce débat fait rage à la fin des années 1990. Ou faut-il, telle est alors ma proposition, observer l'impact, la dynamique d'égalité et d'émancipation déclenchés par le mouvement pour la parité ? Je propose alors d'inverser la formule kantienne et de dire que la parité est « vraie en pratique et fausse en théorie ». En clair, j'affirme que le débat philosophique porte sur la pertinence du mouvement politique et non sur son éventuel bien-fondé théorique. Et même, plus prosaïque encore est de remarquer que « seul le chiffre fait preuve » pour démontrer l'inégalité du partage de pouvoir entre les sexes. Matérialité mathématique qui a la force d'une démonstration ; vraie en pratique.

Faire preuve : c'est sans doute ainsi qu'il faut comprendre mon passage dans la vie politique. Ce fut un « service politique », service comme une conscription, sept années de vie dédiée à un monde que je ne m'étais jamais destinée à connaître. La preuve : profiter de ce temps donné à la vie gouvernementale, déléguée interministérielle, et à la vie de représentation, être élue au Parlement européen, pour tester le rapport entre théorie et pratique ; mais non tant le passage de l'un à l'autre, de la pratique à la théorie, du MLF aux recherches en bibliothèque, puis, inversement, de la théorie à la pratique pour l'intellectuelle sollicitée à devenir une femme politique issue de la société civile. Non, le passage à la pratique est avant tout celui de la vérification, vérification par le langage soumis au réel.

LE BALLUCHON

Il y a la marchandise transportée, et il y a l'offre d'images que peut offrir la lanterne magique.

La marchandise, c'est bien évidemment le savoir, un savoir accumulé grâce au travail de généalogiste de la démocratie. On précisera que le savoir n'est pas la science. Des éléments de compréhension, mais pas de théorie. Pour construire les problèmes, pour identifier les notions susceptibles de synthétiser des débats et de les transformer en objet philosophique, seuls les textes, documents, traces de ces trois derniers siècles donnent une matière. Cette matière s'ordonne ensuite autour de la question posée. Ainsi, dans le balluchon, il n'y a que des objets propres à l'égalité des sexes et à la liberté des femmes, rapportés à des questions politiques, liées et reliées au monde commun, universel.

À cet endroit du témoignage, une précision importante s'impose. La pensée féministe a toujours été animée par un débat central, celui de l'alternative entre égalité et différence, universalisme et différencialisme. Ce débat, je l'ai volontairement mis à distance, et même mis de côté ; en le disant « aporétique » dans le vis-à-vis entre identité et différence, en qualifiant l'expression « différence des sexes » de « catégorie vide ». Aujourd'hui, le débat use d'autres termes, genre et queer, permettant pour l'un, le genre, au singulier bien entendu puisque c'est un concept, de penser l'universel des divers sexes, et pour l'autre l'affirmation du multiple des sexualités. Le duo « genre et sexualités », fort employé dans le langage académique, exprime le renouvellement de la problématique « universel / différence » et permet ainsi d'interroger le deux de la dualité sexuelle : binaire ou non binaire est la formulation la plus actuelle. La question est alors de savoir si ce renouvellement est un déplacement. Oui, peut-être, si on souligne la reprise d'un débat de la philosophie antique : non pas le un opposé au deux, le même et l'autre de notre modernité récente, mais le un faisant face au multiple de notre nouveau monde. Cela vaudrait la peine de mettre la discussion présente au regard des fondements philosophiques de l'Antiquité grecque.

De fait, j'ai choisi, dès le départ de la recherche, de rester à distance, de trouver les problèmes, et les concepts qui vont avec, sans souci de caractériser l'être sexué. Mais pourquoi avoir refusé cette question, qui est, au fond, celle de la définition, peut-être celle de l'ontologie ? Précisément parce qu'en qualifiant l'alternative d'aporie[6], je désignais d'emblée une question sans réponse. Et je préférais prendre des chemins de traverse.

Alors, dans le balluchon, ou la besace de la colporteuse, il n'y a pas la marchandise de la définition ancienne, ou nouvelle, confortée ou repensée de « sexe / genre ». J'emploie désormais l'expression « sexuation du monde » pour montrer comment chaque question rencontrée (service, consentement, démocratie, gouvernement, représentation, etc.) offre une réflexion pour la vie commune, simplement nourrie par un regard sexué ; non pas sexué comme partage de positions ou de situations, mais sexué au sens d'un éclairage de plus dans une histoire humaine globale.

Un exemple, à nouveau, celui du droit des femmes à disposer de leur corps, grâce à une révolution scientifique, la contraception (chimique, mécanique, et non plus seulement « naturelle ») et la reconnaissance juridique de l'avortement (légalisé ou dépénalisé, suivant les pays et leur histoire). En lisant et en écoutant les slogans des années 1960 et 1970, c'est bien la formulation de l'*habeas corpus* qui s'exprime, avec le slogan « notre corps, nous-mêmes » précédant le « mon corps m'appartient », que nous connaissons bien. La reprise de l'*habeas corpus* (Angleterre, 1679) n'est pas anodine car elle place le droit à décider de sa fécondité au regard d'une conquête civile, située en amont des droits de l'homme énoncés à la fin du XVIIIe siècle. Cette référence nous invite alors à réfléchir l'historicité en jeu. Soit le droit des femmes à disposer de leur corps apparaît comme un contretemps au XXe siècle qui voit le triomphe du biopouvoir, de la manipulation des droits de l'homme. Soit ce droit permet le dévoilement d'un impensé de notre modernité, le fait que le corps des femmes, avant même toute civilité et citoyenneté, est un lieu de pouvoir masculin, donc de dépossession pour le sexe féminin. La notion d'*habeas corpus* s'invite donc comme à rebours dans la controverse contemporaine sur les « droits de l'homme ». Le droit à disposer de son corps, pour les femmes, serait-il en décalage, et en tension, avec la mise en perspective polémique des droits de l'homme au XXe siècle ? Une sorte de contretemps politique et philosophique ?

En conséquence on entrevoit le sens de ma proposition, celle de « sexuer » notre regard au lieu de le laisser soit dans le neutre de l'implicite, de l'invisible, soit dans la réduction au particulier, au spécifique. La « sexuation » propose un universel enrichi de cette perspective essentielle.

Et c'est alors que la lanterne magique contribue à l'éclairage d'une histoire sexuée. La lumière, ou le faisceau de lumière, c'est ce que je nomme « l'opérateur égalité ». Cet opérateur est un opérateur de pensée, au sens où le principe égalité, inhérent à l'ère démocratique, est indispensable pour comprendre le contemporain. Peut-on lire la généalogie de la démocratie sans rencontrer la question de l'égalité des sexes ? Certains analystes le pensent, et « évitent » cette question dite secondaire. Pour ma part, avoir ce principe de lecture des textes éclaire, et non obscurcit, la compréhension. Ceux ou celles qui s'opposent à cette lecture mélangent volontiers le principe d'égalité avec les mots de justice, ou d'équité ; et cela brouille la compréhension des deux derniers siècles. Plus encore, l'engagement à lire la tension entre démocratie et république, ou à reconnaître l'émancipation des femmes à partir d'un principe politique, l'égalité, permet d'échapper à ce à quoi on voudrait réduire le féminisme : du militantisme, de l'humeur, de l'idéologie vue comme discours fantasmatique, bref de la non-pensée.

À partir de là, on comprendra que le principe de liberté, tout aussi important du point de vue de la philosophie politique, n'a pas la même capacité à servir d'opérateur : les controverses sur la bonne ou mauvaise liberté pour les femmes sont d'emblée l'enjeu de multiples polémiques qui fragilisent sa force épistémologique structurante ; mais non son importance politique.

Alors, on en profitera pour distinguer l'ontologique du politique. L'ontologique dit l'aporie de l'identique et du différent tandis que le politique, en prenant appui sur l'égalité et la liberté, adresse à l'ontologique des questions précises : égalité de raison, donc la citoyenneté, l'éducation d'un côté, et liberté du corps, donc propriété de soi et limitation de la violence de l'autre. L'ontologique et le politique se croisent, mais ne se superposent pas.

Évidemment, il faudrait prendre le temps de la démonstration, du cas pratique. Mais sachons admettre qu'à user de l'opérateur égalité, on écarte tout débat sur le contenu du masculin et du féminin. Disons même qu'on s'en dispense. On évite ainsi la confusion des définitions au profit d'une réflexion sur le fonctionnement social et historique de la sexuation.

LE PASSAGE À L'UNIVERSEL

Grâce à ce faisceau de lumière produit par l'opérateur égalité, on lit les auteurs autrement, et surtout on élargit la perspective. Exemples rapides, autour du droit au divorce, indispensable, on le sait, à l'émancipation des femmes : on comprend aisément que le vicomte de Bonald écrit un livre contre le divorce au début du XIXe siècle, puis obtient son interdiction en 1816 (il avait été autorisé par une loi de 1792). On comprend que la liberté des femmes est le ferment de leur autonomie à venir, et induit en conséquence une pensée de l'égalité des sexes. Une femme divorcée est une citoyenne en puissance. Plus intéressant est de considérer la profondeur que de Bonald accorde à cette polémique postrévolutionnaire : le divorce menace l'État, écrit-il, le divorce remanie en profondeur la société. D'une particularité de vie privée, il fait une question axiale de l'organisation sociale. Aussi, on suivra avec intérêt la polémique sur le consentement mutuel que la loi rétablissant le divorce (pour faute) en 1884 suscite, notamment chez Émile Durkheim. Lui aussi s'inquiète et argumente pour écarter une mutualité des consentements entre les sexes (pourtant déjà présente dans la loi révolutionnaire). La menace ne pèse pas sur l'État, comme le pensait son prédécesseur, mais sur la structure des rapports sociaux qu'il ne faut pas fragiliser, voire mettre en péril.

Il n'est pas sans intérêt de noter que ce sont les

adversaires de l'égalité des sexes qui expriment le mieux ce que cette égalité a comme signification globale, et non catégorielle. Je tiens juste à souligner ce passage à l'universel, si souvent négligé. Car, si on devient attentif à ce passage, alors on gagne en pertinence. Quand la formule « démocratie exclusive » s'exporte, par sa capacité formelle, vers d'autres lectures que celle de l'exclusion des femmes, cela doit être apprécié.

Mais le passage à l'universel concerne aussi la pensée de l'émancipation. Soit le bouleversement qu'entraîne l'appropriation par les femmes de leur nudité, de la nudité en général. Après avoir été, pendant tant de siècles, placées dans une nudité offerte au regard, notamment si on pense à l'histoire de l'art, les femmes de la fin du XIXe siècle récupèrent cette nudité, aussi bien en revendiquant le pouvoir de copier le nu qu'en se représentant nues elles-mêmes. Plus encore, un siècle plus tard, la nudité se fait politique, activisme qu'il faut savoir plus répandu dans le monde que simplement celui des Femen. Le moment de rupture historique peut être rapporté à Nietzsche lorsqu'il met au conditionnel le rapport entre femme et vérité. Alors on abandonne l'allégorie de la vérité représentée par une femme, au profit du sujet qui dérègle les rapports anciens. Ainsi, c'est du point de vue de l'universel, entendu comme la tradition classique, que la sexuation intervient comme lecture à la fois philosophique et politique.

Tous les exemples évoqués dans ce texte renvoient à des développements dans des travaux antérieurs. Quant à l'engagement qui m'accompagne dans ce colportage, il se trouve partout. Il est dans l'objet de recherche, la pensée féministe ; il est dans la méthode, retour sur une épistémologie politique ; il est dans l'ambition philosophique, démontrer l'historicité des sexes, montrer que les sexes font l'histoire, ce que je nomme désormais la sexuation du monde.

L'engagement s'accompagne du choix de se déplacer, de suivre un parcours lié à l'histoire en train de se faire, de ne pas s'installer dans un lieu ; de toujours repartir.

Chapitre II

ENTRE PROVENANCE ET GÉNÉALOGIE*

ÉMANCIPATION

Un mot revient en ce moment, pour mon « presque » plus grand plaisir, le mot émancipation ; je m'aperçois qu'il réapparaît ici ou là. Ce fut un point de départ pour quelques jeunes philosophes des années 1970, autour de Jacques Rancière ; au lendemain d'une période, la fin des années 1960, où Althusser proposait de relire Marx. De cette impossibilité de continuer à être des lecteurs et relecteurs de Marx apparaissait le fait qu'on pouvait aller chercher dans des archives, dans toutes sortes de documents, une matière qui ne serait pas celle du réel, mais la matière de ce que Rancière a appelé « la pensée ouvrière ». Et pour ma part, si je suis historienne, c'est de « la pensée féministe », c'est-à-dire de ce qui fait

* « De l'émancipation des femmes, entre provenance et généalogie », transcription partielle de la conférence du 30 novembre 2016, *Initiales. Revue de l'ENSBA*, « Maria Montessori », n° 10, Lyon, Les Presses du Réel, novembre 2017.

articulation des rationalités, lien à entendre dans le titre de la revue, *Les Révoltes logiques*[1]. Ce titre est emprunté à un poème de Rimbaud, « Démocratie » — poème par ailleurs complexe —, et plus spécifiquement au vers « Nous massacrerons les révoltes logiques ».

Dans cette volonté de restituer les paroles ouvrière, féministe, minoritaire (car il y avait dans le trio de départ le Catalan Jean Borreil), on reconnaissait la contiguïté des révoltes. Non pas leur intersectionnalité, comme on dirait aujourd'hui, mais leur contiguïté. C'est un terme que je défends : les amis de nos amis sont-ils nos amis[2] ? Les amis socialistes sont-ils les amis des féministes ? Cela dépend. Je me sépare d'une doxa contemporaine mais aussi très ancienne, centrale dans les années 1970, qui veut structurer les oppressions. L'intersection se soutient d'une épistémologie politique qui tient à fabriquer une totalité, quand la « contiguïté » laisse place au point de vue du sujet autant qu'à la surprise de la construction des luttes.

Grâce aux chantiers ouverts par Michel Foucault, j'avais l'idée d'extraire des textes, de n'importe quel texte, des paroles féministes. Travail qui permettrait de reconstruire et de construire, et non pas de déconstruire (je ne fais pas de la déconstruction, là encore je me sépare de tout un champ de pensée), ce que j'appellerais aujourd'hui de manière polémique « l'analyse de la domination ». Plus de 90 % des études de genre privilégient l'analyse de la domination.

Car le travail de déconstruction et d'analyse

de la domination, opéré notamment par Pierre Bourdieu, désigne toujours l'émancipation comme un à-côté, comme un après, une conséquence. En analysant la domination, on n'aurait pas besoin de réfléchir à l'émancipation, qui serait produite, ou donnée par la simple mécanique de la déconstruction. Déconstruisez les stéréotypes qui font les hommes / les femmes, le masculin / le féminin, etc., et une fois que tout est déconstruit, l'émancipation sera là. Non, cela ne fonctionne pas comme ça, ce n'est pas une mécanique, on ne trouve pas l'émancipation à la fin de la déconstruction de la domination. Par ailleurs, le féminisme comme mouvement politique m'est apparu, d'entrée de jeu, comme un point de départ de la réflexion. Je peux en référer au premier numéro des *Révoltes logiques* où je publie un article sur les féministes de 1848[3]. Lors de cette Révolution de quelques mois en France, se publie un journal quasi quotidien de femmes, tout à fait féministes. Oubliez ceux qui parlent de vagues féministes qui commenceraient après la Commune et au début de la IIIe République. La continuité féministe commence bien avant, dès les années 1830. Je sous-titre alors : « Féminisme et moralisme ». Moralisme ne veut pas dire qu'elles sont morales pour être morales, puritaines, comme on aime raconter le XIXe siècle, mais morales parce qu'elles en font un argument politique. Les saint-simoniennes, quinze ans plus tôt, ont été critiquées par leurs amis saint-simoniens, pour vouloir être « la » femme libre, prôner l'amour libre, etc. Quinze ans plus tard, quand les femmes de 1848 se demandent comment convaincre, elles se disent que la morale peut servir de stratégie. J'ai donc essayé de comprendre leur stratégie.

L'émancipation est un espace complexe et éventuellement contradictoire. Et son analyse ne peut être produite simplement. Juste après 1968 et au début d'un gauchisme effervescent, multiple (trotskiste, maoïste, libertaire, etc.), nous n'allions donc pas lire et relire Marx : il fallait trouver des matériaux, une matière autre que cette relecture permanente des textes canoniques.

PROVENANCE

De cette matière désordonnée, nous avions un excellent exemple de lecture avec Michel Foucault. Avec lui, on comprenait qu'il fallait « ralentir », retourner en arrière pour mieux aller de l'avant. Par conséquent, pratiquer l'histoire et travailler sur ce que Michel Foucault a appelé « la provenance ». Qu'est-ce que la provenance ? Il faut lire son très beau texte, dans les *Dits et écrits*, datant de 1971, intitulé « Nietzsche, la généalogie, l'histoire » (Nietzsche est toujours une aide précieuse !). Il distingue la provenance et la généalogie. La provenance n'a rien à voir avec l'origine. Le mot « origine » suppose un point de départ, la provenance est une mise en perspective, qui s'aide de la généalogie. Il y a une image dans ce texte que je trouve très belle, celle du mot « souche », à partir de *Herkunft* en allemand. La provenance, c'est une souche, et la souche permet la prolifération. Or la prolifération ne donne pas d'entrée de jeu sa rationalité. Nous sommes, par conséquent, très loin de la question de l'origine. Avec ce terme de « provenance », on peut penser une histoire du féminisme, de la pensée féministe ; et constater que le mot « égalité » (le mot, car la chose est antérieure), à partir du XVIIe, de la Révolution pour ce qui est de la France, du XIXe et du XXe, a produit ce qui permet désormais de s'adosser à une histoire.

Il faut se souvenir de l'hymne féministe des années 1970, qui commence par « Nous qui sommes sans passé, les femmes » ; et aussi de la revue *Partisans*[4] qui titre au lendemain de mai 68 : « Libération des femmes : année zéro ». Tout de suite, je comprends que cela « cloche ». Je sais qu'il y a des archives et, à la bibliothèque féministe parisienne Marguerite Durand, je découvre que du texte il y en a, de l'histoire il y en a, ce qu'a complètement négligé — et elle l'a reconnu — Simone de Beauvoir dans *Le Deuxième Sexe*. Il y a bien une provenance. Pourquoi disons-nous « année zéro », « sans passé » ? C'était, pour l'étudiante en philosophie que j'étais, un refus d'historicité difficile à comprendre. Je n'ai pas cessé de questionner cette contradiction, et c'est là ma continuité. Si j'en répète l'énonciation, c'est parce que je pense encore aujourd'hui que toute controverse autour de la question « sexe, genre, queer » renvoie à l'absence d'historicité. Que veut dire « historicité » ? Quitte à penser « sexe, genre, queer », il faut se demander si et quand cela fait histoire, si cette question d'identité va être déliée de l'histoire ou, au contraire, va se comprendre comme faisant histoire.

La Sexuation du monde (2016) indique en fait la sexuation de l'histoire et certainement pas la sexuation de l'espèce. En effet, il ne s'agit pas de travailler sur la question des identités ou de l'identité, et par conséquent, sur la question des catégories. J'ai refusé ce que j'appelle les « gros mots », différencialisme, essentialisme, etc. La critique des philosophies de l'identité qui se répand aujourd'hui à longueur d'ondes et de débats politiques est une affaire réglée, pour ma part, depuis longtemps. En effet, les catégories confirment qu'il n'y aura pas d'histoire. Or l'enjeu est de montrer que cela fait histoire, que, par exemple, la question de l'amour et de la sexualité fait histoire par-delà leur définition, ou que je peux lire la généalogie contemporaine de l'histoire des sexes avec ce que j'appelle l'« opérateur égalité ». Un concept, doublé d'un « opérateur », est un instrument de lecture. Le mot « égalité » est réapparu dans l'histoire de la pensée en France au XVIIe siècle avec le philosophe cartésien Poulain de la Barre. « Réapparu » parce que ce concept a été travaillé par Platon et la philosophie antique, puis a disparu. Ce concept réapparaît à l'époque moderne, cela fait provenance, d'une façon très étonnante. Et s'il devient un « opérateur », c'est parce qu'il permet de lire la réalité contemporaine.

HISTORICITÉ

La proposition philosophique est donc celle-ci : travailler à l'historicité, loin des identités, des catégories, dans la mesure où elles servent d'explications ; ni identité au singulier, ni identités au pluriel, pas même le « qui suis-je ? ». La déconstruction des normes de genre est encore soumise au schéma épistémologique — à mon avis largement périmé et dépassé — nature / culture. Ce modèle était très efficace dans les années 1960, mais il ne l'est plus. Si vous reprenez la phrase de Simone de Beauvoir : « On ne naît pas femme, on le devient », le mot important de cette phrase est le verbe « devenir » : que se passe-t-il s'il y a devenir ? Devenir comme lieu de fabrication de ce qui change. Cela va avec l'émancipation.

S'il y a provenance, la généalogie permet de marquer les temps de rupture, les temps d'irruption, les contretemps ; et la mise au jour des rationalités propose des lignes de compréhension. En fait, pour penser l'émancipation du XXe siècle, il fallait remonter en amont et comprendre, par exemple, pourquoi une féministe importante du XIXe siècle peut dire que c'était mieux avant la Révolution, mieux sous l'Ancien Régime, en monarchie. Pourquoi Julie-Victoire Daubié a pu écrire cela[5] ?

Quand le concept « égalité » réapparaît sous la plume de Poulain de la Barre, on retient la formule « l'esprit n'a point de sexe », ce qui signifie, implicitement, que les femmes peuvent tout faire.

Pendant trois siècles, les commentateurs en seront quelque peu effrayés[6].

Pourquoi une telle radicalité ? Sans doute parce qu'il est cartésien, que la dualité du corps et de l'esprit permet, contrairement aux matérialistes du siècle suivant qui remixent ensemble le corps, la matière et la substance pensante, de libérer les femmes… L'idéalisme cartésien est finalement très positif pour l'égalité des sexes. Le XVIIIe se situe, paradoxalement, à l'opposé, mais dans ce temps court du XVIIe siècle où l'on sépare l'esprit du corps, l'égalité des sexes et l'émancipation des femmes y gagnent… momentanément.

Ensuite, la Révolution produit une représentation égalitaire, rupture politique et historique. Dans deux scènes primitives qui font la matrice de mon analyse de la démocratie exclusive[7], je distingue le « pour toutes », les citoyennes, et le « pour chacune », la femme artiste. Dans les deux cas, on entend que la démocratie pourrait ne pas avoir de limites ; ce qui semble ennuyeux à plus d'un titre. Il faut, en effet, que la domination, la hiérarchie des sexes se perpétue. Or, les révolutionnaires, en admettant que nous sommes tous des semblables, devraient en conclure que la citoyenneté doit être pour tous, et toutes ; alors pour les noirs, les domestiques, les femmes ? Cela est impossible. D'abord, parce que le partage républicain fait que les femmes, comme dit Rousseau, sont « la précieuse moitié de la République » : elles sont donc priées de former des citoyens plutôt que d'être citoyennes… Ensuite parce qu'est « citoyen toute personne jouissant de l'ensemble de ses droits civils », dit le Code civil napoléonien. Or les femmes ne jouissent pas de l'ensemble de leurs droits civils (deux siècles seront nécessaires pour y arriver). Ainsi, elles ne sont pas citoyennes, mais on ne le dit pas. L'exclusion doit rester implicite.

La provenance de l'émancipation ne prend sens que si on s'installe dans l'universel de la tradition pour l'ébranler. L'émancipation n'est pas un ailleurs, un lieu d'utopie à identifier. Elle se fait plutôt dans un affrontement avec les repères conceptuels et imaginaires de l'histoire commune. Car il s'agit de dérégler la machinerie, de la dérégler pour rendre d'autres histoires possibles.

Chapitre III

À REBOURS. CONTRAT SOCIAL, CONTRAT SEXUEL*

Le livre de Carole Pateman, *Le Contrat sexuel*, est l'énoncé radical d'une interprétation globale de l'histoire de notre modernité : le contrat social, pensé à partir du XVIIe siècle, se fonde sur un contrat sexuel. Ce contrat sexuel doit être dévoilé, après avoir été occulté par la pensée contemporaine, car il est une clé de l'histoire du contrat social. Il explique la déliaison entre société civile et société domestique. Et il permet, ainsi, *a contrario*, de comprendre le tout social. Reprenons donc cette histoire… Histoire escamotée, dit Carole Pateman ; histoire qu'elle décide de raconter, de reconstituer.

DÉVOILER L'INÉGALITÉ CONTRACTUELLE

L'histoire du contrat social repose sur un tour de passe-passe. Pour établir une pensée

* « À rebours », préface à Carole Pateman, *Le Contrat sexuel* [1988], Paris, La Découverte, 2010, trad. Charlotte Nordmann.

du contrat, de Hobbes à Locke, de Locke à Rousseau, il faut s'opposer au droit précédent, paternel et monarchique, au droit fondé sur la parenté. Le contrat social élabore donc, non sans mal, une rupture avec la tradition paternaliste. Ce droit nouveau va obéir à une double finalité politique, « donner le nom de liberté à la subordination civile » et « refouler l'interdépendance de la liberté civile et du droit patriarcal ». Ces mots de la dernière page du livre éclairent le propos ambitieux de Carole Pateman : raconter la moitié manquante de l'histoire du contrat permet de révéler l'escamotage politique du contrat en lui-même. Quelle liberté est à l'œuvre dans le fait de contracter ? Et quelle émancipation les femmes obtiennent-elles pour avoir conquis, au fil des deux derniers siècles, une place dans ce contrat ? Sur ces deux points, la conclusion de l'autrice sera très critique.

Le contrat sexuel moderne reconduit le patriarcat sous une forme nouvelle : il ne s'agit plus du pouvoir du père procréateur mais du chef de famille, on ne parle plus du géniteur d'une descendance mais du possesseur du droit sexuel. Sans commenter tout de suite le terme « patriarcat » consolidé conceptuellement par l'autrice avec passion, il convient de la suivre quand elle affirme que derrière les histoires de père de famille ou de partage entre espace public et espace privé, il se joue simplement le droit sexuel, le droit de jouissance et de possession du corps de la femme par l'homme. Cette domination masculine est le lieu même de ce qui est refoulé. Le clivage établi (ou rétabli si on pense à Aristote) entre le domestique et le politique est formulé par les théoriciens comme une séparation entre le naturel sexué et le social patriarcal. Cette séparation, et surtout la représentation de cette séparation, rend possible le maintien du droit sexuel avant même le droit paternel ; et permet à l'individu prenant part au contrat de l'ignorer. La confusion entre père et monarque, entretenue encore par le philosophe Robert Filmer au XVIIe siècle, peut cesser…

Mais comment démontrer cela, cette continuité de la maîtrise masculine jusque dans la forme contractuelle moderne ? Il ne peut suffire, justement, de souligner le partage entre le domestique et le politique, car cela s'interpréterait comme un simple archaïsme à résorber grâce à l'individualisme contractuel. Or il n'y a pas de réparation possible. Carole Pateman critique, à de très nombreuses reprises, le féminisme prônant l'inclusion dans le contrat. Le pouvoir des hommes du contrat sur les femmes de la famille est un pouvoir sexuel sans réciprocité possible. La démonstration passe bien évidemment par l'étude des théories du contrat des XVIIe et XVIIIe siècles, ainsi que par une recherche généalogique et historique. Mais aussi, et c'est très neuf à mes yeux, en comparant le contrat sexuel aux multiples formes de contrats présents dans notre société. C'est en analysant le contrat sexuel au regard du contrat de mariage, du contrat de travail salarié, du contrat d'esclavage et du contrat prostitutionnel que l'autrice nous entraîne dans les contradictions essentielles. Ainsi le contrat sexuel n'est pas seulement un impensé du contrat social, sa face cachée et refoulée, il permet de comprendre comment les divers contrats que nous connaissons dans la vie démocratique d'aujourd'hui sont problématiques.

L'éventail des comparaisons entre les divers contrats se déploie grâce à la double image de la servante et de l'esclave. Si Hobbes, pourtant un des plus lucides sur le sexe comme élément du politique, escamote la femme dans la définition de la famille, si Pufendorf met sur le même plan le consentement de l'épouse et la conquête de l'esclave, c'est parce que la femme doit être identifiée par son inégalité foncière ; elle est une servante. Le contrat de mariage est un contrat de travail mais l'épouse n'est pas un travailleur. Car la subordination des femmes est une condition, et non une conséquence, du contrat de mariage. À l'inverse, la contractualisation de la prostitution est clairement l'expression du droit sexuel, publiquement affirmé, métaphore du travail salarié, où pourtant règne la confusion puisqu'un client n'est pas un employeur. Finalement, le contrat de travail s'avère le meilleur paradigme d'une situation inégalitaire, et ainsi le modèle le plus simple pour déconstruire le contrat sexuel. D'où l'importance de la référence à l'esclavage.

La critique est bien double : faire le lien entre contrat et capitalisme d'une part, désigner l'iniquité du droit sexuel d'autre part. Et la solution à cet état d'inégalité contractuelle ? Carole Pateman salue à plusieurs reprises une femme britannique du XVIIe siècle, Mary Astell[1], dont on sait, par ailleurs, qu'elle imaginait créer un lieu de femmes imperméable à ce droit sexuel tout-puissant ; à quoi fait écho, je le rajoute, la proclamation de Monique Wittig[2] affirmant qu'il fallait « s'échapper » du contrat hétérosexuel, le fuir ; ce serait la seule solution. Fuir : non par défaitisme, non par utopie, mais par lucidité politique.

L'HISTOIRE DES FEMMES À CONTRETEMPS

Dévoiler le contrat sexuel est une opération de pensée, à la fois polémique, politique et théorique. Le mot « dévoilement » est éminemment philosophique ; il touche à la question de la vérité. Les sexes sont-ils un opérateur historique ? La réponse est oui. Le contrat social repose sur un contrat sexuel qui, en retour, éclaire la mécanique du contrat telle que la modernité l'a produite comme système démocratique libéral. L'autrice pense que la violence du contrat sexuel, comme droit patriarcal, de l'homme possesseur et de la femme asservie, explique les vices du contrat social dans son alliance avec le capitalisme. Les sexes font donc l'histoire… Ce n'est pas une pensée facilement partagée.

Dévoiler le contrat sexuel entraîne une nouvelle lecture de l'histoire. Cela impose, en effet, de revoir la temporalité historique. Deux directions d'épistémologie politique sont indiquées dans le corps du texte : soit l'analyse expose ce qui est « caché », « refoulé », « invisible » dans le récit de la construction du contrat social, soit l'explication constate une « anomalie », une « contradiction » dans la pensée politique des temps modernes. Ainsi, deux registres conduisent la recherche, soit le manque et l'absence, soit l'opposition et la contrariété. Dans le premier cas, cela permet de penser l'exclusion des femmes, leur inclusion potentielle dans une dynamique de rectification et de réparation. Dans le deuxième cas, cela éclaire les mécanismes de pouvoir et d'asservissement, renvoyant à un rapport de domination masqué par l'ère démocratique. Grâce à cette double dynamique, Carole Pateman procède à une reconstruction (le contrat sexuel) et à une déconstruction (la domination). Cela n'est pas du même registre, l'un privilégiant la politique juridique, l'autre pointant le rapport de domination. Or cette démarche nous permet de poser une question fréquemment rencontrée : s'agit-il d'ajouter un chapitre à l'histoire universelle, la face cachée, sexuée, du monde, ou d'essayer, avec plus d'ambition, d'en faire un levier pour lire l'histoire générale... ?

Ainsi en vient-on à parler histoire, histoire des femmes, histoire des sexes, histoire de tous. La modernité a souvent été décrite en termes flatteurs pour l'espèce humaine, avec les mots de progrès et de démocratie, avec les concepts de liberté et d'égalité. Les théories du contrat social, sans être toujours qualifiées de valeurs sûres, jouissent d'une réputation émancipatrice. Revenir sur leur face ignorée et sombre ne signifie pas seulement procéder à un « dévoilement ». Dévoiler ce qui est caché, ou dévoiler ce qui est contradictoire : ces deux démarches, distinctes, sont aussi bien des méthodes de réflexion que des interprétations politiques, c'est entendu. Mais elles n'ont pas la même portée historiographique, et par là même philosophique. En effet, la domination masculine (ou le colonialisme...) peut être comprise comme une condition de la modernité, son fondement invisible, ou, au contraire, comme un contretemps inéluctable, une circonstance inattendue. Dans les deux cas, la domination n'est pas une conséquence mais un mécanisme ; elle est vue en amont, ou en parallèle de l'histoire. On pourrait sûrement reprendre avec profit les analyses de l'École de Francfort et de la « dialectique des Lumières ». Pour ma part, c'est la seconde piste qui m'intéresse, celle de la pluralité des temps historiques : remarquer le contretemps, la discordance temporelle, évite de penser l'histoire des sexes sur le registre de la faute tout en maintenant l'exigence politique...

Cette piste est celle qu'une historienne américaine, Joan Kelly[3], avait éclairée dès les années 1970 : la fin du Moyen Âge, l'humanisme de la Renaissance n'est pas favorable aux femmes. En privilégiant un modèle de servitude chevaleresque, la noblesse de la Renaissance réduit leur espace d'initiative. Le féodalisme premier suppose la réciprocité, l'étatisme qui le continue établit des rapports de dépendance qui écartent les femmes. Les contretemps de l'histoire des femmes sont donc produits par l'histoire au sens large... De ce point de vue, l'analyse de Joan B. Landes[4] parlant d'un espace public construit « contre » les femmes doit aussi être discutée...

Les choix épistémologiques de Carole Pateman[5]

invitent à suivre plusieurs directions : l'histoire n'est jamais racontée dans sa totalité ; l'histoire des femmes peut servir de révélateur ; et elle ne va pas toujours dans le même sens que celle des hommes. Mais alors que faire du contretemps ?

DIALECTIQUE DE LA DOMINATION

D'autres questions sont importantes. Il y a celle, toujours ouverte, de la terminologie : que veut dire l'usage du mot « patriarcat » par-delà, ou à côté, de la forme juridique du pouvoir paternel familial ? Et le mot « frère », est-il une image pour dire le rassemblement des hommes dans le cercle de la domination, ou une réalité, celle de l'égalité des possesseurs du droit sexuel moderne ? Et la fraternité ? Carole Pateman discute longuement les positions multiples de l'usage ou du refus du terme « patriarcat ». Je comprends qu'elle pense qu'il s'agit du seul terme disant explicitement l'asservissement des femmes, le seul terme qui reste à distance du paternel, du familial, de la parenté, le seul terme pour dire le droit sexuel dans son abstraction. Il est délié de la réalité du père, comme géniteur, comme parent, pour être rattaché à la position du maître. Mais le patriarcat est aujourd'hui le pouvoir des frères, tout le monde en conviendra. L'autrice en discute aussi longuement. Que fait-elle alors du mot « fraternité », tellement aimé de nos contemporains ? Elle le critique pour son réalisme prosaïque : il désigne la totalité des hommes, et en ce sens n'est pas un mot mixte. Mais alors pourquoi la réalité de « père » ne gênerait pas l'usage du mot « patriarcat », quand le terme de « frère » fausserait la représentation de la fraternité ? Pour ma part, délier patriarcat du mot « père » et ne pas désolidariser la fraternité du mot « frère », apparaissent comme une contradiction. La matérialité du père et du frère parasite les mots abstraits de patriarcat et de fraternité. Revenons alors à la nécessité du concept, c'est-à-dire à sa clarté. L'expression « domination masculine » ne saurait-elle remplir cette fonction ? Quant au concept de fraternité, il semble ne jamais gêner personne…

La seconde question porte sur l'histoire en acte. Le geste de dévoilement du contrat sexuel permet-il de penser l'histoire en train de se faire, l'histoire de la résistance, l'histoire de l'action ? On sait que le féminisme d'intégration au contrat social est critiqué pour son manque de lucidité et de radicalité. Mais l'histoire peut aussi être lue suivant d'autres dynamiques. Lorsque le consentement mutuel devient, sous la plume de John Milton[6], l'outil théorique propre à défendre le divorce au XVIIe siècle, on voit l'égalité des sexes rentrer par la porte du négatif : c'est pour dissoudre le mariage, pour défaire l'union que le consentement des deux parties est mis en avant. De plus, le divorce n'est pas pensé par le contrat sexuel, en amont du contrat social… Lorsque la résistance à la domination masculine devient collective, au XIXe siècle, il s'agit de bien autre chose que des voix singulières dont on peut louer la perspicacité. Et il semble difficile de réduire le féminisme à une unique stratégie. Car, peut-être, la résistance historique des actrices et la pratique politique d'égalité sont des réalités qui excèdent largement la pratique d'intégration contractuelle. La question de l'égalité, et ici de l'égalité des sexes, est théorisée clairement dès la fin du XVIIe siècle par Poulain de la Barre[7]. On sait combien la théorie du contrat privilégie le concept de liberté, oubliant sûrement certaines pistes frayées par le concept d'égalité. En proposant le terme de « démocratie exclusive », j'ai voulu donner l'espace de tension entre égalité et liberté, démocratie et république, espace où seraient comprises la mécanique de la domination et la dynamique de l'émancipation. Il est des mouvements contraires d'un point de vue ou de l'autre.

En somme, le travail du négatif pour dissoudre les contrats — notamment le mariage du contrat sexuel —, et le travail de l'affirmatif avec le concept d'égalité — l'emportant sur la seule finalité de la liberté —, sont deux dynamismes qui débordent les limites du double contrat, social, et sexuel.

Ce qui me conduit à poser la question de la rupture : en convoquant William Thomson ou Karl Marx, Carole Pateman pense sûrement qu'une pensée en rupture avec les théories du contrat peut advenir. La pensée de rupture, utopiste, marxiste est, historiquement parlant, une pensée qui cache moins, qui refoule moins la contradiction entre les êtres humains en général, entre les sexes en particulier. L'idée même du communisme devant rallier toutes les égalités, la domination masculine devrait y rencontrer plus de contradicteurs. Voire... Je ne me prononce pas ici sur la possibilité de la rupture. Je me garde de sortir du conditionnel.

Et je prends un exemple, la pensée d'un auteur critique du XIXe siècle, celle de Proudhon. En effet, si tous les exégètes de Proudhon soulignent son antiféminisme et sa misogynie, c'est en ignorant sciemment le lien que ses propos sur la femme et la famille entretiennent avec sa théorie révolutionnaire. Or Proudhon est très explicite : l'inégalité dans le foyer est une condition nécessaire à l'action révolutionnaire. Là, dans cette théorie, aucun dévoilement du caché n'est à effectuer. Tout est dit, il suffit de lire, de lire l'évidente articulation entre le domestique et le politique, entre l'inégalité des sexes et la contestation sociale.

Mais au fond, on revient ainsi au point de départ : Hobbes, Locke, Rousseau n'étaient-ils pas déjà très clairs dans leur argument, très lucides dans leur objectif de maintien de la domination du sexe masculin ?

Alors c'est la question de la vision qui est posée : comment ne voit-on pas ce qui est visible, la domination masculine ? Comment l'évidence de la construction de la domination échappe-t-elle à la sagacité de celui qui regarde ? En choisissant de mettre à nu le mécanisme de la convention et du contrat, Carole Pateman cherche à ouvrir les yeux, à nous ouvrir les yeux. Elle a magnifiquement ignoré la ritournelle explicative de la division nature / culture pour étaler au grand jour l'histoire politique des sexes, qui est toujours un rapport organisé. Par là elle offre une pensée strictement politique.

Chapitre IV

L'INDOCILE PHILOSOPHE

ENTRETIEN*

Philosophe, historienne de la pensée féministe, autrice prolifique, féministe... Geneviève Fraisse, comment vous définiriez-vous ?

Loin d'une identité supposée, requise ou affichée, je crois être habitée par une seule question : comment penser l'égalité des sexes ? L'étudiante en philosophie des années 1960 a simplement décidé qu'il fallait trouver une place adéquate à cette question. J'ai choisi l'écriture, au plus près de cette recherche, pour dire désormais : « ça pense ».

Être un être de raison fut contesté au sexe féminin. Face à cette exclusion de la pensée, je me suis construite en résistance à cette ritournelle négative. La philosophie est le bastion le plus solide, parce que le plus symbolique, d'une suprématie masculine. Dans cette discipline où je fus ipésienne, certifiée, bi-admissible à l'agrégation puis chercheuse au CNRS, le titre de philosophe me fut et m'est encore contesté. Je le vis au quotidien de

* « La lettre de l'InSHS », janvier 2019. Le titre est de la rédaction du journal.

mes interventions ici ou là. On glisse toujours en premier « historienne », l'air de dire que je raconte des faits plutôt que je ne manipule des concepts. Même Wikipédia a refusé de valider ce statut professionnel jusqu'à ce que je prouve, par la page de l'annuaire du CNRS, que j'appartenais à la section philosophie.

Au milieu du XXe siècle, Simone Weil et Hannah Arendt ne voulaient pas se qualifier de philosophes ; je l'ai jadis commenté[1]. Pour ma part — et parce que je travaille sur l'objet encore contesté sexe / genre — je me qualifie de philosophe, notamment, mais pas seulement, parce qu'il s'agit d'un enjeu intellectuel. Avant même la personne, c'est bien l'objet de pensée (sexe / genre, égalité des sexes, sexuation du monde) qui fait problème.

Restait donc l'aventure : l'aventure de la transdisciplinarité avec les historiennes certes, mais aussi avec les sociologues, les littéraires et même les économistes ; faire feu de tout bois pour construire les bonnes problématiques et pratiquer l'échange comme une nécessité méthodologique ; participer à l'histoire, au Mouvement de libération des femmes notamment.

« La rue et la bibliothèque » ont donc coexisté dès le départ. D'où mes images pour me définir : celle de fantassin d'abord, pris dans l'histoire, les collectifs de pensée, le mouvement féministe, puis, après les années 2000, celle de colporteuse, celle qui part sur les routes de l'universel avec son savoir accumulé et sa lanterne magique, l'opérateur égalité.

Pouvez-vous nous dire quel fut votre parcours au CNRS et en quoi l'institution vous a aidée dans la construction de votre objet de recherche ?

J'ai commencé mes recherches au début des années 1970 et j'ai candidaté au CNRS dix ans plus tard. Entre-temps, nous avons fondé en 1975 avec Jacques Rancière et Jean Borreil la revue *Les Révoltes logiques*. Par ailleurs, j'ai collaboré aux revues *Les Temps modernes* et *Les Cahiers du Grif*, j'ai contribué au premier livre sur l'histoire des femmes, *L'Histoire sans qualités*[2], et j'ai donné une forme éditoriale à la revue *Pénélope*, fondée en 1979, dont le numéro 2 conforte le projet de faire le recensement de toute recherche, académique ou non, sur un thème donné (ici : « Éducation des filles, enseignement des femmes »). Il faudrait citer aussi le séminaire non académique « Limites-Frontières » créé en 1980. L'entrée au CNRS me permet d'organiser cette énergie multiple, volontairement tout-terrain, avec pour projet plus synthétique « les fondements philosophiques du discours féministe ». En outre, je sais que je vais être payée toute ma vie pour faire de la recherche, pour construire un champ d'intelligibilité. Cela s'appelle la liberté et je me vois encore, rue de Richelieu, marchant vers la Bibliothèque Nationale où je me rendais depuis des années, forte d'une énergie joyeuse !

Par ailleurs, le titre CNRS donne immédiatement une légitimité institutionnelle, donc sociale, à une question qui suscite continûment ironie et condescendance ; il offre également une assise internationale. Ce sigle me sera souvent utile face au soupçon, comme une protection.

Mon premier geste, en 1984, est de rendre hommage à une femme philosophe autodidacte du XIXe siècle, Clémence Royer[3], qui n'a pas eu la chance qui m'est alors donnée. Traductrice de Darwin, contestée pour ses prises de parti à l'égard du grand savant, c'est aussi une étonnante intellectuelle qui intervient dans tous les champs de pensée, par exemple en économie, où elle gagne un prix face à Proudhon, en proposant l'impôt sur le revenu dont le principe sera voté en 1912. Son écriture est remarquable ; il faut lire son *Introduction à la philosophie des femmes* parue en 1959, ou son roman, fustigé par Rome, *Les Jumeaux d'Hellas*. Comme jeune chercheuse, j'établis ainsi une attitude épistémologique, celle de la distance adéquate entre le sujet et l'objet, sans identification abusive ; j'œuvre à éloigner, là encore, le soupçon envers une femme qui travaille « sur les femmes ». J'avais écrit précédemment et exprès sur « les héroïnes symboliques », George Sand et Louise Michel[4], avec un regard attentif, en recherche de critères de philosophie politique, de questions d'épistémologie.

Comment vos recherches étaient-elles perçues dans le contexte d'alors et quels obstacles avez-vous rencontrés dans votre parcours ?

Les recherches, nommées « Pensée féministe » au tout départ des années 1970, s'intitulent désormais « Fondements philosophiques du discours féministe » ou encore « Formes du féminisme historique » pour le séminaire donné les premières années du Collège International de Philosophie (CIPH) fondé en 1984.

D'un côté, l'effervescence est réelle. En 1971, au retour d'une année à Berlin, lors de ma soutenance de maîtrise consacrée à l'École de Francfort, Maurice de Gandillac souligne avec amusement le passage sur la question des femmes dans *La Dialectique de la Raison* de Horkheimer et Adorno. Puis, la rencontre avec Jacques Rancière en 1973 sera absolument déterminante.

D'un autre côté, les historiennes, issues du Groupe d'Études Féministes de Paris VII (GEF) et sises désormais à l'EHESS, fabriquent un lieu d'accueil solide. Même si elles me conseillent de changer de sujet pour rentrer au CNRS, le travail intense que nous menons (*Une Histoire des femmes est-elle possible ?*[5], *Madame ou Mademoiselle ? Itinéraires de la solitude féminine.* XVIIIe-XXe *siècles*[6], puis les cinq volumes de l'*Histoire des femmes en Occident*, dont je codirige le volume 4) témoigne d'une dynamique continue. En parallèle, le CIPH accueille en 1990 l'important colloque « L'exercice du savoir et la différence des sexes ». De même, je passe l'année 1990-1991 à l'Institute for Advanced Study de Princeton, à l'invitation de Joan Scott, où j'expose mon livre *Muse de la Raison. Démocratie exclusive et différence des sexes* qui vient de paraître ainsi que mon hypothèse de la « différence historique ».

Les obstacles, quant à eux, restent toujours les mêmes : la disqualification de mon objet d'abord et, bien plus que cela, la mésestime. Je peux en donner un exemple récent : à l'occasion d'une nuit « Sartre » organisée à l'École normale supérieure, je suis invitée à m'exprimer sur Simone de Beauvoir. On imagine la sélection prestigieuse des philosophes invités et une collègue m'interpelle : « Alors, tu vas porter l'étendard de Simone de Beauvoir ! » Disqualification de l'autrice Simone de Beauvoir, réduite à un étendard, disqualification de la porteuse de l'étendard (moi) et mépris pour le contenu d'une œuvre magistrale du XXe siècle. À ce moment-là précisément, je pense à la comparaison que j'établis entre le *Discours de la méthode* de Descartes et l'introduction du *Deuxième Sexe*[7]. C'est cela le sexisme : non pas de la discrimination comme on aime à le dire, mais de la disqualification, du mépris avant toute injustice subséquente.

Après une dizaine d'années d'activités au CIPH, je candidate pour une direction de programme, refusée sans raison. Nombre de mes rapports annuels du CNRS soulignent, certes, l'importance de mes productions, livres et articles, ainsi que le nombre élevé de mes invitations à l'étranger ; puis, comme une fin de non-recevoir, pointe l'ombre du « militantisme ». Mes promotions de DR2 et de DR1 feront face à des réticences diverses, voire à des blocages, au point que la direction du CNRS, soutenue par le ministère, interviendra. Mon retour du Parlement européen, en 2004, me vaut, et je l'ai refusé, d'être envoyée en sciences politiques. Je travaille sur le terrain, me dit-on…

Or, c'est le contraire : ce moment politique institutionnel, totalement inattendu, m'a permis de penser à nouveau (après les années 1970) le rapport théorie-pratique ou pensée-action. Un exemple : alors que je finis l'écriture de mon livre *Les deux gouvernements : la famille et la Cité*, je critique le mot « conciliation » (famille-profession) — mot qui entérine le conflit ou la contradiction entre les deux espaces — pour proposer alors le terme « articulation », désormais banal, mais qui montre le choix de penser ensemble ce qui avait été volontairement séparé par les penseurs du contrat social, à savoir la famille et la cité, le privé et le public.

Diderot écrivait que les femmes lisent dans « le grand livre du monde », pendant que les hommes lisent des livres. Oui, de 1997 à 2004, j'ai été lire dans le grand livre du monde, en tant que déléguée interministérielle aux droits des femmes puis comme députée européenne — société civile gauche plurielle sans aucune appartenance politique. Mais ce n'était pas le grand livre du monde imaginé par les philosophes ! Je produisis ainsi, de 2004 à 2008, l'émission « L'Europe des idées » sur France Culture.

Quels sont vos modèles et comment vous en êtes-vous inspirée ou émancipée pour construire votre propre méthodologie ?

Quatre personnes ou œuvres ont compté. La première dit l'autorisation de travailler tout texte, n'importe quel texte, canonique ou non, théorique, littéraire ou autre. Grâce à Michel Foucault, je me sens légitime lors de ma première visite à la bibliothèque Marguerite Durand à l'automne 1973. C'est grâce à lui aussi que je suis devenue une « intellectuelle spécifique », ni experte, ni généraliste.

Jacques Rancière, quant à lui, ne vit qu'évidence dans l'aventure des textes et archives parlant d'égalité des sexes et d'émancipation des femmes. Il illustre, aujourd'hui encore, la personne centrale de mon parcours.

Gilles Deleuze — grâce à l'introduction de *Qu'est-ce que la philosophie ?* où il énonce la nécessité de trouver le mot, le concept adéquat à un problème, loin des identités et des catégories — valide mon objectif de créer un champ d'intelligibilité.

Simone de Beauvoir, enfin, qui témoigne de son désir de savoir (par ailleurs encyclopédique) et de sa recherche d'une épistémologie pour penser le « deuxième sexe », est attentive à mon choix philosophique.

Quant aux théoriciennes du féminisme, elles sont des contemporaines. J'aime la pluralité mais je ne veux pas faire de théorie, ni énoncer une doctrine, plutôt élaborer les problèmes et découvrir des concepts, construire un champ, trouver des repères ; tout cela sur fond d'une seule hypothèse philosophique, celle de l'historicité des sexes. C'est une sorte de matérialisme méthodologique. L'histoire est alors là comme preuve et mise à l'épreuve, d'où mon choix de la généalogie de l'idée et des pratiques de l'émancipation des femmes et de l'égalité des sexes.

Votre ouvrage La Fabrique du féminisme, *paru en 2012 et réédité dans une version poche en 2018, rassemblait des entretiens des quatre dernières décennies mettant en lumière l'histoire du féminisme. Que diriez-vous aujourd'hui des rapports femmes / hommes et de l'évolution des études de genre ou études sur les sexualités ?*

Le livre ici cité est un recueil de textes consécutifs à la publication de mes livres qui, chacun, cherchent justement le bon mot, ou le bon concept (de service à consentement et *habeas corpus*, de démocratie exclusive à deux gouvernements, de controverse des sexes à privilège, de « à côté du genre » à « excès du genre », etc.). Par conséquent, ce livre est un recueil des « effets » de mon travail, livre après livre ; comme son écume. Car je ne cherche pas à décrypter mon époque mais bien plutôt à hisser les questions dites sociales et morales à la hauteur d'une épistémologie conceptuelle. *Muse de la Raison* est écrit au moment du bicentenaire, *Les deux gouvernements* au moment du Pacs et de la parité, *Du consentement* lors des débats sur le foulard et la prostitution. Je ne pense pas l'histoire en train de se faire, mais avec l'histoire dans laquelle je suis plongée et qui me donne la matière d'où j'extrais des problématiques.

Quant aux travaux de ces dernières décennies, de l'histoire des femmes aux études de genre, il faut saluer la formidable accumulation de savoirs et la vitalité de nouveaux éclairages.

Tout en ayant participé jusque dans les années 2000 à de très nombreuses initiatives collectives d'« études de genre », je m'en distingue de plusieurs façons : je n'ai pas appréhendé sans réfléchir le concept de genre qui tend à se substituer au mot « sexe ». Hormis le fait qu'on n'a jamais intérêt à supprimer un mot du vocabulaire, il est apparu deux problèmes : singulier ou pluriel pour genre, un outil d'analyse ou une ou des catégories ? Puis « sexe » a été souvent dérivé vers « sexualité ». Mais comment pense-t-on alors l'égalité, fondement, à mes yeux, de la pensée féministe ? Égalité des identités ? Égalité sociale et économique ?

Par ailleurs, j'ai choisi de penser l'émancipation et non la domination (non pas les « silences » de l'histoire mais « leur » histoire[8]). Par là même, je n'ai pas suivi les impératifs successifs qui cadraient la recherche naissante, ni l'alternative entre essentialisme et constructivisme, ni l'opposition biologique / social et nature / culture, ni l'expression « rapports sociaux de sexe », ni la « lutte contre les stéréotypes », ni même l'intersectionnalité. Ce dernier terme servira d'exemple : en 1990, je participai à un colloque sur le racisme avec un texte intitulé « Les amis de nos amis » en pratiquant deux distinctions. La première sépare le « penser l'autre » du « se penser comme autre ». Par là, nous voyons que nous sommes plusieurs autres, comme en miroir. La seconde dissocie position stratégique (articulation des divers autres dans une lutte) et posture théorique (plus à l'aise pour organiser les liens et paradoxes). Contiguïté des catégories dans la pensée, oui ; contradictions entre catégories dans l'action, oui aussi. Ainsi, la tension entre contiguïté et contradictions, c'est-à-dire entre proximités et conflits, empêche la simplification. L'injonction théorique risque d'être réductrice. Je préfère travailler avec les mots de la tradition — liberté et égalité notamment — avec l'ambition de « dérégler » les représentations et ainsi de soutenir l'hypothèse de l'historicité des sexes et de la sexuation du monde.

De tous ces points de vue, je suis à la « marge » de ces études, même si j'en ai été l'une des initiatrices.

Vous avez signé récemment la préface de l'essai De l'éducation des femmes *de Choderlos de Laclos, consacré à l'émancipation des femmes, où l'auteur explique que l'homme a réduit la femme en esclavage. Vous estimez que cet ouvrage, publié en 1783, pourrait être une réponse au mouvement MeToo et aux rapports entre les sexes. Pouvez-vous nous en dire plus ?*

J'ai analysé le mouvement MeToo comme la révolte d'un corps collectif et non pas seulement comme la protestation de corps individuels. Ce fut un événement politique dénonçant la mise à disposition du corps des femmes et désignant ainsi l'existence cachée d'un contrat sexuel sous le contrat social[9]. C'est donc moins le droit du père (patriarcat au sens strict) que l'impensé du statut des femmes dans l'actuel contrat social qui est ainsi désigné. Le texte de Laclos vient corroborer cette analyse et si sa réédition est une réponse, c'est parce que ce texte nourrit contradictoirement le débat autour du prétendu néo-puritanisme conséquent à « MeToo ». En effet, voilà un auteur aimé des libertins pour *Les Liaisons dangereuses* et pourtant radical quant à l'analyse de l'oppression des femmes. Il y a de quoi brouiller les pistes des idéologues d'aujourd'hui qui se refusent à conjuguer vie sexuelle et égalité des sexes.

La demande d'égalité, évidente dans la révolte

MeToo, semble toujours, hier comme aujourd'hui, inaudible, comme s'il était plus facile de privilégier les analyses théoriques de la domination masculine plutôt que celle de l'émancipation des femmes.

Par ailleurs, ce texte est remarquable quant au décryptage du consentement des femmes (« la première qui céda forgea les chaînes de tout son sexe ») et des stratégies déployées historiquement par ces dernières pour affronter ou déjouer l'oppression. Il appartient donc au corpus des textes de l'émancipation et j'y attache autant d'importance qu'à celui de Poulain de la Barre au XVIIe siècle ou de Fanny Raoul au début du XIXe siècle[10]. On voit là qu'apparaît une question délicate : l'analyse de la domination apporterait nécessairement des éléments scientifiques quant à l'organisation sociale et il en découlerait quasi mécaniquement une pensée de l'émancipation, ce qu'évidemment l'analyse de l'émancipation ne pourrait pas faire, car elle serait jugée « partisane ». On y retrouve aussi la question du « militantisme ». À moins qu'on travaille le présupposé du « savoir situé » (suivant l'expression de Donna Haraway) mais, dans ce cas, aussi bien dans l'étude de la domination que dans celle de l'émancipation…

Selon vous, vers quoi devraient, à notre époque, s'orienter les études féministes et quel message auriez-vous envie de faire passer aux jeunes générations qui s'attellent désormais à des objets de recherche similaires aux vôtres ?

Il ne faut pas oublier qu'il s'agit d'un objet de pensée neuf. Neuf ne veut pas dire qu'on vient de le découvrir comme un objet déjà là, même si invisible. En quelques décennies, nous commençons à peine à passer de l'irreprésentable et de l'impensé à une fragile reconnaissance. L'accumulation des savoirs et les essais méthodologiques ne seront pas suffisants pour ébranler les contreforts de la symbolique masculine.

Je me souviens de l'initiative du CNRS, le 8 mars 2010, d'une journée intitulée « Le long chemin vers l'égalité ». J'y donnais la conférence inaugurale intitulée « Sexe, genre ; histoire, hors-champ, ritournelle ». Or, le hors-champ l'emporte encore. Trop d'études pensent qu'il faut combler les manques, apporter du savoir, en bref s'inclure ; passer de l'absence à la présence. C'est ignorer l'enjeu qui, je le répète, est symbolique.

Des pétitions circulent, les historiennes, les philosophes s'inquiètent à juste titre. On découvre que les programmes d'histoire régressent ; on glisse timidement le mot « genre » dans les manuels de philosophie entre l'individu et l'espèce… Alors oui, il faut encore aujourd'hui lutter pour sortir du hors-champ de la pensée et de l'histoire ; oui, il faut forcer la porte pour comprendre enfin que l'histoire est sexuée, que la différence des sexes est une différence historique et que nous devons penser avec la sexuation du monde, monde politique. Sinon, nous serons sans cesse renvoyés à la ritournelle du même, c'est-à-dire à l'exclusion de l'histoire et de la pensée en train de s'écrire.

C'est pourquoi nous n'avons pas le choix, il faut accepter l'inconfort et l'absence de certitudes. L'orthodoxie actuelle veut s'adosser à des références obligées. Mieux vaut prendre des risques.

Chapitre V

LA POSSIBILITÉ DU DÉCLIC OU LA SEXUATION DU MONDE*

Puisqu'il faut trouver le déclic chez l'apprentie philosophe, autant multiplier tout de suite les possibilités de ce déclic. Il y en aurait trois, trois possibilités, ou trois opportunités : l'attente, installée à un âge mineur, la circonstance, celle du contexte biographique, l'urgence, nécessité de l'intelligible, encore confus dans l'adolescence. Ainsi trois possibilités pour un déclic : l'attente, la circonstance, l'urgence.

J'entendais comme un désir ancien de philosophie dans la parentèle élargie, femmes et hommes ; des études commencées par chacun de ces parents multiples, puis une bifurcation rapide vers les sciences littéraires et humaines. Comme une nébuleuse d'envies restées en suspens, me disais-je ; et cela devint de l'attente pour l'enfant face à ces adultes. Ce fut alors comme une décision déjà prise, la philosophie était un horizon

* « Le déclic philosophique : pourquoi êtes-vous philosophe ? », table ronde avec Mark Alizart et Charles Girard, Lyon, villa Gillet, 26 novembre 2015.

nécessaire, même si cet horizon était inconnu, même s'il était sans image.

D'accord, le contexte était sociologiquement favorable, des parents universitaires, une communauté d'habitation autour de la revue *Esprit* ; et la philosophie pouvait sembler une évidence. Or c'était le contraire. Si la philosophie s'imposait, c'est parce qu'il fallait reconstituer l'ordre des raisonnements, restituer de l'intelligible. Trop de désordre, en effet, dans les argumentations entendues chez les grandes personnes ou établi dans les dialogues affectifs et pédagogiques avec les enfants. S'y décelaient les contradictions apparentes, les manœuvres discursives... Cependant, rétablir ou établir un ordre intelligible menait à une position réflexive plutôt qu'à une posture théorique. D'où la philosophie : trouver la cause, la cause efficiente ou la cause finale, comme dirait Aristote, mais pas la vérité. La vérité était du côté des propos péremptoires, dans l'évident désordre des raisonnements entendus. La question de la cause allait avec l'identification du problème, la construction d'une problématique.

Alors la classe de terminale, offrant le trésor attendu de la philosophie, fut un éblouissement. Après l'attente, exprimée bien que plus ou moins consciente, vint la lumière trop forte, au-delà de ce qui s'imaginait. Le professeur de philosophie barra le mot « inatteignable » (« mauvais français ») ; car il fallait écrire « inaccessible ». Oui, cette faute de français (qui visiblement n'en est plus une au XXIe siècle) fut le déclic d'un moment dépressif. « Inaccessible » est tellement plus brutal qu'« inatteignable », tellement plus définitif. Être hors d'atteinte peut être stimulant ; tandis qu'empêcher l'accès est à l'évidence répressif. C'est comme si s'installait une barrière. Déclic négatif, par conséquent, qui ne stoppa pas le désir pour autant. Je fis des études de philosophie. Et l'attente qui avait pris la forme de l'espoir d'organiser les raisons du monde humain était devenue une pratique, un réel. Exactement la pratique socratique, celle qui non seulement fait surgir la question, mais aussi qui la partage avec l'interlocuteur. L'après-68 est un partage.

Rendre compte, rendre raison du désordre : alors ce qui apparut en pleine lumière fut le partage sexué du monde avec, en vis-à-vis, la non-sexuation de la philosophie. Les raisonnements étaient en désordre parce qu'ils étaient sur une façade, un mur où s'écrivaient des pensées sans se soucier de regarder ce qu'il y avait derrière le mur, ou dans la maison. Peu importe l'image, il y avait du caché, du non-dit, du non-pensé, du méprisé. La sexuation du monde avait échappé à la pensée philosophique. Un impensé ? Oui, sans doute, mais plutôt une confusion entretenue depuis longtemps, en raison de deux obstacles majeurs, celui de la sexualité, et celui de l'égalité. Des obstacles parce qu'enjeux du rapport entre sexes, toujours enfouis dans des considérations partielles ou ponctuelles chez les philosophes ; deux enjeux pourtant facilement repérables dans le « ça pense », donc dans la possibilité d'énoncer de l'intelligible.

Dans ce nouvel espace mis en lumière, la causalité

(pourquoi et comment) l'emporte évidemment sur la finalité (vers quoi), car la question l'emporte sur la solution ; ainsi l'épistémologie (politique) requiert toute l'attention. La morale et les valeurs sont les pires conseillères. On les a, d'entrée de jeu, déjà écartées.

Si l'épistémologie politique (à quelles conditions penser l'égalité ?) est devenue un projet, c'est parce que le problème posé par la sexuation du monde n'était pas le « qui » mais le « quoi ». Le « qui » (différence ou pas différence entre les sexes) aurait obligé à la définition, à l'établissement d'une théorie d'un objet philosophique (organiser ou au contraire subsumer la différence ; et la déconstruire évidemment). Le « quoi » oblige à la question du « comment » : où sont les bonnes questions pour penser enfin un objet à construire ? Ce fut la suite.

Chapitre VI

LE MOUVEMENT DES FEMMES, CONTRETEMPS DE MAI 68*

Mai 68 fut-il un mouvement féministe ?

Certainement pas ! Vous souvenez-vous de ce slogan : « Cours Camarade, le vieux monde est derrière toi » ? Un peu plus tard nous l'avons détourné : « Cours petite sœur, les avant-gardes sont derrière toi ». Ironie de mêler les avant-gardes avec le vieux monde. Car, quand le mouvement des femmes commence, le mot d'ordre de ces avant-gardes fut : « Faisons la révolution, et vos histoires de femmes ce sera pour après... ». C'est ainsi. Le féminisme est presque toujours dans le contretemps, comme une contradiction inéluctable dans l'histoire.

Qu'entendez-vous par contretemps et par contradiction ?

Dans l'histoire, on voit bien que le mouvement des femmes vient toujours à contretemps. À chaque fois qu'elles veulent s'émanciper, on leur dit que ce n'est pas le bon moment, en retard

* Entretien avec Doan Bui, *L'OBS*, « 68. Le grand tournant », hors-série, mai 2018.

puisque pour être citoyenne il faut passer par la case « éducation », en avance puisque la révolution l'emporte sur l'égalité des sexes. La Révolution de 1789 ? Les femmes n'y gagnèrent pas grand-chose à part le droit de monter à l'échafaud : Olympe de Gouges, autrice de la Déclaration des droits de la femme et de la citoyenne, est guillotinée en 1793. La Révolution de 1848 ? La république donne le suffrage universel aux ouvriers, citoyens à part entière, mais là encore, pas aux femmes pourtant très actives pendant cette Révolution. Le mouvement ouvrier reste finalement fidèle à un modèle de société fondé sur le patriarcat. Mai 68 se préoccupe de la liberté sexuelle, de l'émancipation de la jeunesse ? Mais il n'y a pas de féminisme en mai 68. Ce sont les hommes qui portaient la révolution. Et les femmes portaient leurs contradictions.

C'est-à-dire ?

Les femmes habitent toujours la contradiction. Mai 68 revendique la liberté sexuelle. Le mouvement des femmes dit d'accord… mais se bat aussi sur le front des violences sexuelles. Quand la revue *Recherches* édite son numéro « Co-ire », dirigé par Guy Hocquenghem et René Scherer, nous sursautons : le premier article est sur le « rapt ». Plus tard, les femmes s'élèveront contre toutes les théories visant à « libérer » le plaisir de l'enfant, et des petites filles, en s'interrogeant sur l'abus de pouvoir : est-ce que les hommes ne veulent pas d'abord libérer leur plaisir à eux ? Les féministes veulent aussi criminaliser le viol afin qu'il soit jugé aux assises. Pour toutes ces prises de positions, on les conspue, on les traite de bourgeoises, on les accuse de vouloir jeter les immigrés en prison. À *Libération*, qui était un journal viril, et d'ailleurs souvent antiféministe, les attaques étaient virulentes ! Cette contradiction est ancienne. Quand la féministe Madeleine Vernet, qui fréquentait les milieux anarchistes de la fin du XIXe siècle, édite en 1905 sa brochure « L'Amour libre », elle veut critiquer le mariage, promouvoir amour et désir... mais elle refusera de la rééditer. Car qui pâtissait de cet amour libre ? Les femmes que les hommes engrossaient, comme on disait, puis abandonnaient, avec la charge des enfants. Liberté sexuelle et asservissement : les féministes ont toujours vu cette contradiction.

Pour vous, le mouvement des femmes commencerait en 1970, lors de cette manifestation à l'Arc de Triomphe ? Il y a eu pas mal de batailles autour du point de départ, Antoinette Fouque, fondatrice de « Psychanalyse et politique », expliquant que la première réunion du MLF avait eu lieu à la Sorbonne.

Oh, ces vieilles disputes ! Ce n'est même pas la peine d'en reparler. Le mouvement des femmes était un mouvement profondément collectif. Après, hélas, certaines se sont approprié le sigle « MLF », en le déposant comme marque commerciale. Plus profondément, cela m'interroge, cette volonté d'être « à l'origine » d'un mouvement, comme si la femme ne pouvait pas échapper à cette condition de mère, celle qui engendre, celle qui donne naissance. Il faut être « la première », « les premières », être « le point d'origine »... alors qu'il y a eu tant de femmes dans l'histoire qui ont lutté pour l'émancipation des femmes et dont nous sommes les héritières ! En contrepoint, ce qui m'a frappée, c'est le numéro spécial de la revue *Partisans*, paru chez Maspero, titré « Libération des femmes, année zéro ». Comme si on démarrait de rien. Et que dire des paroles de l'hymne du mouvement des femmes : « Nous qui sommes sans passé / Nous qui n'avons pas d'histoire / Depuis la nuit des temps, les femmes / Nous sommes le continent noir ». C'est étrange, non ? C'est comme si les femmes, d'elles-mêmes, affirmaient qu'elles n'étaient pas inscrites dans l'histoire, et appartenaient à une autre temporalité ; niant des siècles de lutte pour l'émancipation, effaçant celles qui les ont précédées. On dit souvent, à raison, que les hommes ont invisibilisé les femmes de l'Histoire. Mais on peut aussi s'interroger sur le rôle des femmes dans ce processus d'invisibilisation.

Vous aviez 20 ans en mai 68.

J'ai fait ma rentrée à la Sorbonne en septembre 1967, donc, oui, en mai, j'absorbe tout, je vais à toutes les réunions, je suis un buvard. Je vais dans les AG du comité philo, à Flins, à Boulogne-Billancourt, on court dans les champs pour échapper aux policiers qui chargent le jour de la mort de Gilles Tautin, dans le Quartier latin, c'est l'effervescence des manifestations, les débats au théâtre de l'Odéon. C'est ma vie qui commence ! On avait milité pour la fin de la guerre du Vietnam (et on continuera), et en juillet 1968, je convaincs mon copain d'aller en Algérie, creuset de la formation politique des années 1960. Pour mes études, je passe un an à Berlin : c'est là que je suis lors de la manifestation à l'Arc de Triomphe et quand sort le manifeste des 343. Je tente d'intégrer un mouvement des femmes allemand, Pelagea, mais on me dit qu'il faut que je lise d'abord pendant un an Bebel et Marx pour être acceptée ! Puis, je reviens à Paris. Ma première manif, je m'en souviens très bien, c'était en novembre 1971. Il y avait un mariage, on a fait irruption dans l'église (pour ma part jusque dans la sacristie) et on criait « Libérez la mariée ».

Il y a les manifestations... mais aussi vos études de philosophie. Qui cogne parfois avec vos convictions féministes !

Oui, je vis mon trauma « Spinoza ». Spinoza, c'est tout de même LE grand auteur qui inspire la philosophie de gauche et il est au programme de l'agrégation. La référence absolue. Et je découvre avec stupeur et consternation que quand il évoque « les trois figures exclues de la raison », la femme s'y trouve ; donc aussi l'étudiante en philosophie. « Le délirant, la bavarde et l'enfant ». Voilà sa formule.

La femme est bavarde pour Spinoza... Plus tard, l'intellectuelle Constance Pipelet sera raillée par Eugène Sue.

Qui donnera ce nom à deux concierges dans *Les Mystères de Paris*, les Pipelet. C'est de là que vient le mot « pipelette »... Oui, découvrir que pour Spinoza, la femme est « la bavarde », c'est violent. Car que suis-je, moi, sinon la femme qui parle, la femme bavarde, celle donc, qui est tout de suite disqualifiée comme philosophe potentielle ? Voilà pourquoi l'histoire de la pensée féministe me paraît une piste nécessaire. À partir de l'automne 1973, je passe beaucoup de temps à la bibliothèque féministe Marguerite Durand. En stage de professorat de philo, je décide d'aller voir les penseurs contemporains. Je vais voir Roland Barthes. Il ne me prend pas dans son séminaire, et m'écrit : « Vu ce que vous voulez faire, vous allez être très seule ». Je vais à l'université de Vincennes, c'est là où ça bouge, ça pense. Et j'ai la chance de rencontrer Jacques Rancière, avec qui, en 1974 je fonde le CRIR (Centre de Recherches sur les Idéologies de la Révolte) au sein du département de philosophie de Paris VIII. Ensemble, on lancera en 1975, la revue *Les Révoltes logiques* ; au même moment est créé le GEF, Groupe d'Études Féministes interdisciplinaires à Paris VII, où la transdisciplinarité des jeunes intellectuelles féministes est une chance formidable.

Vous publiez beaucoup, très vite. Et également dans la revue Les Temps modernes *de Sartre et Beauvoir.*

Sartre et Beauvoir étaient très intéressés par le mouvement des femmes. Ils étaient curieux de nous, ces petites jeunes. Étrangement, nous, au départ, on était suspicieuses : ils s'étaient pas mal trompés sur beaucoup de sujets ! La révolution, c'était nous… Bref, même s'ils restaient des figures tutélaires, le rapport était inversé, car ils voulaient écouter, comprendre ce qui était en train de se passer. Je me souviens qu'il y eut un projet de l'ORTF, où Sartre devait raconter sa vie. Mais lui voulait raconter l'histoire des luttes, il a associé Beauvoir. Des réunions se tenaient le dimanche avec, autour d'eux, des militants ou ex-militants mao, et nous les filles du MLF. Il y avait aussi une superbe rubrique dans *Les Temps modernes*, « le sexisme ordinaire ». Je n'y ai pas participé mais j'ai plusieurs fois écrit des articles, signés parfois uniquement du prénom des autrices. J'étais très contente d'écrire dans *Les Temps modernes*. Mes parents, des intellectuels, écrivaient dans *Esprit*. Écrire dans *Les Temps modernes*, c'était critiquer mon enfance, ma formation. On allait souvent au secrétariat de rédaction des *Temps modernes*, rue de Condé. On adorait la romancière Claire Etcherelli[1], qui nous accueillait toujours dans son bureau avec beaucoup d'affection. Une figure du féminisme !

Vous aviez lu Le Deuxième Sexe *?*

Oui, mais beaucoup plus à cause de mes recherches sur le féminisme, pas vraiment pour le plaisir. *Le Deuxième Sexe*, ce n'était pas un manifeste que les militantes du MLF brandissaient dans les meetings ! D'une certaine façon, nous n'en avions pas besoin. Ce n'était pas encore le livre culte qu'il est devenu. Cela m'amuse d'ailleurs de voir parfois des très jeunes femmes le lire dans le métro ou se l'offrir en cadeau d'anniversaire. Bien sûr, *Le Deuxième Sexe* est un livre capital, mais ce n'est pas mon ouvrage préféré de Beauvoir : je suis surtout frappée par son écriture si dense comme dans ses *Carnets* ou *Une mort très douce*. Dans *Le Deuxième Sexe*, elle a eu tendance à négliger, pour ne pas dire plus, toutes celles qui nous ont précédées... Puis elle a beaucoup évolué par rapport à cet ouvrage fondateur, elle a fait son autocritique. En 1949, elle est dans le « je ». Elle comprendra ensuite qu'il faut passer au « nous ». Il faut toujours souligner qu'elle a d'abord écrit cet essai sur « la condition féminine », pour s'autoriser ensuite à écrire des œuvres plus personnelles, autobiographiques.

Qu'est-ce qu'elle représentait pour vous, Beauvoir ?

Elle m'interpelle, m'interroge… surtout elle est exactement de la génération de ma mère. Ma mère est née en 1913. En 1924, le baccalauréat féminin est supprimé, les filles peuvent passer le même baccalauréat que les garçons, puis continuer à égalité des études supérieures. Beauvoir sera agrégée de philosophie, et ma mère de lettres. Puis elle devient l'une des premières professeures à la Sorbonne. Je l'ai toujours vue assise à son bureau. Ce ne fut pas une figure maternelle, d'où, pour moi, une certaine proximité avec Beauvoir. Dans son exemplaire du *Deuxième Sexe*, ma mère a souligné l'expression « fécondité absurde »… Bref, ce qui me frappe quand je rencontre Beauvoir, c'est de voir à quel point, dans leurs postures, dans leur manière de se tenir, elles se ressemblent, ma mère et elle. Nous, les filles du MLF, on était la génération post-68, avec un rapport au corps très différent, très détendu, libre ; cheveux et jupes longues, *flower power*. Ma mère ou Beauvoir ont des corps rigides. La transmission est donc ailleurs, dans un rapport d'égalité, d'échange. Simone de Beauvoir a voulu cette horizontalité des rapports. Elle soutiendra la plupart des entreprises féministes, donnera son nom, saura être très généreuse. Je la crois sous-estimée en France alors qu'elle est révérée dans le monde entier. Et ses œuvres, romanesques, ne sont publiées en Pléiade qu'en 2018 ! Je m'en félicite, mais tout de même, cela dit beaucoup de la façon dont on considère les autrices.

Les années 1980 seront bien différentes. Le mouvement des femmes s'étiole alors ?

C'est vrai que l'élection de François Mitterrand marque un tournant. Je me souviens d'une réunion « Féminisme et politique », au lendemain de l'élection, avec ce slogan : « Des cuisinières pour les socialistes ? Du socialisme pour les cuisinières ? ». « Nous avons lu l'histoire », dit-on dans une rencontre à la Mutualité ; nous savons que socialisme et féminisme ne font pas nécessairement bon ménage. Mais on est toutes un peu fatiguées. On a gagné cette grande bataille de la criminalisation du viol, avec l'obtention d'une loi, en 1980. Il y a l'impression, peut-être illusoire, qu'on peut enfin un peu souffler. Et puis, c'est étrange, plusieurs d'entre nous, hétérosexuelles, vont être enceintes au même moment ! Quand ma fille naît, nous sommes plusieurs à vouloir donner le nom de la mère en premier avant d'accoler celui de son père. À l'époque, c'est une démarche compliquée, il fallait que la mère reconnaisse de façon anticipée l'enfant en premier, puis que le père le fasse ensuite également avant la naissance. C'est un sujet qui m'a toujours tenu à cœur, le double nom. Et finalement, en 2005, la loi permet de choisir d'accoler le nom des deux parents.

DEUXIÈME PARTIE

CORPS COLLECTIF

La raison des femmes fut un problème pour l'époque moderne. Conscients du risque de rivalité, les hommes, depuis Fénelon et la fin du XVIIe siècle, réussirent à reconnaître cette raison tout en lui imposant des limites. Les limites ne disparaîtront qu'au cours du XXe siècle grâce à l'instruction obligatoire et, surtout, grâce aux examens identiques pour les deux sexes. Enfin.

La question du corps ne fut pas absente des débats depuis trois siècles. Le corps qui empêche l'exercice de la raison, le corps qui souffre de l'union conjugale, le corps qui réclame (au XIXe siècle) la recherche en paternité lors de grossesses « abusives », le corps qui veut choisir le moment de la maternité, le corps qui dénonce le viol ou l'enfermement, le corps qui refuse l'image commerciale qui le transforme en marchandise. Ce sont des débats sociaux et politiques et le féminisme saura, au cours des deux derniers siècles, formaliser les revendications qui en résultent. Mais il s'agit toujours de chaque corps, de chacun de ces corps qui disent une catégorie, les femmes.

Ce siècle, le XXIe, parle du corps politique, c'est-à-dire du corps collectif, de cet impensé du contrat social et de nos démocraties. C'est un pas de plus dans la représentation de ce qui a bloqué l'émancipation des femmes, donc l'égalité des sexes. Parler du corps collectif, ce n'est pas parler de l'ensemble des femmes, ni même d'une catégorie, c'est se demander ce qui est advenu d'une représentation globale du sexe féminin. On pouvait toujours discuter de la raison des femmes, se disputer sur ses qualités et défauts, ses capacités et limites, le corps des femmes, leur corps, était d'abord une évidence, un donné qui ne prêtait pas à discussion dans sa différence et surtout dans son objectivation. Le corps était à disposition de l'autre sexe, comme bien, comme sexe. C'était une propriété, donc une possession à tout moment. Inutile d'en parler publiquement si ce n'est sur le mode infrapolitique de son entretien, de sa beauté et de sa reproduction ; sans oublier le jeu de la séduction, lieu de la résistance des femmes.

En conséquence, « MeToo » fut un révélateur. Ce mouvement soudain fut d'entrée de jeu un pluriel : moins une catégorie ou une addition de corps que des corps qui parlent une seule langue, celle de la dénonciation de l'usage de leur corps sexué par les hommes. La mise en commun d'expériences de violation produisit une parole collective publique.

D'ordinaire, hors des manifestations féministes, de rue ou d'amphithéâtre, les corps des femmes sont toujours séparés les uns des autres. Avec ce mouvement de prise de parole (et non de libération de la parole, comme on aime à le dire et à le répéter), les corps ont fait corps justement ; d'où l'expression de « corps collectif ».

Ce corps collectif fait donc irruption dans la vie sociale. C'est bien parce qu'il était caché dans une formule d'ensemble, que l'irruption est si soudaine et si éclatante de significations. On peut dire la même chose du corps sportif qui, avec le football dit féminin, surgit brusquement dans l'espace public, vision commune d'une capacité jusque-là mise en doute, refusée, méprisée. C'est bien le collectif, le groupe, qui permet la soudaineté d'une expression. Le corps n'argumente pas comme la raison, il force la reconnaissance d'une présence comme une évidence physique, et forcément humaine.

Là, les femmes font corps, le collectif fait bloc et donne tout son sens à cette affirmation. Par le nous occasionnel, le mouvement MeToo ou une coupe du monde de football, elles disent, en un geste de protestation ou d'affirmation, leur égalité.

Chapitre premier

LE CORPS DE LA FEMME EST UN ÉCRAN OÙ CHACUN PROJETTE SA VIOLENCE*

Le corps de la femme est-il un enjeu politique ?

Le corps des femmes réapparaît régulièrement et de différentes façons, du corps des sorcières jusqu'à la question des Femen, des foulards, du burkini, des publicités de Saint Laurent (des jambes en bas résille, sans tête, mars 2017) ou lors des débats sur l'avortement. Le corps fait irruption et c'est toujours difficile de le situer. De l'avortement au burkini, il y a toujours un enjeu politique. Le contrat social repose sur un implicite, le « contrat sexuel », contrat de propriété du corps des femmes. On peut dire que nos sociétés contemporaines, qui reposent sur le consentement, la volonté générale et donc le contrat social, se fondent sur un non-dit qui est la propriété du corps des femmes. Je suis d'accord avec cette thèse, bien plus intéressante à mes yeux que celles qui renvoient notre généalogie historique et politique au patriarcat, au pouvoir des hommes en général.

* Entretien avec Micha Barban-Dangerfield, *i-D. vice*, 4 avril 2017. Cet entretien est antérieur à « MeToo ».

Le corps peut également devenir l'outil politique d'une revendication. Quel regard portez-vous sur cette utilisation du corps ?

À partir du XIXe siècle, les femmes sont dans la conquête d'une position de sujet en refusant celle d'objet. C'est ce qui s'appelle l'émancipation, à partir des lendemains de la Révolution française et le début de l'ère démocratique. Émancipation de la raison, émancipation du corps. Les Femen sont dans cet historique-là et il faut impérativement les remettre dans l'Histoire. Elles continuent le XIXe siècle, héritières d'une dynamique, celle de la réappropriation du corps par les femmes. Une dynamique illustrée, au XXe siècle, par exemple, par la lutte pour la contraception puis l'avortement, dans les années 1960. Ce qui se passe dans les arts est aussi extrêmement important. Il y aurait ici un énorme chantier à ouvrir. Avant d'être l'outil politique d'une revendication, le corps fait l'objet d'une réappropriation ou, du moins, d'une dynamique de réappropriation par les femmes.

On parle d'un côté du burkini et de l'autre des Femen, finalement la question est celle de la nudité ou de la non-nudité…

C'est la question qui se pose déjà durant la deuxième moitié du XIXe siècle, celle de la fin de l'allégorie de la Vérité comme corps nu féminin. Les allégories, dans l'Antiquité, sont souvent des corps féminins et la Vérité, par définition, implique la nudité. Traditionnellement, on « dévoile » la Vérité. Mais la vérité n'est plus femme, pour deux raisons, d'une part parce que les femmes se mêlent d'émancipation, ici de ne plus être objet mais sujet (d'accéder ainsi, elles aussi, à la vérité), et d'autre part parce que la représentation de la vérité ne peut plus être la vérité objective, ou plutôt transcendantale. La vérité métaphysique est mise en cause et Nietzsche en est le grand témoin. La question de la nudité s'inscrit donc dans cette double histoire, émancipation des femmes et fin de la métaphysique. Cette question permet aussi d'analyser la construction de la femme artiste. Autour des années 1900, on empêche les femmes de copier le nu. Si on les en a empêchées, ce n'est pas parce qu'on ne voulait pas qu'elles regardent le nu ou parce que le XIXe siècle était pudibond. C'est à cause de la copie : si les femmes copient la vérité, elles sont potentiellement les égales de l'homme. Or la vérité n'appartient pas aux femmes.

Donc, avec la nudité, les femmes se réapproprient l'outil de leur propre domination ?

Elles se réapproprient leur corps pas seulement parce que c'est un outil, ou plutôt un lieu de domination, mais parce que c'est leur corps, avant tout. Le slogan de la contraception des années 1960 c'était : « Mon corps m'appartient », ou encore « Notre corps, nous-mêmes », image de l'*habeas corpus* de 1679, en amont de la Déclaration des droits de l'homme. Les droits de la contraception et de l'avortement s'inscrivent dans cette descendance. L'avortement, maîtrise de reproduction de toute femme, est une révolution dans l'histoire. Pour ma génération, cela a été une révolution politique et historique. Maîtriser sa reproduction, c'est une « révolution copernicienne » : au lieu d'être obligée de tourner autour de la nature qui me dit que je risque de faire des enfants tous les ans, c'est la nature que je vais faire tourner autour de moi — je deviens donc le soleil et je maîtriserai ma reproduction. Nous pouvons dire : « Puisque vous maîtrisez la nature, moi je peux aussi maîtriser mon corps ». C'est clairement un moment de rupture.

Dans quelle mesure est-ce que la nudité intervient dans la réappropriation des femmes de leur corps ?

C'est une question de logique. De la même façon que les femmes ont voulu copier le nu, le vrai, il y a 140 ans, aujourd'hui nous utilisons la nudité (comme les Femen par exemple) lorsque nous sommes à bout d'arguments politiques. Les Femen interrompent ce que j'appelle le bavardage audiovisuel. Elles cassent le flot d'images dans lequel nous vivons désormais, elles ne montrent pas seulement leur corps, elles pensent la question de l'image.

En parlant d'images, dernièrement, une publicité Saint Laurent a fait scandale. Des groupes féministes la considèrent comme dégradante.

Ce qui m'a alertée avec cette publicité, c'est le morcellement du corps des femmes. Ici, on voit des jambes avec des bas résille ; et c'est plus problématique que les positions lascives de ces images. Pourquoi ? Parce que je le constitue comme élément de compréhension : je vois qu'on morcelle le corps des femmes. On peut mettre en vis-à-vis les jambes de Saint Laurent et une poitrine Femen sur laquelle est inscrit « Neo Feminism is watching you ». Là-haut — la mode, la pub et autres — on continue à morceler le corps.

C'est tout à fait politique, et s'il y a un outil de domination masculine, c'est bien le morcellement du corps. C'est clairement une façon de continuer à avoir la maîtrise. En réfléchissant ainsi, j'essaie d'ajouter quelque chose aux cris moraux et militants parce que sinon, le débat tourne en rond. Je n'ai pas l'esprit polémique, ce qui m'importe, ici, c'est d'apporter un élément de compréhension. De fait, il y a probablement un immense mépris des femmes dans ces images. Mais qu'est-ce que je vous dis quand je parle ainsi ? Rien. Je n'ai pas besoin de décennies de travaux pour penser cela.

Selon vous donc, les images stéréotypées ne doivent pas faire l'objet d'un combat premier, pourquoi ?

On peut dire qu'on perd du temps, on peut dire aussi que ça nous fait toujours revenir au point de départ, c'est un mouvement en cercle. Car plus on les dénonce, plus on leur donne de la valeur. Depuis deux siècles, les femmes se sont battues pour être citoyennes, pour travailler, pour avoir de l'égalité dans l'espace familial, etc. On a donc un spectre assez large de droits qui ont été affirmés, mais le droit ne veut pas dire que le réel suit. Les images en sont gages. Donc il y a de très sérieuses raisons de s'attaquer aux images. Mais je ne pense pas que cela soit un bon instrument d'émancipation. Quitte à utiliser les images, autant utiliser les images positives, les images d'identification, de modèles. Est-ce qu'on veut dénoncer ou est-ce qu'on veut construire ? Moi je construis, je ne déconstruis pas. C'est beaucoup plus joyeux. C'est même provocateur.

Vous dites placer votre réflexion « à côté » du genre[1]*. Qu'est-ce que cela veut dire ?*

J'ai fait des études de philosophie au moment de la vague de féminisme des années 1970. J'ai été frappée de voir que la question sexe / genre et différence des sexes n'était pas une question philosophique. Ce fut pour moi un traumatisme intellectuel, c'est pourquoi j'ai bifurqué ensuite vers les textes historiques, entre autres. Le concept « genre » permet d'identifier un objet philosophique. J'appelle cela une « promesse » mais l'usage qui fait suite est source de confusion, aussi bien au singulier qu'au pluriel. Si c'est au singulier tant mieux, c'est la réponse à mon trauma ou à ma question. Si c'est au pluriel, on retombe sur la binarité ou sur le multiple, on retombe sur la détermination, les identités, les définitions, les cases, etc. Mais le mot « genre » est précisément fait pour être une abstraction. Il permet de sortir de cette empiricité. Or l'usage d'aujourd'hui relève plutôt du désordre.

Lorsqu'on s'inscrit sur Facebook, on a le choix entre plus de 40 genres différents par exemple...

Donc on est dans le pluriel, et non pas dans le concept, on est dans la catégorie. Ce n'est plus binaire mais on reste dans la catégorisation. Ma critique du genre est beaucoup plus exigeante, beaucoup plus en attente. Le sexe, ce n'est pas seulement l'organe et la sexualité, c'est bien plus. Quand je dis dans l'une de mes formules « Les sexes font l'histoire », cela ne signifie pas que le monde est sexué en deux parties, cela veut dire que l'histoire s'écrit aussi avec la question des sexes. Exemples parmi d'autres : le burkini, les femmes tondues ou les sorcières. La « sexuation du monde » dit l'importance des sorcières pour régler les problèmes de la modernité entre le XVIe et le XVIIe siècle, dit que celle qui couche avec l'ennemi devient brutalement l'exutoire des cinq années de guerres, etc. Cette sexuation de l'histoire, on ne peut pas la nier, on doit lui reconnaître non seulement sa place (ce qui se fait déjà) mais sa fonction.

Mais pour certains, le genre est un chemin par lequel il faut passer pour arriver à une abstraction des sexes...

Je n'en suis pas sûre. J'ai vu qu'Ovidie avait exprimé son regret d'avoir cru que le porno allait faire la révolution sociale... Or ceux qui pensent que la libération sexuelle peut être porteuse de la fin de l'inégalité entre les sexes savent, quelque part, que c'est faux. Je suis beaucoup trop expérimentée, historiquement parlant, pour croire que la révolution sexuelle nous mènera à l'égalité humaine globale. Pas seulement parce que j'ai vécu la révolution sexuelle des années 1970. Pense-t-on sérieusement que la subversion des sexualités va détruire l'inégalité économique entre les sexes ? Que les femmes ne feront plus la cuisine, qu'elles ne seront plus les nounous des enfants, etc. ? D'un point de vue économique, aujourd'hui, le morcellement de l'emploi dit clairement que les femmes vont perdre avant tout le monde. Elles vont se retrouver avec des jobs qui aggraveront leur dépendance vis-à-vis des hommes. Je ne pense pas que c'est à travers la sexualité qu'on supprimera cette hiérarchie entre les femmes et les hommes.

Pour vous, il ne s'agit pas de dénoncer une domination mais de prôner une émancipation, n'est-ce pas ?

Tout à fait. Cela force à analyser les contradictions de l'émancipation, par exemple, le fait qu'il y a des féministes pour la prostitution et contre le foulard ou l'inverse, pour le foulard et contre la prostitution. J'ai écrit un livre sur le consentement pour dégager une problématique commune, pour « habiter la contradiction » en me demandant si le consentement pouvait être non seulement un argument individuel mais aussi un argument politique commun. Porter la contradiction dans le féminisme et l'émancipation est une question de bon sens. Si on croit à une solution simple, on se tient encore dans l'absence d'historicité, on reste hors de l'Histoire. Comme si une fois qu'on aurait tout déconstruit, on trouverait l'émancipation en cadeau.

Est-ce que le fait de se concentrer sur l'émancipation pourrait régler les clivages qui existent au sein du féminisme ?

Oui mais le désordre n'est pas négatif. L'idée qu'il devrait y avoir une pensée unique du féminisme est immature. Ce que je soulignais au moment des débats sur la parité dans les années 1990, quand on remarquait, comme si c'était une faute, que les féministes n'étaient pas d'accord entre elles. Je disais que nous étions désormais suffisamment nombreuses pour être en désaccord, que c'était donc positif. Est-ce que le mot « socialisme » veut dire une seule chose ? Est-ce que le mot « communisme » veut dire une seule chose ? Non.

La politique, c'est de la controverse, et c'est aussi se mettre d'accord. Si vous pratiquez l'intersectionnalité et que vous souhaitez analyser la domination, c'est très simple : vous croisez la femme noire, la femme pauvre et la femme tout court, vous faites donc de l'intersectionnel. Mais si vous vous situez du point de vue de l'émancipation, il y aura nécessairement conflit quant à la stratégie à élaborer. Il faut vivre avec ces contradictions.

Chapitre II

L'AFFAIRE WEINSTEIN N'EST PAS UN DÉRAPAGE MAIS FAIT PARTIE DU SYSTÈME*

Voyez-vous un lien entre la vision de la femme dans la religion et les abus de pouvoir masculins ?

Les trois religions monothéistes ne pensent qu'en termes de complémentarité des sexes. Elles ne parlent simplement jamais d'égalité. Mais de toute façon, je ne veux pas placer ce débat sous le signe de l'idéologie, car cela empêche d'envisager des explications structurelles. Je refuse de parler de morale, de fautes, de pulsions. Cette affaire d'Hollywood, c'est comme si les hommes avaient un droit sur le corps des femmes. Il y a toujours un contrat sexuel, sous le contrat social rousseauiste. Ce qui s'est passé à Hollywood n'est pas un dérapage, cela fait partie du système.

Cela fait 200 ans que les femmes s'émancipent pour que leur corps leur appartienne…

Au siècle précédent, les femmes étaient encore à la conquête des lois. Pour le droit à l'avortement

* Entretien avec Aïna Skjellaug, *Le Temps*, 16 octobre 2017. Cet entretien a lieu la semaine de la parution de la réédition augmentée de *Du consentement* (Seuil, 2007) et quelques jours après le début de « MeToo ».

et pour que le viol passe de délit à crime. Une fois que toutes les lois ont été obtenues, il reste des problèmes que le droit ne peut pas régler. Voyez, on a pu changer la loi sur le viol, ça ne modifie pas, dans l'imaginaire, le droit de cuissage, qui n'est pas inscrit dans la loi, parce que c'est simplement le droit du plus fort.

Les problèmes que le droit ne peut pas régler, l'éducation peut-elle le faire ?

Non, pour moi, l'éducation n'est pas suffisante, il faut passer par une analyse politique des choses. L'affaire Weinstein est une affaire de sexualité, de libido, en lien avec le pouvoir. Le pouvoir est une jouissance. La jouissance sexuelle fait partie de la jouissance du pouvoir. C'est l'imaginaire social qui doit changer.

L'imaginaire social n'a pas changé depuis que les femmes ont commencé à travailler ?

Si, le changement vient des femmes qui refusent ce que l'on appelle la « promotion canapé ». Il y a de plus en plus de femmes qui peuvent s'en passer et qui se disent : « Je peux dénoncer, ce n'est pas pour cela que ma carrière sera foutue. » Le féminisme avance un peu, quand même. Plus il y aura des femmes qui monteront en hiérarchie, plus elles se sentiront fortes politiquement parlant. Est-ce que ça changera complètement ? Non, la fin de la domination masculine n'est pas pour demain, mais néanmoins, je lis une histoire qui bouge.

Peut-on craindre que cette affaire Weinstein, qui éclate aujourd'hui comme une bulle, retombe dans quelques jours et que plus personne n'en parle ?

Non, quelque chose est mis sur la place publique, cela ne veut pas dire que demain sera différent mais c'est un fait qui tranche, par exemple, avec l'affaire DSK, qui rappelait plutôt le bourgeois et sa bonne. Ici, c'est le pluriel qui leur a permis de briser le silence : ces femmes sont plusieurs dans un espace professionnel visible. À l'avenir, elles se sentiront suffisamment sécurisées pour prendre la parole.

Chapitre III

LE CONSENTEMENT EST UN MOT ARCHAÏQUE*

Pensez-vous que l'affaire Weinstein a propulsé le débat sur l'égalité entre les hommes et les femmes dans une nouvelle phase de son histoire ? Qu'est-ce qui a changé fondamentalement ?

Je resterai modestement dans le cadre de l'histoire de l'émancipation mais c'est en effet un événement qui rentre dans l'Histoire tout court. Car l'action de l'émancipation des femmes fait partie de l'histoire, même si certains veulent en faire une affaire privée, « en dehors ». Là, il s'agit vraiment d'un événement au sens propre du terme. Il me rappelle d'ailleurs la manifestation contre Trump de janvier dernier aux États-Unis qui avait été initiée par des femmes. Il faut s'en souvenir. Dans les deux cas, il s'agit d'une prise de parole et non pas nécessairement d'une libération de la parole comme on a tendance à dire.

Qu'en est-il des hashtags « MeToo » et « balancetonporc » qui ont suivi l'affaire Weinstein ? Vont-ils, eux aussi, marquer l'histoire ?

* Entretien avec Micha Barban-Dangerfield, *i-D. vice*, 31 octobre 2017.

Il s'agit de femmes qui, ensemble, énoncent et racontent. L'horizontalité des réseaux sociaux a permis aux femmes de se révolter ensemble et d'énoncer un problème ensemble. Ce n'est pas que de la dénonciation. Si on regarde une affaire passée, celle de DSK, la femme de chambre a porté plainte. Elle a dénoncé le crime dont elle est la victime. Ici c'est différent. Nous sommes dans une prise de parole plurielle, c'est en cela que l'événement fait histoire aussi. Il y a vingt ans, l'historienne féministe Marie-Victoire Louis revenait sur le « droit de cuissage » et rappelait la grève collective de 1905 dans une usine de porcelaine à Limoges en protestation contre l'usage de ce dit droit (qui n'en était pas un d'ailleurs car il n'a jamais été inscrit dans le droit) d'un responsable de l'usine sur ses ouvrières. Aujourd'hui, on appelle cela du harcèlement. Il y avait là aussi une énonciation collective. Et une prise de parole qui ne doit pas être oubliée.

Beaucoup d'opposants aux hashtags « balancetonporc » y ont vu une forme de délation. Que leur répondez-vous ?

Une révolte est une révolte. Tout ce qui met en cause un ordre injuste, un pouvoir dominant ne se fait pas comme si nous étions tous sagement assis autour d'une table. Polis et aimables les uns envers les autres. Dans une révolte, il y a nécessairement de la violence. Et la délation, malheureusement, peut concerner toutes sortes de sujets. Cela n'a rien de spécifique à cette révolte-là. Par ailleurs, il y a eu une manifestation dimanche nommée « MeToo dans la rue ». L'énonciation est passée de l'espace virtuel à l'espace physique. Il a été transféré dans la rue assez rapidement, comme pour dire qu'il ne s'agit aucunement de dresser des listes de noms propres mais de se révolter. Place de la République, aucun nom n'était mis en avant.

Un mot a pris le dessus dans le débat, vous lui aviez consacré il y a 10 ans tout un ouvrage dont une version augmentée vient de paraître aux Éditions du Seuil : le consentement. Il s'agit d'un terme très compliqué à définir, et le débat bute dessus. Pourquoi ?

Certains cherchent à trancher entre un bon et un mauvais consentement. Mais ce n'est pas possible. Il y aurait un consentement pur et un autre qui serait douteux. Compliquons les choses : consentir, c'est, à la fois, choisir et accepter, vouloir et n'en pouvoir mais. Dans les campus américains, pour lutter contre les abus sexuels, il est proposé désormais de formuler verbalement le « oui ». Mais est-ce que le « non » peut être entendu de la même manière ? C'est exactement pour cette raison que j'ai voulu affiner l'analyse du consentement dans mon ouvrage.

C'est un terme inadapté selon vous ?

Nous devons arrêter de le voir comme une évidence. Dans l'affaire Weinstein puis à travers les hashtags, comme je le disais, ce ne sont pas des femmes qui dénoncent mais des êtres qui énoncent et racontent. Il s'agit donc d'une pluralité de récits. Il y a toujours une histoire dans le consentement. Les femmes qui se sont exprimées décrivent une scène quand d'autres ne voient qu'un simple oui / non. Mais justement, il n'est pas simple.

L'affaire Weinstein montre bien que le consentement ne relève pas seulement de l'instant, il relève d'une situation précise et complexe. Dans l'émission de Laure Adler[1], « Hors-champs », j'ai dit que je préférais parler de volonté lorsqu'on parle de consentement. Je pense que si je devais continuer à travailler sur le sujet, je lâcherais volontiers le mot « consentement » qui m'a été imposé par les débats. C'est un mot un peu archaïque. Et il est inadapté pour décrire de nombreuses relations de pouvoir. Lorsque Laurence Parisot parle de « licenciement par consentement mutuel », c'est irréaliste. Un salarié ne consent pas à être licencié. C'est une expression qui efface le rapport de force. La volonté, elle, échappe au compromis et elle oublie la relation, le rapport entre les gens. Elle renvoie à l'autonomie et à la raison de chacun.

Le consentement intervient donc nécessairement dans un rapport de pouvoir ?

Si l'on regarde les affaires DSK, Baupin ou Weinstein, il y a chez eux, dans leur imaginaire, une confusion entre jouissance du pouvoir et jouissance sexuelle. Car la symbolique du pouvoir est encore très masculine. Et au-delà du harcèlement, la jouissance du pouvoir se retrouve aussi dans la disqualification systématique de la femme. C'est le terme que j'aime employer pour redéfinir le mot « sexisme ». Je ne pense pas m'être fait harceler ou agresser à multiples reprises dans ma vie. Mais j'ai été continuellement disqualifiée, dans mon travail notamment. On préfère, par exemple, me voir comme une historienne plutôt que me reconnaître philosophe. Et je travaillerais sur « la condition féminine », sur l'histoire des femmes, mais certainement pas sur les concepts qui pensent la difficile égalité des sexes.

On peut le renverser ou le refuser, ce pouvoir ?

C'est ce dont j'ai témoigné dans l'épilogue de la réédition de mon livre *Du consentement*. J'ai toujours travaillé plutôt sur le « non » que sur le « oui ». J'ai donc voulu ici insister sur quelque chose de nouveau : non pas le « non » du consentement mais plutôt « le refus de consentir » ; peut-être plus émancipateur. Dans ce texte, je propose une lignée de femmes qui retournent le système et refusent de consentir à leur domination : Louise Michel, Hubertine Auclert, Hélène Brion, Virginia Woolf, Valérie Solanas, Monique Wittig... Pour finir, avec l'artiste Coco Fusco, j'interroge l'exemple contemporain d'une femme militaire, dans une prison d'Abu Ghraib en Irak, qui humilie sexuellement un homme. Je montre ce qu'il se passe quand des femmes accèdent à une certaine autorité et se servent de leurs armes de femmes. La voie de l'émancipation n'est pas un chemin tranquille.

À la suite de l'affaire Weinstein, tout le monde cherche des solutions pour prévenir ce genre de cas. Comment faudra-t-il faire selon vous ?

On parle souvent d'éducation et de législation. Je pense que sur ce sujet-là, nous sommes absolument tous d'accord, c'est une évidence. Mais ce ne sont pas des solutions. Bien sûr il faut des lois, des campagnes d'affichage et de prévention. Mais au fond, il s'agit avant tout de changer notre imaginaire collectif. Et cela passe par des moyens moins officiels. J'ai toujours pensé que dénoncer les stéréotypes revenait à les renforcer. Il faut qu'on invente plutôt que d'être en permanence dans la dénonciation. Et il faudra que les femmes inventent ensemble.

Chapitre IV

LES FEMMES FONT CORPS*

Aujourd'hui, l'affaire Weinstein marque-t-elle un tournant ?

Plus qu'un tournant, c'est, au sens fort et politique du terme, un événement. Pour les Français, il s'inscrit dans une histoire inaugurée avec l'affaire DSK. Que s'était-il passé ? Un fait divers était devenu politique, comme je l'avais écrit dans une tribune[1]. On avait laissé le pathologique et la chambre à coucher pour entrer dans le politique — au sens de *res publica*, de vie en commun. Et l'espace médiatique était, pour la première fois, prêt à l'entendre. Il y a eu un avant et un après. On s'en est rendu compte avec l'affaire Baupin, un député accusé de harcèlement[2]. Cette fois, non seulement on quittait le XIXe siècle que représentait l'affaire DSK — avec une histoire de bourgeois qui saute la bonne —, mais la malheureuse phrase « il n'y a pas mort d'homme » n'était plus acceptable... C'est ce qu'ont dit les femmes alors,

* Entretien avec Weronika Zarachowicz, *Télérama*, 30 octobre 2017.

comme celles qui prennent la parole aujourd'hui : l'affaire est politique car elle révèle l'immense difficulté des femmes à être égales et libres dans un monde d'hommes, dans le monde des hommes.

Le cas Weinstein est-il politique ?

Weinstein, DSK, Baupin, ce sont des affaires d'hommes de pouvoir — un producteur, un potentiel futur président de la République, un député — qui, jouissant d'un pouvoir dans un lieu donné (car Hollywood est un État politique !), veulent l'exercer dans d'autres. Ce ne sont pas les gamins de 1974 qui violent deux campeuses dans une calanque près de Marseille[3]. Mais le cas Weinstein ressemble aussi à tous les autres. Il est banal, si ce n'est, peut-être, qu'il témoigne d'un appétit sexuel plus intense encore… Quand j'en ai une, j'en veux deux, quand j'en ai deux, j'en veux trois, etc. C'est comme l'addiction au pouvoir : plus j'ai de pouvoir, plus j'en veux, et l'on sait combien le pouvoir est jouissance, et ce qu'il y a d'illimité, par définition, dans la jouissance. L'affaire Weinstein raconte, enfin, combien le corps des femmes reste à la disposition des hommes.

Sauf que cette fois, elles disent non, collectivement et à travers le monde !

Effectivement, cet événement remarquable, au sens de « à remarquer, à noter », constitue aussi une rupture sociale radicale grâce à Internet, qui permet une horizontalité inédite, d'une ampleur sans précédent. Les femmes sont passées du singulier au pluriel, et ce pluriel est devenu viral. Cet acte collectif, qui traverse les continents, rend la domination masculine visible. Mais ce pluriel avait déjà permis de briser le silence dans l'affaire Baupin, quand plusieurs femmes avaient pris ensemble une parole publique. Car il faut agir groupées. Un geste isolé est condamné d'avance, on connaît la solitude inouïe des femmes dans les plaintes pour viol. Cette conscience de la dénonciation dans l'espace public marque un changement fondamental, à rapprocher de ce qui s'est passé en 1980, quand le viol est passé de délit à crime. C'est tout cela que nous disent les femmes qui parlent aujourd'hui.

Vous ne craignez pas un retour au puritanisme, une mise en cause des rapports de séduction ou de « galanterie à la française » ?

Mais ce sont des cache-sexes pour ne pas parler du fond, et surtout, pour faire l'impasse sur la question de l'égalité ! Et puis, qui peut croire à cette bêtise qu'il n'y aura un jour que de la transparence dans les relations humaines liées à la libido et au désir ? Jamais, et heureusement, grâce au ciel… J'ai confiance dans la nature humaine et dans la libido masculine, féminine, hétéro ou homo, etc. ! En revanche, j'attire l'attention de ces esprits chagrins sur une évolution intéressante qui a eu lieu aux États-Unis. Les campus de l'État de Californie ont développé l'idée de « consentement affirmatif » : consentir, ce n'est plus « ne pas dire non », mais c'est dire clairement « oui ». Il serait bienvenu d'importer cette idée en France, quand on voit le cas de cette fillette de 11 ans, agressée sexuellement par un homme de 28 ans, et pour laquelle le parquet de Pontoise a récemment considéré qu'il n'y avait pas viol puisque la victime n'avait pas explicitement dit non...

Dans l'affaire Weinstein, plusieurs actrices ont « consenti ». Cette notion de consentement est tout de même complexe, comme vous l'expliquez dans votre ouvrage...

Oui, le consentement est un cube qu'on tourne et retourne, et dont les diverses faces racontent chacune une histoire. Il ressemble à un mot simple, et il est pourtant obscur et épais comme l'ombre et la chair de chaque individu. Il peut être explicite ou tacite ; il peut être le fruit d'un rapport de force, implicite ou pas, où l'on usera de la contrainte physique, de mots qui font peur, de l'enfermement spatial. On peut consentir à sa soumission, à son oppression. Consentir, ce peut donc être choisir ou accepter, vouloir ou subir. Le double sens du consentement se définit avec l'époque moderne, et c'est toute l'ambiguïté du dominant que de se servir de cela — « elle a pas dit oui, elle a pas dit non, donc ça voulait dire oui... » Entre hommes et femmes, le jeu n'est pas égal. J'invite d'ailleurs tous les défenseurs de la grivoiserie et de la galanterie à la française à lire Choderlos de Laclos, qu'ils adorent, mais dans sa version féministe : son magnifique essai *De l'éducation des femmes*[4] ! Choderlos a une conscience aiguë de l'inégalité de traitement entre hommes et femmes, de la complexité du consentement, et des stratégies mises en place de part et d'autre...

Y compris les stratégies de séduction !

Bien sûr ! Et si une actrice a des stratégies, qu'elle « vend » son corps pour devenir l'héroïne d'un film, ce n'est pas moi qui lui jetterai la pierre. Le problème n'est pas là. Il est qu'au XXIe siècle, les femmes commencent à dire, collectivement, qu'elles en ont assez, qu'elles ne veulent plus avoir peur face à ceux qui se croient en terrain conquis, aux tripotages, aux propos déplacés. Ce n'est pas une plainte victimaire ni une déclaration de guerre. C'est une critique, une dénonciation et une révolte.

C'est donc un geste de puissance ?

C'est un geste qui s'attaque à ce qui gît sous le contrat social démocratique : le « contrat sexuel » dont parle la politologue anglaise Carole Pateman, contrat implicite, caché, non dit, du droit des hommes sur le corps des femmes. C'est en cela que l'événement que nous vivons est d'importance : nous entrons dans une époque où la question du corps devient centrale. Depuis 200 ans, les femmes se sont battues pour les droits de « raison » : être citoyenne, être éduquée, avoir du boulot, comme les hommes... Cette phase est en passe d'être achevée, même s'il reste encore des combats ! Aujourd'hui c'est au corps féminin de surgir dans l'espace public, espace de l'ère démocratique — ce qui ne veut pas dire que nous ne nous sommes pas occupées du corps avant, avec la question du divorce, de l'avortement ou de la contraception. Mais nous voici d'une part face à l'immense sujet de la reproduction, de la procréation médicalement assistée (PMA), de la gestation pour autrui (GPA), et d'autre part face à celui des violences.

Marlène Schiappa, secrétaire d'État chargée de

l'Égalité entre les femmes et les hommes, veut porter une loi contre le harcèlement de rue. Le droit est-il la bonne réponse ?

Vous pouvez améliorer le droit, faire passer le viol de délit à crime, inverser la charge de la preuve en matière de consentement, comme dans les campus américains — ce n'est plus à la victime de prouver le harcèlement mais à l'agresseur de prouver que son ou sa partenaire a clairement dit « oui ». Mais la loi ne peut pas tout régler. La loi ne fait pas le réel. La notion de consentement n'a pas encore fini d'être précisée. Je préférerais passer à un mot peut-être plus adéquat aujourd'hui : la volonté. Comment nommer la chose dont on veut parler, comment trouver le bon mot, le bon concept ? C'est ce que j'ai cherché à faire toute ma vie, comme philosophe. Rendre une question intelligible ne se fait pas si vite. Nous n'avons pas encore tous les repères pour penser l'événement, l'instant historique qui se déroule sous nos yeux.

Vous ne parlez pas du pouvoir de l'éducation pour faire évoluer les esprits, les comportements ?

Le savoir est une conquête, et c'est une excellente nouvelle qu'en cette rentrée 2017, un manuel scolaire représente enfin le clitoris correctement et entièrement, pour la première fois en France ! Donc, oui, l'éducation est nécessaire, mais insuffisante. Seul le rapport de force peut transformer les choses. Plus les femmes seront nombreuses à se poser comme sujets parlants, à ne plus attendre qu'on leur demande leur opinion pour s'exprimer, plus nous nous éloignerons du « qui ne dit mot consent ». C'est ce qui se passe en ce moment :

une façon d'assumer, concrètement, la libération des femmes. Les hommes ont beau jeu de dire que c'est du ressentiment, et de ne voir dans le hashtag « balancetonporc » que vulgarité et brutalité. Mais toute révolte est excessive et suscite chez les dominants une forme de condescendance. On n'a pas envie d'être dérangé dans ses privilèges, quand bien même on est un brave homme...

Il vous plaît, ce hashtag « balancetonporc » ?

Mais nous, nous sommes des poules et des chattes — rappelez-vous ce député UMP, Philippe Le Ray, qui caquetait pendant la prise de parole d'une élue EELV... Et puis les poules ne passent pas pour être très intelligentes alors que le porc, lui, est un être charmant et très intelligent. Les hommes devraient dire : chouette, on est drôlement intelligents ! Tout cela manque tout de même d'humour et de distance, non ? Pour ma part, entre le porc et la poule, je choisis d'être truie !

Chapitre V

L'AFFAIRE WEINSTEIN EST UNE RÉVOLTE HISTORIQUE ET POLITIQUE*

Deux mois et des centaines de révélations plus tard, que nous apprend l'affaire Weinstein ?

Cette affaire fait partie des moments d'histoire, avec un grand H, où d'un coup se condense une colère, ce que j'appelle même une révolte. Ce qui se produit va bien au-delà du fait divers, si tant est qu'on ait pu considérer les violences à l'encontre des femmes comme des faits divers. D'entrée de jeu, cette affaire est apparue comme quelque chose de collectif, de pluriel. Ce n'est pas une anecdote et cela s'est vu tout de suite. C'est un véritable événement, parce que cette affaire fait tomber un des hommes les plus puissants du monde. Ce n'est pas un « soufflé », ce n'est pas juste une boursouflure ou une piqûre qui provoque une allergie sur le corps social. C'est politique parce que les femmes demandent justice, elles remettent en cause un rapport de force. C'est cela le politique, c'est quand un groupe d'opprimés dit : « Ça suffit. »

* Entretien avec Camille Caldini, France Info, 5 décembre 2017.

Cela signifie-t-il que les règles qui régissent les rapports entre les femmes et les hommes ont commencé à changer ou vont changer ?

On ne le sait pas encore. Ce qui change déjà, c'est ce qu'on observe autour de soi. Toutes les femmes ont fait un rétropédalage personnel, en se demandant quand elles avaient pu vivre quelque chose de limite, voire pire que limite. Et tous les hommes sont concernés aussi. Parce que la peur, en plus de la honte, a changé de camp. Je pense que certains ne dorment pas très bien. Et tous ceux qui ne sont pas des prédateurs s'interrogent sur la catégorie « homme » à laquelle ils appartiennent. Tout le monde est concerné. Je compare cette révolte aux catalyseurs qu'ont été l'avortement en 1970 et la parité en 1990. Ce sont des catalyseurs, parce qu'à partir d'une demande, « on veut une loi sur l'avortement » ou « on veut partager le pouvoir politique », s'est greffé tout le reste des injustices qu'il fallait dénoncer. Je pense que cette affaire-là est aussi un catalyseur, puisqu'elle reprend la question de l'égalité professionnelle et économique. Car c'est dans une situation de dépendance économique que les femmes sont victimes de violences. Cela concerne aussi bien les actrices, assistantes parlementaires, infirmières que les femmes qui sont en situation de dépendance économique dans leur couple. L'autonomie économique est la condition de la liberté.

Pour comprendre pourquoi cette affaire-là plutôt qu'une autre a de telles répercussions, on peut se demander ce que symbolise Harvey Weinstein ? Un homme puissant, un prédateur...

Je pense que l'affaire Weinstein est la métaphore de Trump, c'est un déplacement. C'est à cause de Donald Trump que l'affaire est sortie. Harvey Weinstein est la métaphore non seulement des agressions sexuelles, dont est accusé le président des États-Unis, mais aussi du président lui-même. On fait tomber un très puissant, un chef (parce qu'Hollywood est bien une industrie politique mondiale) et du même coup, un prédateur. Ce n'est, bien entendu, pas machiavéliquement décidé, mais c'est celui d'à côté qui tombe. Cela rend encore plus politique l'affaire Weinstein. Rappelez-vous d'ailleurs que ce sont les femmes qui ont déclenché les manifestations contre Donald Trump, au moment de son investiture, avec la Marche des femmes. Ce qui est remarquable. Un ami me rappelait d'ailleurs qu'en 1995, c'est la manifestation du 25 novembre, jour de lutte contre les violences faites aux femmes, qui avait été le déclencheur des grandes grèves. C'est dire à quel point quand les femmes se révoltent, on touche à la politique en général.

Vous insistez beaucoup sur le pluriel, le collectif. Combien faut-il de femmes pour qu'elles soient entendues ?

Peu importe, le pluriel, c'est le pluriel. Le problème, c'est que beaucoup de femmes raisonnent encore au singulier, en pensant 1+1+1. C'est aussi ce qu'ont fait beaucoup de responsables politiques, dont Emmanuel Macron, en disant aux femmes : « Il faut que vous portiez plainte ». C'est une façon de rester dans cette addition, mais ce n'est pas ça, le pluriel. Voyez les chiffres : 2 000 musiciennes [dénoncent le harcèlement sexuel] en Suède et 1 000 autres en Norvège... Pour Weinstein, on a dépassé la centaine de femmes. Quand on donne les chiffres, on fait preuve. Le pluriel, ce n'est pas non plus croire qu'il existe un corps unique des femmes, souvent résumé par l'expression « la femme ». Au moment du débat sur la parité, des journalistes me disaient « Mais les femmes ne sont pas d'accord entre elles ». Je répondais : « Justement, elles sont suffisamment nombreuses pour être en désaccord. » La démocratie, c'est le désaccord. Mais il faut aussi faire un peu de généalogie. Le fait que des femmes comme Beyoncé et d'autres, depuis quelques années, disent haut et fort « Je suis féministe » est très nouveau. Et cela aussi a déclenché de la force. C'est un changement très positif.

La réaction des hommes est-elle aussi en train de changer ?

Ils sont en plein questionnement. Ils sont au moins ébranlés. Quand j'interroge mes amis ou des professionnels que je peux rencontrer, ils sont beaucoup plus touchés que sur la parité ou l'avortement, où ils ne se sentaient pas tous concernés. En dehors des prédateurs eux-mêmes, dont certains ont le sentiment d'impunité, ils se demandent : « Comment me suis-je comporté ? », « Ai-je soutenu tel ou tel copain qui s'est mal comporté ? » Et il y a des hommes qui me demandent des conseils de lectures, qui ont envie de travailler là-dessus, et ça, c'est la première fois. Il y a bien eu des groupes d'hommes qui s'intéressaient à ces questions, dans les années 1970, mais c'était surtout pour se tenir chaud, pour accompagner leurs compagnes féministes, cela n'allait pas au-delà.

Comment expliquer ce sentiment d'impunité dont vous parlez ?

C'est quoi le sentiment d'impunité ? C'est un mystère. C'était sidérant dans l'affaire Baupin, par exemple. Député, il est accusé de harcèlement par plusieurs collaboratrices. Il obtient un non-lieu et ensuite porte plainte contre les femmes qui l'accusaient d'agressions sexuelles, alors qu'il aurait mieux fait de se dire « Je l'ai échappé belle ». Sans compter qu'on l'a vu poser avec du rouge à lèvres pour le 8 mars. Je pense aussi à Daniel Dobbels, qui montait son spectacle *Sur le silence du temps*, un spectacle de danse sur les femmes qui taisent leurs souffrances. Le théâtre vient de le suspendre, parce qu'il est accusé d'agressions. Ce sont des indices du sentiment d'impunité, et je me demande ce que cela signifie pour ces hommes. Sont-ils inconscients ou cyniques ? Est-ce une façon de se dire « Ça ne tombera pas sur moi, puisque je montre que je suis du côté des femmes » ? Est-ce une barrière de protection pour eux ?

On a parlé du cinéma, de l'hôpital, de la politique, des médias, mais le sujet de « domination masculine » d'une manière plus globale a été peu évoqué. Pourquoi ?

Je pense qu'il faut se donner du temps. Là, les femmes, en s'exprimant, ont créé un moment de visibilité de la « domination masculine », mais ce n'est pas une démonstration. Tout d'un coup, elles ont posé cette idée au milieu de la table. Le mouvement traverse les frontières et les continents. Cela renvoie bien à l'universalité de la prédation masculine. La question, à présent, est de savoir comment les forces vives de cette contestation, de cette révolte, vont transformer la chose.

Chapitre VI

PARADOXE ET VÉRITÉ*

« Le paradoxe est le commencement d'une vérité. » Ainsi débute la réponse de Choderlos de Laclos à la simple question de l'académie de Châlons-sur-Marne sur le moyen de perfectionner l'éducation des femmes. Un paradoxe, oui, puisque l'auteur affirme que ce perfectionnement est impossible. Le commencement d'une vérité, oui, puisqu'il sera développé, dans cet essai, des analyses qui touchent à l'origine de ce problème, la hiérarchie des sexes, et une réflexion sur la stratégie pour sortir de cet « esclavage » ; par la révolution (le mot est bien là), par la ruse, et par le courage individuel.

« Venez apprendre comment, nées compagnes de l'homme, vous êtes devenues son esclave. » En 1783, l'esclavage est devenu un mot politique, les « amis des noirs » se multiplient et l'esclavage comme métaphore de l'oppression des femmes

* « Paradoxe et vérité », préface à la réédition de Choderlos de Laclos, *De l'éducation des femmes*, Paris, Les Équateurs, 2018.

devient un usuel de la langue, et pour longtemps puisqu'il est encore présent dans l'hymne du Mouvement de libération des femmes de la fin du XXe siècle... En 1782, Choderlos de Laclos a publié *Les Liaisons dangereuses* et cela a fait du bruit. Un an plus tard, le texte suscite interrogations et commentaires. Comment concilier le libertinage du roman avec la critique de l'avilissement des femmes ? C'est tout l'enjeu : non seulement ces deux textes cohabitent chez un même écrivain, mais encore ils offrent ce fameux paradoxe d'où peut sortir une vérité.

Quel paradoxe ? Non pas celui, souligné dès la première page, où l'auteur affirme que l'« état abject » où sont tombées les femmes n'aura pas comme remède leur éducation ; mais plutôt celui qui lui permet d'écrire sur le désir et l'érotisme des deux sexes tout en proposant aux femmes d'entendre qu'elles seules doivent changer leur sort. Or, la contradiction entre libertinage et droit des femmes est un lieu commun, encore aujourd'hui ; surtout aujourd'hui, devrais-je dire. Alors, le double geste d'écriture de Choderlos de Laclos nous est précieux par son impertinence. Il initie une problématique propre à la pensée démocratique de l'égalité des sexes, il indique le défi à venir, celui de croiser désir et égalité.

Et cela s'entend de deux façons : soit la question posée est celle de la compatibilité improbable entre sexe, sexualité et féminisme, puisqu'on sous-entend volontiers que le féminisme a pour effet de censurer l'érotique ; soit l'idée est qu'à trop vouloir l'égalité entre les sexes, on privilégie l'identité au détriment de l'altérité, et ainsi l'amitié au détriment de l'amour. Aujourd'hui, notamment ces dernières décennies, il est bien vu de dénigrer le féminisme par des soupçons de puritanisme et de sexualité problématique (« mal baisées », disait-on dans les années 1970). Le problème est posé dès après la Révolution, par exemple sous la plume de Senancour, pour interroger la démocratie elle-même, c'est-à-dire la représentation de l'identité (comme ressemblance) des individus, femmes et hommes, source d'une éventuelle confusion entre les sexes.

Double menace donc en deux siècles : suppression du sexe et suppression de l'amour. La charge est lourde. Alors on assiste, à notre époque, à une autre mise en scène, plus complexe, invoquant la géopolitique contemporaine : aux États-Unis le puritanisme et la convention sexuelle, à la France la galanterie et le libertinage. Ainsi peut se perpétuer la contradiction entre sexe et égalité, paradoxe énoncé par Choderlos de Laclos. Proposons de reconnaître que le paradoxe consiste d'abord à habiter la contradiction, à tenir ensemble, et non séparément, l'érotisme et l'égalité. Tel est le défi de l'ère démocratique. Tel est notre défi, semble-t-il, aujourd'hui encore.

Puis souvenons-nous de ce que disait l'homme des Lumières : si on assume le paradoxe, alors peut s'entrevoir un commencement de vérité.

Ainsi, Choderlos de Laclos continue la réflexion en esquissant une histoire anthropologique, en s'intéressant à l'origine de nos sociétés, notamment au chapitre intitulé « Des premiers effets de la société ». Il s'agit d'une recherche scientifique : « Ici les faits viennent à l'appui des raisonnements ». Les faits renvoient à une universalité de la hiérarchie des sexes : « Parcourez l'univers connu... quand on parcourt l'histoire des différents peuples... On est tenté de croire qu'elles ont cédé et non pas consenti au contrat social ». D'où la question de l'origine de l'Histoire, le lecteur de Rousseau l'affirme. L'origine ne renvoie pas à la nature des sexes mais à un rapport de force axé sur le mot de consentement. Ce mot a, nous le savons, un double sens : choisir ou accepter, décider ou se soumettre. L'auteur y voit donc une origine car « la première qui céda forgea les chaînes de tout son sexe ». Ainsi, les hommes ont établi l'origine du droit en incluant la propriété des femmes. Cette idée du XVIIIe siècle fera son chemin car la question du point de départ de l'inégalité des sexes subsiste dans les siècles suivants. Citons d'un côté Friedrich Engels qui parle au XIXe siècle de la « défaite historique du sexe féminin » et Simone de Beauvoir qui dit au contraire, au XXe siècle, que cela n'est « jamais arrivé ». L'origine du patriarcat est-elle ou non un événement ? Voilà une belle question philosophique ; à laisser ouverte.

Reste, pour finir (ou pour commencer), à parler stratégie ; suite logique selon Choderlos de Laclos. En effet, identifier l'origine de l'oppression des femmes n'a d'intérêt que si l'histoire qui suit prend acte de la défaite. Les femmes ont inventé la ruse, qui peut, entre autres choses, s'appeler séduction, donc beauté et amour. La ruse introduit la dynamique temporelle de la relation entre sexes, et tout simplement l'histoire des sexes. Il en va d'une guerre, « guerre perpétuelle », « combattre sans cesse, vaincre quelquefois » et du contrat qui pacifie asymétriquement. Nous revenons donc au paradoxe, donc à la contradiction, où l'on comprend qu'aucune éducation n'est porteuse d'espoir. Sauf à faire la Révolution, quelques années plus tard. La bataille ne sera pas gagnée pour autant, mais le principe égalité viendra soutenir, dans toute sa complexité, le geste de Choderlos de Laclos qui touche à cette vérité future.

Chapitre VII

« L'HISTOIRE SE FAIT SOUS NOS YEUX* »

Comment appréhender « MeToo » dans le temps long des luttes féministes ? En quoi s'agit-il d'un phénomène neuf ? L'égalité réelle est-elle à l'horizon ? Conversation avec Raphaël Glucksmann.

Depuis trois mois, nous sommes en proie au vertige. Je dois dire que j'ai d'abord été gêné par les mots « balance » et « porc », puis je me suis plongé dans les témoignages, les récits. Et j'ai compris que nous vivions un moment clé de notre histoire commune, un moment de bascule que nous avons encore du mal à identifier. Je viens donc vous voir pour essayer de le penser. À quoi assiste-t-on ? À une révolution ?

Nous vivons un Événement, avec un É majuscule. Je ne parle pas encore de révolution, mais de révolte. Et cette révolte n'est pas de la délation, comme certains et certaines le clament. Nous ne sommes ni dans une logique de dénonciation ni même dans la simple complainte. Ces femmes

* Entretien avec Raphaël Glucksmann, *Le Magazine littéraire*, février 2018.

font des récits, comme vous dites, construisent un discours, racontent l'histoire. « Je suis entrée dans la pièce », « j'étais dans le hall de l'hôtel », « on m'a emmenée dans la chambre », « j'ai dû aller dans la salle de bains », etc. Les dominées cessent de l'être en parlant, en écrivant. Nous sommes, nous les êtres de sexe féminin, des sujets parlant, écrivant.

Voilà déjà un retournement fondamental : c'est tout sauf une habitude que les paroles structurant le débat public soient d'abord des paroles de femmes. D'où notre première réaction d'hommes, qui fut de nous taire, de nous mettre en situation d'écoute, d'être face à l'événement.

Oui, des femmes prennent la parole, et toute la société est appelée à écouter. C'est nouveau. Ma génération s'est battue pour l'avortement, a soutenu la parité, mais nos combats ne concernaient jamais directement toutes les femmes et tous les hommes. Là, toutes les femmes et tous les hommes doivent et peuvent se sentir, personnellement, concernés. Toutes les femmes plongent en elles pour se souvenir si elles ont ou non subi des situations de harcèlement. J'ai fait de même. À 10 ans, j'avais été confrontée à un exhibitionniste et je n'en avais jamais parlé. À 25 ans, boulevard Magenta à Paris, je me suis fait agresser par trois jeunes hommes et j'ai pris un coup de poing dans la figure. Le chauffeur de taxi que je hèle alors me demande : « Madame, pourquoi êtes-vous dehors à cette heure-là ? » Tous les hommes sont également concernés, même s'ils n'ont pas été des prédateurs, et beaucoup revisitent aussi leur passé pour relire leur comportement à la lumière de ces récits. C'est la première fois que je vis une expérience féministe où tout le monde est concerné, pour et en soi-même. C'est bien pour cela que la tribune sur « la liberté d'importuner » publiée dans *Le Monde* du 9 janvier est dangereuse : elle risque de nous faire dévier de l'enjeu essentiel, ces structures de domination qu'il faut abattre.

Cette tribune m'a interpellé. Tout d'abord, j'ai été frappé par un discours qui ne sort pas de l'expérience personnelle. C'est la grande différence entre ce texte et celui de Leïla Slimani publié dans Libération. *Comme les 100 signataires de la tribune, elle dit qu'elle n'est pas une victime. Mais, si les premières induisent de leur statut de non-victimes le rejet d'une supposée « victimisation généralisée », la seconde produit un discours politique allant au-delà de son cas propre pour saisir l'enjeu général du moment. Ensuite, et c'est un phénomène qui se répète à chaque remise en cause d'un ordre établi, il y a cette tendance à s'attarder sur les impolitesses de la révolte, à faire dévier le débat sur celles-ci, et à zapper ses causes en se focalisant sur ses moyens. En l'occurrence, on passe rapidement du fait important — à savoir qu'une femme sur deux dit avoir été harcelée — à la menace potentielle pesant sur les libertés des hommes. On s'inquiète pour nous, les hommes. Ce qui me donne subitement la parole. Et si je la prends, c'est pour demander de revenir à l'essentiel, qui n'est pas moi. Ce n'est pas de ma liberté qu'il faut se soucier maintenant, mais de la liberté de celles qui sont harcelées, dominées.*

J'ai avec cette tribune un désaccord profond. Abyssal. Tant mieux ! Au moment de la loi sur la parité en politique, je disais : « Nous sommes suffisamment nombreuses pour être en désaccord ». Les femmes ne forment pas un corps unique. Ces signataires expriment leur opinion. Maladroitement. Leur texte reprend en fait une vieille « ritournelle philosophique » ou un « marronnier idéologique », le risque que l'égalité — car c'est de cela qu'il s'agit depuis 3 mois — ferait peser sur l'amour et le sexe. Si nos positions sont égales, semblables, il n'y aurait plus d'amour possible, plus de séduction possible, juste de l'amitié, un monde aseptisé. Depuis la Révolution française et l'avènement de la démocratie, c'est-à-dire de l'horizon égalitaire, l'égalité des sexes fait peur. Cette peur a déjà surgi en amont de la Révolution avec Jean-Jacques Rousseau et contamine en particulier l'aile la plus égalitariste de la Révolution. En 1793, le Club des femmes est fermé, et les femmes sont interdites d'armée. Sylvain Maréchal, figure de l'extrême gauche, corédacteur du « Manifeste des égaux » de Babeuf, imagine ainsi un « Projet de loi portant défense d'apprendre à lire aux femmes ». Les 100 femmes signataires refusent de voir que la question centrale est celle de l'égalité, que c'est la question qui effraie depuis des siècles et qu'elle occupe enfin le cœur du débat public. Si elles s'inquiètent d'une tentation d'inhiber les relations entre les sexes, pourquoi n'ont-elles pas plutôt réclamé le droit de mettre la main aux fesses des hommes ? J'ai immédiatement dit que, si on traitait les hommes de porcs, je voulais bien être traitée de « porcine », pour rétablir une forme d'équilibre. La symétrie est absente d'un texte qui consent à l'asymétrie. Quant à l'obsession du puritanisme, croyez-vous qu'il n'y a pas de vie sexuelle aux États-Unis ?

Non, mais je pense qu'il y a quand même, là-bas, une présence du religieux qui conduit parfois à un culte de la virginité et, oui, à une forme de puritanisme.

Sur la foi, je suis d'accord, la présence du religieux peut y être suffocante. Mais l'opposition puritanisme / libertinage demeure une construction idéologique plus qu'une construction scientifique. Il faut lire Choderlos de Laclos, *De l'éducation des femmes*. Il publie ce texte radical un an après *Les Liaisons dangereuses*. Les admirateurs du libertinage à la française devraient le lire. Personne ne peut soupçonner Laclos de puritanisme. Et pourtant, il appelle les femmes à se libérer et à faire la révolution, il place au cœur du débat la notion de consentement, dont il décrit le caractère forcé, il se demande comment se structure l'inégalité des sexes — que Poulain de la Barre décrivait en 1673 comme le plus grand des préjugés. Ce préjugé va retarder l'égalité formelle, qui mettra plus de deux siècles à s'imposer. Il empêche encore l'égalité réelle. C'est cette question de l'égalité des corps qui explose aujourd'hui à notre figure. La politologue britannique Carole Pateman, dans *Le Contrat sexuel*[1], explique avec une radicalité métronomique que, sous le contrat social, existe un contrat sexuel implicite, non pensé par les philosophes du contrat social, qui stipule que le corps des femmes est à la disposition des hommes. Maintenant, le corps des femmes se révolte et, pour ce faire, il faut des femmes qui aient des moyens économiques. Ce n'est pas un hasard si cette révolte est entendue : elle vient de celles qui ont un minimum de capacité sociale.

La solution n'est-elle donc pas d'abord sociale, l'arrivée d'un maximum de femmes dans des positions de pouvoir ? Ne s'agit-il pas là d'une question de domination sociale ?

Non, ce n'est pas la domination sociale le problème essentiel. Quand je suis dans la rue, qu'on me donne un coup de poing suffisamment fort pour que je me retrouve par terre, où est la domination sociale ? Je suis une jeune femme de 25 ans sans doute pas très différente sur le plan social des trois hommes qui veulent m'aborder. La domination sexuelle ne se résume pas à la question sociale.

Vous avez raison. Vous avez dit quelque chose de très important, illustrant peut-être la limite actuelle de cette révolution : le mouvement a commencé avec des femmes avec un fort capital financier et symbolique. A-t-il ensuite touché l'ensemble de l'échelle sociale ? Beaucoup des récits que j'ai lus émanaient de journalistes, d'étudiantes, d'avocates, de couches socioprofessionnelles assez élevées. Le défi n'est-il pas là ?

Oui. Mais on nous a aussi fait ce reproche en 1970 : « Ne seriez-vous pas des bourgeoises ? ». On voulait tellement ne pas paraître bourgeoises qu'on en arrivait à dire du mal des suffragettes sans les connaître. J'ai mûri et je pose la question :

qui a les moyens de mener les premières batailles ? Des choses se sont passées dans les hôpitaux, par exemple : je n'y ai rencontré que des femmes ravies que celles qui ont les moyens aient déclenché la révolte. Cela fera tache d'huile. J'ai entendu qu'on transpose maintenant l'expression « libération de la parole », à propos des employés de Lactalis, par exemple. D'autres membres du corps social pourraient prendre la parole.

Un article du journal américain conservateur The Weekly Standard *relevait récemment que ce n'était pas la puissance de la presse qui avait permis l'explosion de l'affaire Weinstein, mais sa faiblesse au contraire. C'est la crise conjuguée du marché de la publicité, des citadelles médiatiques et du parti démocrate qui ébranle la pyramide de protection de Weinstein. Et c'est grâce aux réseaux sociaux que le mouvement se généralise. L'horizontalité permet de transformer la révolte d'une avant-garde, ce que fut le féminisme pendant longtemps, en mouvement massif...*

Oui. Et c'est un bonheur. L'histoire se fait sous nos yeux. Il y a déjà des effets politiques de l'affaire Weinstein. Roy Moore n'est pas élu sénateur de l'Alabama. Les dirigeants du festival de Cannes se font interpeller parce qu'ils ne savent pas qu'il existe du cinéma féminin. Cate Blanchett préside cette année le festival. C'est un geste symbolique et réel. Ce sera la deuxième femme présidente de Cannes en 70 ans. Le metteur en scène Leo Muscato présente une version où Carmen tue don José, et non l'inverse. C'est un effet symbolique et esthétique très intéressant.

Voilà un problème : la tentation, comme dans toute révolution, de la réécriture de l'art.

Non, ce n'est pas de la réécriture, c'est la continuité de l'écriture de l'art. Connaissez-vous le livre de la philosophe Catherine Clément, *L'Opéra ou la Défaite des femmes* (1979) ? Carmen n'est pas la seule à mourir sur scène…

Bien sûr, mais parce que cela raconte quelque chose d'un monde qui oppresse les femmes. Mon point d'accord avec Catherine Deneuve, c'est son refus qu'on touche à l'art…

L'histoire de l'art vue sous ce prisme est d'un conventionnalisme à tomber sous la table ! Ils sont là les gardiens du temple ! Réécrire les œuvres est une transgression et non une censure. Catherine Deneuve demande de ne pas toucher à l'histoire de l'art ? Mais touchons-y au contraire ! Continuons à écrire !

Non, elle demande juste de ne pas trahir ou condamner des œuvres qui ont été écrites dans des situations différentes. C'est important que Carmen meure, parce que la société tue Carmen. Pourquoi ne pas comprendre que l'intérêt de Carmen, c'est précisément qu'elle meurt ?

D'accord. Mais dans les représentations de Lucrèce, et de son viol, il y a des variantes qui correspondent aux différentes époques. Ce metteur en scène qui sauve Carmen veut vivre son époque.

Il y a une autre limite au mouvement pour l'instant : ses frontières largement occidentales. Il est très fort aux États-Unis et en France, mais moins dans d'autres pays européens, comme en Italie, et encore moins en Russie ou dans les pays arabes par exemple…

Je suis en partie d'accord. En Argentine, par exemple, il se passe beaucoup de choses : « Pas une de moins » est un grand slogan. J'étais à Boston début novembre pour un symposium féministe, l'ancienne Première ministre du Sénégal, Aminata Touré, a pris la parole pour dire : « Pour une fois que tout cela transcende les frontières, allons-y ! » Je ne dis pas que les frontières sont *tombées*, mais elles ont *bougé*. Travaillons à les transcender ensemble !

Chapitre VIII

« LE FÉMINISME, ÇA PENSE* »

Il était une fois..., non, il n'y a pas de début de l'histoire. On ne va pas donner l'acte de naissance du féminisme, ni même son origine. Il s'agit plutôt d'identifier sa provenance, d'où il vient. De la résistance et de la subversion face à la domination des hommes, les gestes et les écrits des femmes en témoignent depuis l'Antiquité, comme avec l'utopie de Christine de Pisan à la Renaissance. Alors que se passe-t-il au XVIIe siècle qui fait date dans la constitution d'une pensée féministe ? On assiste à la réémergence du concept « égalité », mis en veilleuse depuis des siècles. Les temps qui précèdent se rythmaient par des querelles littéraires sur l'excellence ou la précellence d'un sexe ou de l'autre. La reprise du mot « égalité », explicite avec Marie de Gournay, se confirme dans toute sa logique philosophique et politique avec Poulain de la Barre. La Révolution française le mettra avec enthousiasme et difficulté

* Introduction au hors-série « Les grands textes du féminisme », *Le Point Références*, mai-juin 2018.

sur la place publique, et 1830 l'ancrera dans le collectif avec un « nous », nous les femmes, qui signe l'entrée en politique de la volonté d'émancipation. De ce nous, qui se fabrique alors aussi bien en Amérique du Nord qu'en Europe, surgira le féminisme, dans le vocabulaire comme dans la pratique historique. Comme néologisme, il apparaît dans une thèse de médecine à la fin du Second Empire, puis chez Alexandre Dumas fils en 1872. La médecine y voit l'arrêt de développement d'un garçon, tandis que l'écrivain y voit la masculinité des militantes. Dans les deux cas, on voit un sexe dans l'autre, sorte de pari et de danger de l'ère démocratique qui fait des deux sexes des semblables, voire des égaux ; ce qui inquiète, bien évidemment. On crie à la confusion des sexes alors que les concepts d'égalité (avoir les mêmes droits, les mêmes jouissances) et de liberté (indépendance et autonomie individuelle) sont des principes politiques. Quand les féministes de la brève Révolution de 1848 réalisent un journal quasi quotidien, elles se démarquent des saint-simoniennes qui les ont précédées quinze années plus tôt. Là, tel un fil de l'histoire, s'entend l'interlocution entre les moments et les générations, déployant le féminisme pour les temps à venir, et jusqu'à aujourd'hui.

On parlera donc de généalogie et de provenance plus que d'origine ou de naissance. Il faut se méfier des images de brèches et de vagues que privilégie l'historiographie actuelle. À vouloir marquer des temps forts, dans une sorte de discontinuité historique (par exemple, le féminisme de 1970 serait une deuxième vague), on prend le risque de rester en marge de l'Histoire. Il faut plutôt faire le grand saut, et revendiquer la continuité d'une pratique politique, sociale, culturelle, qui accompagne, depuis le milieu du XIXe siècle, les mouvements abolitionniste et ouvrier, et les idées révolutionnaire ou républicaine, socialiste ou libérale. En plaçant le féminisme dans une perspective généalogique, il ne s'agit pas d'écrire une histoire unique, la vraie, mais plutôt de mettre les deux pieds dans l'Histoire. J'aime à dire que les sexes font l'histoire.

Le féminisme dit « nous », sans oublier le « je » ; car il est le lieu d'expressions, de formulations et de rêves. Dire « nous », ce n'est pas seulement un geste politique militant, c'est une capacité d'énonciation. La révolte individuelle croise toujours la révolte collective. On en suit les récits et les réflexions dans de nombreux textes qui se font écho d'un siècle à l'autre, d'un pays à l'autre.

Aussi, lieu de liberté, le féminisme offre un espace où installer ses propres références. Ainsi se forment, et c'est important, des lignées signifiantes. Nous pouvons avoir plusieurs lignées, comme des cailloux blancs que nous posons sur les chemins empruntés vers l'émancipation individuelle et collective. Par exemple, une de mes lignées va de Poulain de la Barre, de Choderlos de Laclos, à Germaine de Staël, Virginia Woolf, Simone de Beauvoir et Monique Wittig ; en m'arrêtant au passage auprès de Fanny Raoul en 1801 (*Opinion d'une femme sur les femmes*) et de Clémence Royer en 1859 (*Introduction à la philosophie des femmes*). Élaborer une, des lignées singulières, personnelles, est un geste d'appropriation de l'histoire que nous nous employons à conquérir.

La marginalité historique de la question des sexes et du genre s'interprète depuis quelques décennies comme un impensé. Souvent on a entendu qu'il n'y avait rien à analyser, que cette question était une affaire intime, de vie privée, entre le fait social ou le fait divers. Or les penseuses d'aujourd'hui montrent que la société démocratique et républicaine repose sur quelques présupposés ou empêchements, non pas contingents mais structurels, du contrat social et de l'édification de la démocratie. D'un côté, le contrat social auquel les philosophes des XVIIe et XVIIIe siècles fabriquent une structure novatrice sans y intégrer les rapports sociaux de sexe, laissés volontairement dans un soubassement, un sous-sol d'une société nouvelle à venir. De l'autre, les acteurs de la Révolution française, forts de leur dynamique émancipatrice, qui comprennent combien la logique de la fin de la féodalité et du début de l'ère démocratique les conduirait à repenser leur pouvoir sur les femmes. Ils élaborent alors une société politique qui peut dire à la fois oui à tous les humains et non à tous et toutes.

D'où le geste et le discours, l'engagement et l'écriture, des femmes (et de quelques hommes) pour forcer les barrages de l'exclusion au nom du bon sens de l'émancipation. Mais les résistances perdurent. La révolte des corps, qui vient aujourd'hui après deux siècles de conquêtes des droits, surgit comme un retour du refoulé des sociétés contemporaines. S'insurger collectivement contre la violence sexuelle, le viol, le harcèlement, signifie simplement que le corps des femmes ne sera plus implicitement à la disposition des hommes. Quant aux commentaires sur l'hystérie et l'excès de ce qui serait une « guerre » des sexes, voire une vengeance, ils sont à la mesure de l'ampleur de la rébellion. Car il est question tout simplement d'établir un rapport de force politique, ici comme ailleurs, pour fabriquer plus d'égalité et de liberté.

Il y a bien une parole des femmes, non pas libérée mais prise par les actrices de la révolte, et cette parole est une pensée, profonde. Elle traverse les frontières et dessine une géopolitique nouvelle. Du « MeToo » californien au « MosqueMeToo » de l'autre côté du monde, à La Mecque, se donne à voir ce qui se formule depuis la fin du siècle dernier : le féminisme est une idée commune pour des pratiques multiples, voire contradictoires. Mais aussi, à partir des catégories des nations modernes, celles de classe, de race et de sexe, la nécessité d'analyser les croisements d'oppression tout autant que la contiguïté, ou la hiérarchie, des stratégies politiques d'émancipation. En pensant l'autre, et aussi en se pensant comme autre, se fait la recherche d'une histoire partagée.

Chapitre IX

UNE HISTOIRE SANS FIN*

« Patriarcat » est un mot qui dit le système, le système comme théorie politique raisonnée, et fondement de la société. La « domination masculine », mot qui lui sert d'équivalent, dit la continuité anthropologique d'une organisation sociale hiérarchisée. Fondement et hiérarchie : quitte à penser la fin de ce système, nous pouvons confondre les deux mots ; ou les séparer.

La fin supposée possible de ce régime politique nous oblige à poser la question du commencement, du début. « Quand ? » Quand cela a-t-il commencé ? Bonne question, à laquelle il fut parfois répondu. Bien connue est l'affirmation d'Engels (XIXe siècle) qui écrivit qu'il y eut une « défaite historique du sexe féminin », un avant et un après la prise de pouvoir définitive du sexe masculin. À l'opposé, Simone de Beauvoir (XXe siècle) trancha dès l'introduction du

* « L'émancipation des femmes est une histoire sans fin », *Le Monde*, 18 juillet 2018, (titre du journal).

Deuxième Sexe : la dépendance des femmes « n'est pas la conséquence d'un événement ou d'un devenir, elle n'est pas arrivée ».

Alors peut-il y avoir une fin si la question des commencements reste en suspens ? Belle question, moins brutale que la précédente. Si on songe aux luttes contre l'esclavage ou la colonisation, il y a parfois des commencements identifiables, des histoires évolutives et surtout des ruptures, des fins datées, des horizons programmés. Dans ces luttes, la fin des asservissements est pensée, puis réalisée par des dates historiques qui disent l'abolition, ou l'indépendance. Certes l'esclavage moderne et le néocolonialisme nous indiquent la fragilité de ces victoires ; mais quand même… Quant à la hiérarchie des sexes, elle semble plus pérenne, exactement constante, ayant toujours été là. Et les luttes qui s'y opposent, toujours partielles, envisagent rarement un objectif de rupture définitive, elles dessinent au mieux un horizon imaginé.

À moins que les travaux récents ne fournissent des explications plus circonstanciées quant aux causalités. Deux m'intéressent, toutes deux liées à la modernité, celle qui suit la pensée du contrat social et celle qui réexamine la fonction des sorcières. Dans les deux cas, on rencontre le développement du capitalisme comme catalyseur de la domination masculine. Carole Pateman démontre dans *Le Contrat sexuel* que ce dernier est un soubassement implicite du contrat social tel qu'il est pensé à partir du XVIe siècle. Ainsi, c'est moins le droit du père, le patriarcat au sens strict, qui est renouvelé dans la pensée moderne que la mise à disposition du corps des femmes, dispositif social sans conceptualisation politique. Mise à disposition sauvage qui fait de ce corps, des corps féminins, une matière à utilisation autant sexuelle qu'économique. Dans *Caliban et la Sorcière*, Silvia Federici, reprenant l'histoire de la chasse aux sorcières des débuts de l'ère moderne en Europe, montre les liens avérés entre la fin du féodalisme, la naissance du capitalisme et la discipline des corps, des corps féminins en particulier. Ces deux interprétations de la réorganisation d'une société, la nôtre, concourent à désigner une temporalité de la domination masculine, comme une étape précise dans l'Histoire. Mais il est évident que ce n'est en rien un début, un commencement, plutôt un moment qui montre, à mes yeux, que les sexes font l'histoire (contrairement à celles et ceux qui croient à l'atemporalité du rapport sexuel, et du genre en général).

En revanche, il y a un commencement de la révolte de ces corps, qu'on découvre d'abord comme êtres de raison. Ce passage est rendu possible par le concept politique d'égalité que le XVIIe siècle remet en lumière grâce au philosophe Poulain de la Barre. Alors, toutes les égalités sont possibles entre les deux sexes. Assertion logique, et optimiste. Le mouvement féministe qui se déploiera avec le XIXe siècle en est l'expression historique. Avant la Révolution, avant d'en venir à cette émancipation subversive, un homme sut penser la stratégie de résistance. Choderlos de Laclos, dans un texte de 1783[1], soit un an après

Les Liaisons dangereuses, identifie le moment où la première femme cède au lieu de consentir. Lucide quant aux ambiguïtés du consentement, il s'attache à dire que ce point de départ est suivi des premières pratiques féminines de résistance, dont la séduction et la ruse. Pensée d'une dynamique historique chez cet auteur, dit libertin, qui analyse l'origine pour imaginer la suite. La débrouille individuelle appelle la subversion collective... Choderlos de Laclos ouvre alors la porte à l'histoire et interpelle les femmes : « Apprenez qu'on ne sort de l'esclavage que par une grande révolution. Cette révolution est-elle possible ? C'est à vous seules à le dire ».

Puisqu'aujourd'hui encore, on s'interroge sur la fin du patriarcat, voyons comment les femmes furent « révolutionnaires ». Depuis deux siècles, dans l'après-Révolution française, les luttes furent nombreuses, les changements certains. Droits civils d'abord, qui s'obtinrent contre le Code napoléonien tout au long du XIXe puis du XXe siècle, droits politiques ensuite qui, dans ce même temps, gagnèrent un pays après l'autre, puis droits économiques — légitimés par l'institution européenne à partir du Traité de Rome, suivi des directives — et droits familiaux enfin, depuis les 50 dernières années, cette égalité domestique que les penseurs du politique redoutaient tant. Pas de démocratie familiale, danger potentiel du contrat social : Rousseau, Tocqueville, Proudhon, Alain le dirent chacun à leur façon...

Aujourd'hui commence une nouvelle époque, celle qui fait le bilan de ces deux siècles, celle qui reconnaît, mais elle le savait d'avance, que le formel ne fait pas le réel, que la loi ne suffit pas pour transformer les choses...

L'irruption du mouvement MeToo pourrait bien en être la suite logique, manière de sortir de cette impasse. Cet événement est historique, au sens fort du terme. Les droits et les lois sont insuffisants ? Alors les corps, comme corps collectif, se rebellent et se remettent au centre de la question démocratique. Pendant les quatre derniers siècles, on a longuement débattu de l'existence, des limites ou des débordements de la raison des femmes. Cette raison, lieu symbolique de l'égalité, fut l'enjeu principal. Le corps des femmes indiquait l'autre enjeu, celui de la liberté. Ainsi, on légiféra sur le divorce, la contraception et l'avortement, le viol, les sexualités et ses orientations. Or aujourd'hui, il s'agit de bien plus qu'une somme de libertés individuelles car les corps disciplinés et mis à disposition par l'implicite du contrat social se révoltent comme tels, et comme un collectif. À défaut donc de prévoir la fin du patriarcat dont on discute en ce moment, on peut déjà prendre acte d'un événement extraordinaire, la révolte collective des corps.

Révolution anthropologique, ai-je entendu dire ; non, révolte (voire révolution) politique. L'anthropologique ferait croire à un changement de civilisation alors qu'on commence tout juste à ébranler la hiérarchie des sexes, dans un système social où les multiples dominations se re-fabriquent sans cesse, races et classes comprises. Alors ébranler, rendre fragile l'ordre actuel ? Ce n'est pas simple.

Le capitalisme moderne peut absorber l'émancipation des femmes, comme partisanes ou fonctionnaires, sans toucher à la structure phallocratique. Cependant, féminisme et capitalisme ne sont pas pour autant des alliés, car la machine économique contemporaine, tout en soutenant le travail des femmes, veille à ce qu'il ne permette jamais complètement leur indépendance économique. L'emploi partiel, le congé maternel empêchent toujours l'autonomie, clé nécessaire à toute femme libre, clé unique pour toute fin du patriarcat.

J'ai coutume de dire que le féminisme vient souvent à contretemps d'autres luttes et utopies. Accepter ce contretemps permet la lucidité, lucidité propre à un à-venir. La pureté de la lutte politique n'existe pas, ici comme ailleurs. Quand on accuse le féminisme de se tromper de chemin, d'accepter l'inacceptable d'un système économique, comme de détruire l'organisation naturelle de la reproduction des humains (PMA par exemple), on refuse de voir que ce mouvement politique appartient à l'histoire, et non à l'ordre immuable des choses. Cette affaire n'est donc pas anthropologique mais bien politique.

Alors, ni début, ni fin de cette domination patriarcale qui semble résister aux concepts de notre démocratie contemporaine, égalité et liberté. Oui, il faut convoquer le contrat social ainsi que le capitalisme et les confronter au rêve d'émancipation des femmes devenu action politique. Et ce n'est pas parce que les frères ont remplacé les pères après le temps de la Révolution que la hiérarchie entre les sexes cesse. La fratrie de nos républiques ne nous rend pas la vie facile et c'est pourquoi le mot « fraternité » choque de plus en plus nos oreilles.

Reste à mettre en lumière, si ce n'est un invariant, une constante de la relation entre les sexes, avec un mot important, celui de « sexisme ». Néologisme des années 1960, on entend tout de suite sa parenté avec le racisme. La race, le sexe sont des facteurs discriminants dans une société. La discrimination est ce qui sépare, mais surtout la discrimination s'autorise de la disqualification, d'un sexe, d'une race. Qu'est-ce que la disqualification ? C'est bien une différence de qualité, une « différence de substance », dirait Aristote.

Une femme n'est pas de la même qualité qu'un homme, on le constate si bien dans la vie courante, familiale ou non, professionnelle ou non. Le sexisme précède toute organisation et institution sociale, c'est pourquoi il me surprend si souvent, à chaque anecdote de la vie quotidienne.

Chapitre X

« MAINTENANT, C'EST LA QUESTION DU CORPS DES FEMMES QUI EST AU CŒUR DE L'ÉMANCIPATION* »

Qu'appelez-vous une « enquête philosophique » ?

Je ne fais pas de théorie féministe. Je suis une « philosophe de la pensée féministe », comme m'a qualifiée Nicolas Demorand sur France Inter. Je ne fonde aucune théorie, ni de la domination, ni de l'émancipation. J'ai été formée à la philosophie de manière socratique. Je dialogue avec l'histoire. En même temps, j'ai appris l'histoire des sciences, du moins à partir de Kant. À quelles conditions puis-je penser un objet qui n'est pas répertorié dans le champ philosophique ? Ce sont les deux méthodes qui m'ont été enseignées pendant mon cursus de philosophie. Il s'agit donc d'une enquête philosophique parce que je ne viens pas avec une théorie toute faite. J'essaie d'analyser un objet que je n'ai pas rencontré durant mes études et qui me passionne. Je mets donc sur la table un certain nombre de problèmes. C'est ce que je fais avec le

* Entretien avec Kévin Boucaud-Victoire, *Le Média*, 1er mars 2019, à la suite de la parution en poche des *Excès du genre* [2014] en janvier 2019.

terme « genre », puisque j'explique d'emblée qu'il s'agit autant d'une solution que d'un problème. De même, je questionne la pertinence du mot « stéréotype » qui fonctionne comme une évidence. Enfin, je souligne qu'il faut arrêter de rabattre le sexe et le genre sur la morale. Cette dernière a principalement servi à empêcher de penser la nudité. Il fallait donc reprendre le rapport entre nudité et vérité. Le corps féminin en est un croisement dans l'histoire de l'art et de la philosophie ; alors j'ai creusé cette piste.

Hier [19 février 2018], j'ai vu qu'une professeure de Cambridge, Victoria Bateman, s'était mise nue à la télévision. Sur son corps était inscrit « Brexit leaves Britain naked », « le Brexit nous met à poil ». Il ne s'agit pas d'une exilée « provocatrice » venue d'Ukraine.

Trois thèmes, concept, image, nudité, qui sont trois concepts philosophiques, méritent que je les ouvre. Je mène donc une enquête qui n'est ni sociologique, ni journalistique, ni de consommation. J'essaye de contribuer, depuis presque cinq décennies, à construire un champ d'intelligibilité.

Le rapport au corps semble différent entre l'homme et la femme. Jusqu'ici, nous n'avons pas vu d'hommes se mettre nus pour défendre une cause. Si nous l'avons vu, c'était pour défendre la cause des intermittents, par exemple. Mais il est intéressant de constater que lors du mouvement des paysans sans terre du Mexique du début des années 2000, les femmes se dénudent, alors que les hommes n'y arrivent pas. Le rapport n'est effectivement pas le même. C'est parce que, comme je l'ai expliqué précédemment, la nudité féminine a été perçue comme une allégorie de la vérité.

N'y a-t-il pas une objectivisation du corps de la femme qui l'explique ? Aujourd'hui, nous sommes envahis d'images de femmes dénudées pour vendre tout type de produit...

Vous en venez à la question des stéréotypes. J'ai volontairement dissocié les deux sujets. Celles qui écrivent sur leur corps ont un message politique à délivrer. Cela n'a rien à voir avec les images vues comme des invariants.

Les deux questions ne sont pas du tout liées, selon vous ?

Elles le sont puisqu'elles sont dans le même livre. Mais il y a une séparation. Elles ne peuvent pas se rabattre l'une sur l'autre. J'ai souhaité montrer qu'il s'agit d'une stratégie politique pensée comme telle, à partir d'une tradition philosophique très ancienne. Avec le XIXe siècle, qui consacre le début de la démocratie, il y eut une rupture, en lien avec la fin de la métaphysique. À ce moment-là, on comprend qu'il ne suffit pas de dévoiler la vérité. En même temps, l'émancipation des femmes passe par la réappropriation du corps. La nudité politique n'est pas la nudité tout court. À travers cela, j'ai simplement montré que les femmes peuvent porter elles aussi un discours de vérité. C'est par exemple, le cas de Victoria Bateman, qui estime que le Brexit est une grave erreur. Nous ne sommes alors pas du tout dans la question de l'image. Celles qui se dénudent interrompent le bavardage audiovisuel. Quand les Espagnoles luttent contre la menace d'une nouvelle interdiction de l'avortement, elles affirment : « Curés et hommes de lois, hors de mon corps. » Elles peignent ce message sur leur torse. Nous avons alors affaire non seulement à un corps nu, mais aussi à un corps qui parle.

La stratégie politique ne brise-t-elle pas une image ?

Si vous voulez faire le lien, c'est possible. Vous pouvez effectivement penser que les femmes reprennent à leur compte une image. Mais mon objectif est différent. J'ai souhaité montrer que c'était une vraie question philosophique, pas seulement une stratégie politique. Je suis remontée à Démocrite, avec la vérité au fond du puits, jusqu'aux peintures des années 1900 qui la représentent sortant du puits ! Cela s'inscrit dans vingt-cinq siècles de philosophie. C'est une nécessité de prouver que c'est une question de fond.

Sinon, nous allons encore superficialiser le débat et tout le monde n'attend que cela. La nudité a été utilisée par des Mexicaines, des Africaines et des Chinoises. Cela montre qu'il existe un caractère universel, avec des contextes différents. Il y a beaucoup de corps nus en Afrique, mais nettement moins en Chine ou au Mexique.

Les gens comme moi ont été agacés et se sont habitués aux corps nus dans les métros. Mais au début des années 2000, il y eut une cristallisation qui a pris le nom de « lutte contre les stéréotypes ». Cela a croisé mes travaux. J'étais en train de me rendre compte que nous étions arrivés à ce que j'appelle « la fin du cycle de droit ». En effet, en deux siècles, nous avons obtenu les droits civils, politiques, économiques et familiaux.

Elle n'est pas complète. En France, par exemple, le congé paternité est très inférieur au congé maternité...

Certes, mais sur le plan légal, l'autorité parentale est la même. Le cycle de droits a parcouru l'ensemble de l'éventail, mais toutes les lois sont encore perfectibles. Le gouvernement passe en ce moment beaucoup de temps à parfaire la loi sur l'égalité professionnelle, tant mieux. Pour les droits civils, cela a pris 150 ans. Pour les droits politiques, il a fallu ajouter la parité à la citoyenneté. Et c'est l'Europe qui a construit l'égalité économique. La famille fut le dernier bastion. Les fondateurs du contrat social, comme Rousseau, ne voulaient pas qu'on y touche car l'égalité ne devait pas s'introduire dans la famille. En 2000, le cycle de droit arrive à son terme, sans que les lois soient terminées. Mais tous les champs ont été traversés. Il y a alors une prise de conscience très importante comme je le disais d'entrée de jeu : le formel ne crée pas le réel. On l'apprend dès la terminale, en philosophie. Les lois ne créent pas l'égalité concrète. Il y a 20 ans, lorsque j'étais déléguée interministérielle, Martine Aubry, alors ministre de l'Emploi, n'avait pas apprécié que j'explique dans un article du *Monde* qu'il y avait un écart de salaire de 27 % entre les femmes et les hommes. Aujourd'hui, cela n'a pas tellement changé mais on est d'accord pour en parler. Il y a donc eu une sorte de passage à vide.

De nombreuses féministes ont alors pensé qu'il fallait attaquer les images, puisqu'au niveau des lois, beaucoup avait été obtenu. Cette focalisation sur l'image m'a semblé problématique. J'avais expliqué, dans un texte sur les lectures pour enfants, que ces derniers ne retenaient pas bêtement « papa lit et maman coud ». C'est infiniment plus compliqué. En lisant ce type de livre à un enfant, je ne lui transmets pas pour autant des idées réactionnaires. Il a une tête et il s'aperçoit qu'il y a des contradictions entre l'image du livre et celle de sa mère ou de sa maîtresse. Nous n'absorbons pas les stéréotypes comme un buvard.

J'ai alors souhaité alerter mes amies féministes et chercheuses : ce n'est pas parce que nous attaquons les images que cela va changer quelque chose. Puis j'ai mené l'enquête.

Qu'est-ce qu'un stéréotype ? Cela renvoie implicitement à des invariants et à de l'anthropologie ; on lui donne un contenu. Nous risquons de tourner en rond, comme dans la relation entre nature et culture.

Plus nous dénonçons le culturel et plus le naturel est renforcé. En pointant un stéréotype, finalement on affirme qu'il existe. J'ai alors proposé d'utiliser plutôt le terme « cliché ». Je me trompe peut-être, mais j'ai l'impression que depuis 5 ans, date de la parution de mon livre, ce mot prend de l'ampleur. Qu'est-ce qu'un cliché ? Le mot vient du langage typographique et est absorbé par le vocabulaire photographique. Il renvoie au multiple, à la reproduction. C'est-à-dire que l'image que je vois à la télévision est une image reproduite. C'est la reproduction du même. Cela désigne par exemple les femmes à moitié nues qu'on voit partout, notamment dans les transports.

Le cliché n'a aucune essence. Alors que l'invariant en possède une : il y a du masculin et du féminin. Comme je travaille plus sur l'émancipation que sur la domination, j'ai ajouté qu'il n'y avait qu'à renvoyer des images de modèles, des images positives. Il faut montrer des femmes actrices de leur histoire. Cela se fait beaucoup plus maintenant qu'il y a 10 ans. Le sport féminin explose, par exemple. À la fin des années 1990, il était impossible pour une femme d'ouvrir un club de foot féminin. Depuis 2-3 ans, le foot féminin se médiatise. Il y a donc bien la question du mot. J'ai proposé trois termes : « cliché », « modèle » et, si on veut dénoncer l'image, usons du terme de « préjugé ». Enfin, les amies étaient peut-être naïves de ne pas percevoir que derrière la question du stéréotype, il y a celle de la marchandise. Le marxisme doit être mobilisé. Enfant, j'ai eu des patins à roulettes en fer, identiques à ceux des garçons.

Aujourd'hui, les garçons se voient offrir des jouets bleus et les filles des roses. Un garçon ne peut donc pas transmettre ses patins à roulettes à sa petite sœur, ou l'inverse…

Il faut donc en racheter, cela fait double marché ! La vieille marxiste que je suis s'est rappelé que l'exploitation des femmes et leur domination passent par la matière. C'est extrêmement intéressant pour le capitalisme d'avoir cette possibilité de différencier les hommes et les femmes. Il y a donc le problème de l'invariant anthropologique, celui d'être fasciné par la domination en oubliant l'émancipation, et enfin l'enjeu économique. Cette époque semblait bloquée. Puis, tout a été bouleversé avec l'explosion de « MeToo ». Car derrière le contrat social, il existe un impensé sexuel : le corps des femmes est à la disposition des hommes. C'est un peu plus sérieux que les images dites oppressives. Les corps dénudés que nous voyons sur les abribus ou ailleurs ne sont qu'un détail de cette histoire. Il y a la structure patriarcale tenue par le père ou le roi, et l'impensé du corps des femmes.

Aujourd'hui, il n'y aurait plus d'organisation qui favorise le bien-fondé de la domination puisque nous parlons d'« égalité démocratique ». Lorsque Weinstein et d'autres pensent que le corps des femmes est à eux, ils ne disposent d'aucun texte, ni de structure sociale. C'est juste implicite. La Ligue du LOL représente un pas supplémentaire par rapport à « MeToo » puisque le sexisme systémique est collectivement assumé. La question de l'image continue bien sûr à être discutée, et pourquoi pas. Mais elle a surtout servi de bouée de sauvetage à un moment où le cycle de droit s'achevait et que nous ne savions plus quelle stratégie adopter. J'ai toujours pensé que le corps des femmes serait la clé. Pas seulement à cause de « MeToo ». Mais également à cause des questions de procréation médicalement assistée (PMA) et de gestation pour autrui (GPA). La raison a été la grande question, du XVIIe jusqu'au XXe siècle. « Nous avons la même raison que vous, nous voulons les mêmes droits d'activité. » Maintenant, c'est la question du corps des femmes qui est au cœur de l'émancipation. Cela se joue également dans la reproduction ; et non du côté de l'image.

Dans votre livre Les Excès du genre *(2014), vous expliquez que le genre est une solution, mais à cause de son caractère excessif amène à d'autres problèmes. Pourquoi selon vous ?*

Dans mes études de philosophie, ce qui m'a manqué, c'est l'objet philosophique, puisqu'il n'existait pas. J'ai été consulter les manuels actuels de philosophie de terminale, et c'est toujours le cas. Quand vous trouvez le mot « genre », c'est coincé entre individu et espèce. Lorsque le mot « genre » est apparu dans les années 1980, je l'ai entendu comme « une promesse conceptuelle ». Tout le monde s'est jeté dessus en pensant que nous avions enfin trouvé le bon concept. J'ai été plus prudente. Le mot peut être utile, tout dépend comment il est employé. Mon enquête montre qu'il est utilisé à tort et à travers. Si c'est un concept, il doit rester au singulier, je suis désolée pour les non-philosophes. Sinon, nous revenons au point de départ. Les genres sont femme et homme, féminin et masculin. Certains en rajoutent un troisième, neutre, ou plus. Nous pouvons aller jusqu'au queer et affirmer qu'il y a cinq genres ou qu'il n'y a pas de dualité des sexes. Mais ce n'est plus un concept, mais une définition de choses existantes ou devant exister.

Ou socialement parlant...

Oui, c'est vrai. À partir de ce moment-là, neuf fois sur dix, c'est juste pour dire femme / homme, féminin / masculin. Donc, nous retournons au point de départ, dualité classique ou altérités identifiées. Le genre ne diffère plus réellement du sexe.

C'est un mot que vous réhabilitez d'ailleurs...

Non seulement je le fais, mais en ce moment d'autres font de même. De toute façon, un philosophe ne supprime jamais un mot du vocabulaire. Ensuite, je le réhabilite pour dire que cela n'a rien à voir avec le modèle nature / culture. Il a été plaqué sur ce paradigme, « sexe » comme uniquement biologique et « genre » comme évidemment social. Et pourtant le modèle sous-jacent est totalement périmé sur le plan philosophique depuis un certain temps déjà. C'est une boucle : plus nous voudrons dénoncer la nature, plus nous lui donnerons de l'existence. Enfin, le mot « sexe » n'a pas le même sens dans toutes les langues. En anglais, *sex* est extrêmement biologique et sexuel. En français, il a également une vocation à l'abstraction. En allemand, *Geschlecht* vous permet d'échapper à l'opposition sexe / genre. Je serais bien allemande, juste pour cela. Ce mot est extrêmement pratique. D'ailleurs, *Le Deuxième Sexe* est traduit outre-Rhin par *Das andere Geschlecht*. Il faut donc être extrêmement prudent.

L'enquête me permet de comprendre ce que nous faisons avec le mot « genre », par rapport au mot « sexe ». Vous avez eu de nombreux séminaires dans les universités et les écoles qui se sont appelés « Genre et sexualités ». Le genre s'est mis à désigner les identités sexuelles. Cela pose un problème. Or il faut comprendre comment, avec certains concepts, nous pouvons construire l'émancipation et pas seulement une subversion.

Dès les années 1970, nous avons été plusieurs à mettre de côté la question des identités, en expliquant que ce n'était pas la bonne question politique. Aujourd'hui, plus que jamais. On sait bien que ce n'est pas avec les identités sexuelles des uns et des autres que nous allons réussir l'égalité économique. Imaginons que d'un coup, il n'y ait plus de dualité sexuelle, chacun fait la vaisselle et s'occupe des malades en fin de vie ? Je suis beaucoup trop marxiste et matérialiste pour croire que cela suffirait. Il y a eu une dérive très profonde, entamée lorsque certains sont partis sur les définitions de ce qu'ils sont et non pas de ce qu'ils font. Comment cela se conjugue avec la démocratie ? Le mot « *care* » n'a rien changé. Il y a un problème de hiérarchie sexuelle et un problème économique. Il faut de l'autonomie économique et sociale pour prendre la parole. Les événements récents nous le font bien comprendre. Si je n'avais pas été payée par le CNRS, je n'aurais pas pu écrire tous mes livres. On cherchait toujours à disqualifier mon sujet de recherche.

En plus des Excès du genre*, vous avez réédité l'an dernier* La Fabrique du féminisme*. Fin 2017,* Du consentement *(Seuil) a été republié en version revue et augmentée. Dans le même temps, une nouvelle séquence féministe s'est ouverte, de « MeToo » à la Ligue du LOL. Pensez-vous que vous aviez raison avant les autres ?*

Non, je pense que ma génération a simplement eu la chance d'être formée. J'ai été dans le mouvement féministe des années 1970 et depuis, je n'ai fait que cela. C'est la seule chose qui m'a intéressée : je suis monomaniaque. À force d'accumuler du travail, on voit venir les choses. Je ne savais pas ce qui allait arriver. Par contre, j'avais compris que cela ne pouvait pas continuer ainsi. J'avais anticipé que la question du corps des femmes serait en jeu. Je croyais néanmoins que cela viendrait avec les questions de la reproduction et de l'organisation familiale. Cela a donc été une excellente surprise, qui a déclenché un renouveau féministe. J'ai fait de nombreux débats avec des femmes qui ont toutes moins de 25 ans, c'est génial.

Comment expliquez-vous cette séquence qui s'est ouverte fin 2017, alors que les éléments semblaient déjà présents ? La Ligue du LOL par exemple a agi entre 2011 et 2013. De même, les éléments conceptuels pour penser tout cela existaient déjà.

Comme tout le monde, j'ai été stupéfaite pendant deux jours par l'histoire de la Ligue du LOL. Il y a d'abord une spécificité française assez curieuse, c'est le pays où les hommes ne tombent pas. C'est le contraire, dans les pays du Nord, en Grande-Bretagne, et même en Inde. Le passage de « MeToo » à LOL est selon moi intéressant. Certains ont tenté de discréditer le premier, en brandissant la galanterie à la française, qui permettrait d'atténuer les choses. Lutter contre le harcèlement tuerait le sexe et la sexualité. C'est par exemple le cas de la tribune signée par Catherine Deneuve et Catherine Millet, « Nous défendons une liberté d'importuner, indispensable à la liberté sexuelle ». J'avais consacré un chapitre à cela dans *Muse de la Raison* car la bonne question est surtout : comment vivre ensemble sexualité et égalité ? Au début des années 1990, j'ai publié un texte intitulé « Sur l'incompatibilité supposée entre l'amour et le féminisme[1] ». Lors de « MeToo », une frange de l'intelligentsia a parlé de la protection de la galanterie à la française. LOL fait voler en éclats cela. « MeToo » concerne des femmes plutôt jeunes et sexy, face à des hommes de pouvoir, c'est-à-dire qui ont plus de 50 ans et qui sont moins, voire peu séduisants. Avec la Ligue du LOL, il y a du sexisme sans question de séduction, nous avons affaire à de jeunes hommes séduisants et à de jeunes femmes qui le sont probablement autant.

Je me demande ce que trouveront les avocats de la galanterie pour défendre la Ligue du LOL. Il est impossible cette fois-ci de parler de la fin de la séduction entre les sexes. Il s'agit d'une non-séduction totale. C'est de la destruction, en pleine rivalité économico-sociale, entre hommes et femmes. Donc personne ne tombe en France, mais surgit alors quelque chose de tout à fait surprenant, qui n'est pas apparu dans d'autres pays. Nous avons affaire à une question de hiérarchie sexuelle pure. La question de la sexualité n'est traitée que sur le mode de la destruction. Les commentaires sont plus de l'ordre de « Tu es grosse », que de « Je vais te baiser ».

J'en arrive à ma définition du sexisme.

Les textes législatifs ou internationaux le ramènent toujours à une question de « discrimination ». Ce néologisme français de 1877 est lié à la question démocratique et républicaine. La justice intervient parce que deux personnes devraient être au même niveau, alors que ce n'est pas le cas. Le sexisme, lui, traverse les siècles.

Ce n'est pas de la discrimination mais de la disqualification. Évidemment, cela mène à de la discrimination. Par exemple, à cause de la Ligue du LOL, ces journalistes n'ont pas obtenu leur emploi, ont abandonné, etc. Elles ont perdu sur le plan professionnel : elles ont été discriminées par la disqualification. L'affaire LOL prouve que c'est la question de l'égalité entre les sexes qui est centrale.

Finalement le pouvoir symbolique est le même dans les médias, dans la recherche ou la politique. Il doit rester masculin. Ce n'est donc pas que le pouvoir, le problème. L'enjeu est symbolique.

Chapitre XI

DÉMOCRATES... ET SEXISTES*

Des Lumières jusqu'à la fin du XXe siècle, la majorité des penseurs progressistes ont refusé l'égalité des sexes. Pour Rousseau ou Proudhon, pour les révolutionnaires de 1789 comme pour les leaders du mouvement ouvrier, la démocratie s'arrête aux portes de l'espace privé. Vous avez été la première, en France, à étudier les fondements de ce que vous appelez la « démocratie exclusive »...

Et il faut encore insister sur cette réalité historique qui dérange ! Quand j'ai abordé ce sujet pour la première fois, dans *Muse de la Raison*, livre publié en 1989, mon éditrice, qui trouvait mon texte « angoissant », m'a demandé de couper certains passages. Je garde, bien sûr, le manuscrit initial. Cette femme, de gauche, n'avait pas envie d'entendre que, pour la quasi-totalité des acteurs et des théoriciens de la Révolution française, le principe nouveau de l'égalité ne s'appliquait pas, dans les faits, aux femmes. En plein bicentenaire de la

* Entretien avec Charles Giol, *L'OBS*, « Peut-on échapper à la domination masculine ? », hors-série, juin 2019.

Révolution, ma voix était assez discordante. Trente ans plus tard, le sujet continue de créer le malaise. Comment expliquer que Rousseau sépare la famille du contrat social, que les députés de la Convention excluent les femmes des clubs politiques en 1793 (comme plus tard en 1848), que Proudhon écrive que la femme appartient au foyer ? On a longtemps répondu qu'ils étaient « victimes des préjugés de leur temps », ce qui est faire peu de cas de leur esprit critique. Aujourd'hui, on préfère à nouveau faire silence... Sur France Culture, un documentaire récent sur la pensée anarchiste du XIXe siècle ne faisait aucune mention des propos de Proudhon et des anarchistes sur les femmes. Au mieux, la misogynie de Proudhon est vue comme un trait de personnalité. Ou une incohérence de sa pensée. Or de fait, il théorise le lien entre la famille et l'atelier, pour les articuler tout en les opposant dans sa stratégie politique. J'ai donc exhumé la généalogie de cette « démocratie exclusive » pour montrer que, des Lumières jusqu'à une époque récente, le refus de l'égalité des sexes a été un trait constant — soit implicite soit formulé à la va-vite — de la pensée démocratique la plus radicale. En comparaison, la pensée libérale accepte plus facilement des exceptions ou des minorités d'élues à la table de l'égalité. Entre Rousseau et Proudhon, Tocqueville pense l'égalité démocratique entre les sexes pour, ensuite, en freiner la possibilité concrète.

Retournons donc au point de départ de votre démonstration. L'exclusion des femmes, dans la première démocratie, ce serait donc d'abord la faute à Rousseau ?

Il est capital de comprendre la rupture fondamentale qu'opère Rousseau dans la représentation de la société : dans la pensée moderne, le contrat social sépare l'espace civil de l'espace familial, le public du privé[1]. Les sociétés d'Ancien Régime se fondaient sur la continuité, l'analogie entre la famille et l'État. Avec le principe d'un espace public égalitaire, Rousseau pressent que cette vieille analogie famille-État permettrait à la logique égalitaire de pénétrer l'espace familial. Or il s'y refuse absolument. La famille est hétérogène à la cité, explique-t-il, il faut dissocier la sphère publique de la sphère privée, le gouvernement politique du gouvernement domestique. Cette distinction, la Révolution française la fait entrer dans les faits, en instaurant la société démocratique moderne, qui juxtapose l'égalité civile et le patriarcat familial, attelage paradoxal — à première vue — validé par le Code civil en 1804. En ce sens, la Révolution ne fait que reformuler la domination masculine, la perpétue en l'adaptant au cadre nouveau d'une société contractuelle.

Mais pourquoi Rousseau et les révolutionnaires après lui sont-ils favorables au modèle patriarcal dans la sphère privée ?

Ces premiers penseurs de la démocratie anticipent l'égalité à venir et décident de tenir la famille hors du politique. Il faut donc confirmer l'autorité du père, comme sous l'Ancien Régime. La stabilité des structures familiales confirme la hiérarchie sexuelle. Le vicomte de Bonald, penseur réactionnaire, ne dira pas autre chose : le divorce, comme droit à l'individualité, menace l'État. J'aime citer le livre de la politologue anglaise Carole Pateman, *Le Contrat sexuel* (1988). En étudiant, notamment, l'histoire des contrats de mariage, elle montre que la liberté des hommes s'est fondée sur le contrôle des femmes. Je souscris à son analyse tout en travaillant sur un autre registre, non celui du droit mais celui des discours, pour mettre en évidence des motifs récurrents dans la pensée démocratique de la différence des sexes. Tout au long du XIXe siècle revient, par exemple, l'idée qu'au sein de la République, il faut séparer les lois et les mœurs, suivant une division sexuée : les hommes font les lois et les femmes font les mœurs. Elles « font » les citoyens, les mettent au monde et les éduquent, c'est là leur vocation civique ; ils « font » les lois et représentent la nation. D'autres arguments défavorables à l'égalité des sexes dénotent des peurs masculines, notamment la crainte d'une confusion des sexes. Au début du XIXe siècle, l'écrivain Étienne Pivert de Senancour affirme dans *De l'amour* que l'égalité entre les sexes mettrait en péril l'existence de ce sentiment, remplacé alors par l'amitié « fraternelle ». L'idée de la confusion des sexes est reprise comme une ritournelle jusqu'à aujourd'hui. Par ailleurs, des écrivains tel Sainte-Beuve repoussent l'idée de la femme artiste comme la sombre promesse de rivalités artistiques exacerbées. La femme est muse et non poète.

Le XIXe siècle est aussi celui de la naissance du socialisme. Lui aussi, à ses débuts, méprise la question de l'émancipation des femmes ?

On ne saurait mettre tous ses premiers théoriciens dans le même sac. Charles Fourier, le penseur du phalanstère, communauté coopérative, désigné par Marx et Engels comme socialiste utopique, constitue une remarquable exception. Après Poulain de la Barre, philosophe du XVIIe siècle, pionnier de la pensée de l'égalité des sexes, puis Condorcet, l'un des seuls acteurs majeurs de la Révolution française qui aient pensé « l'admission des femmes au droit de cité », il fait partie de ceux que j'appelle les « logiciens de l'égalité » : ceux-ci ne voient aucun obstacle à l'égalité des sexes, aucun champ qui serait fermé aux femmes. Fourier, dès le début du XIXe siècle, est l'auteur de cette phrase remarquable : « Les progrès sociaux s'opèrent en raison du progrès des femmes vers la liberté. » Chez Marx, la question fait l'objet de pensées éparses, mais claires : il est attentif aux conditions de travail des ouvrières, pense la famille comme rapport social, et identifie la femme comme marchandise.

Quelle est la place de la femme dans la vision libertaire que Proudhon a de la société ?

Comme socialiste, Proudhon se place à un autre niveau que celui de Rousseau et des révolutionnaires de 1789 : plutôt que la politique, c'est pour lui la vie économique qui définit la vie sociale. Il estime que la femme ne doit pas travailler hors du foyer ; elle ne saurait davantage participer au débat politique, comme il le rappelle avec virulence à la socialiste Jeanne Deroin lorsque celle-ci se présente (sans être citoyenne !) aux élections législatives de 1849. Dès que la femme quitte l'espace privé, elle court le risque de devenir une marchandise, c'est-à-dire une prostituée, d'où sa formule « Courtisane ou ménagère ». Et il ajoute, on l'oublie toujours, « et non pas servante ». Recluse au foyer, elle n'est cependant ni méprisable ni méprisée. Par ailleurs, Proudhon, en héritier d'Aristote, pense aussi l'infériorité de la femme, estime que l'homme et la femme ne font pas société. Ils forment une union, et non une « association » contractuelle, égalitaire. Car l'union des sexes est une incarnation de la justice, un lieu sans conflit. Peu importe la hiérarchie qui subsiste dans l'espace familial, c'est ce lieu, hors du politique, qui permet aux ouvriers, soumis à l'économie, lieu de concurrence, de lutter contre l'exploitation.

Au-delà de la théorie socialiste, peut-on dire que le mouvement ouvrier a longtemps été misogyne ?

Dès la Première Internationale, en 1864, on établit une hiérarchie des priorités politiques. La question de l'égalité des sexes est repoussée à un futur lointain, après la révolution, quand elle n'est pas tout simplement rejetée. D'emblée s'établit une contradiction entre la question sociale et la question féministe, un contretemps qui va marquer toute l'histoire du mouvement social, XXe siècle compris. Cette contradiction, j'en ai été témoin après mai 68, puis au MLF dans les années 1970. J'ai pu mesurer l'antiféminisme de l'extrême gauche révolutionnaire. Il s'exprimait généralement de façon insidieuse, avec le sous-entendu que nos combats ne faisaient pas partie de l'Histoire. Mais il explosait parfois avec violence, comme lorsque le *Libé* des années 1970 nous éreintait parce que nous voulions criminaliser le viol ; nous allions envoyer les immigrés en prison, nous étions des traîtres.

Le mouvement MeToo a d'abord pris pour cible Hollywood, considéré comme un bastion démocrate aux États-Unis. En France, parmi les membres de la Ligue du LOL, il y avait de nombreux journalistes travaillant pour des médias de gauche. Le machisme démocratique aurait donc survécu aux victoires du féminisme ?

C'est seulement aujourd'hui que l'égalité a fini par pénétrer la sphère familiale, à partir des années 1970, avec le partage de l'autorité parentale, l'égalité dans la transmission du nom, etc. Il aura fallu deux siècles et demi pour contredire Rousseau. Le combat juridique est en passe d'être remporté… mais le droit ne se traduit pas automatiquement en faits. Au XXIe siècle, les luttes des femmes se sont donc déplacées sur le terrain des représentations, des images. Les stéréotypes genrés ont été une cible privilégiée, comme pour dépasser les limites du droit formel. Mais la révolution MeToo, un événement historique, a brutalement mis en lumière les violences faites au corps collectif des femmes. On a compris alors que malgré les conquêtes de la contraception, de l'IVG, malgré la criminalisation du viol, ce corps des femmes n'est toujours pas libre. Soudain a émergé l'impensé du contrat social, le « contrat sexuel ». La Ligue du LOL est la caricature des penseurs radicaux qui ont minoré la question de l'égalité des sexes. La prise de parole des femmes n'est pas qu'une libération de la parole. Elle fabrique de l'histoire.

TROISIÈME PARTIE

L'ÉPREUVE DE L'HISTOIRE

Le choix du matériau historique, c'est aussi le choix de l'actualité. L'actualité me dit qu'il y a quelque chose à penser, l'actualité m'oblige à extraire des discours répétitifs ce qui surgit si je mets à l'épreuve les mots utilisés dans les bistros ou les médias, dans les conversations à table ou dans les discussions académiques. Sur la question sexe / genre, il faut refuser les dires faciles (ceux de la morale, ceux de l'« éternel féminin », ceux de la conjuration et de la peur de l'égalité) ; il faut refuser la « ritournelle », l'argument déjà vu, déjà entendu. Il faut donc accepter l'« épreuve », l'examen précis ; ou l'épreuve comme confrontation et exigence. Alors surgissent des notions et des concepts, des formes qui « informent » l'Histoire justement.

Prenons l'exemple du « consentement », notion conceptuelle que je mets en avant pour souligner que les débats de la décennie 1990, porter le foulard, revendiquer le travail du sexe, deux discussions à l'opposé l'une de l'autre, apparemment, puisqu'il s'agit de voiler ou dévoiler son corps, sont une seule et même question : qu'est-ce que le consentement ? Et le consentement est-il un argument politique ? En effet, l'argument du consentement, en reliant l'individuel et le collectif, mérite une investigation quant à ses usages depuis le début de l'ère moderne. Lorsque surgit le mouvement MeToo, ce terme devient central et prolifère au point que l'on invente, pour dire le plus et le moins du consentement, l'expression de « zone grise ». Ni oui, ni non en quelque sorte. Alors l'extraction conceptuelle pratiquée dans les années 2000 fait retour dans l'actualité en 2017. De multiples discussions, interventions, interpellations m'ont fait comprendre, dans ce moment politique fort, que ce mot ne pouvait pas aller plus loin que d'avoir désigné un état de la situation des femmes. Il fallait, par conséquent, continuer d'avancer dans la recherche du bon mot, c'est-à-dire du bon concept. Pour éviter les ambiguïtés autour de l'acte de consentir, valait-il mieux substituer le mot de « volonté » ? Je l'ai pensé un temps[1]. Pour finir, à partir de 2018, j'ai proposé le mot, très clair, d'« accord ». Es-tu d'accord ? N'es-tu pas d'accord ? Pas d'ombre obscurcissante, de la clarté en revanche. De plus, et l'observation de la langue est passionnante, le négatif du consentement, le consentement comme soumission, s'est précisé avec le terme d'« assentiment ». « Assentir », c'est sentir à, alors que « consentir » est sentir avec. Le premier est unilatéral, le second suppose la relation. « Assentir » est simple à comprendre, on entend que c'est au détriment d'une symétrie, donc de l'égalité.

Face à l'actualité, anecdotique ou dramatique, face à l'Histoire, ce sont les mots, les notions, les concepts qui donnent au féminisme la force d'une pensée. Les opinions dont on affuble si aisément le féminisme sont enfin abandonnées.

Raccourcis et révélateurs — raccourcis d'une revendication ou révélateurs d'un déni —, les mots qui font concept ouvrent à l'approfondissement de la réflexion. Un exemple clair et important : le sexisme dit la disqualification de l'être féminin, sa position inférieure. Puis, dans un deuxième temps, il peut produire de la discrimination, c'est-à-dire un désavantage, un préjudice. Le sexisme ne se répare pas, comme on répare une injustice. Le sexisme est un système à détruire.

Chapitre premier

L'HISTOIRE COMME PHÉNOMÈNE*

HISTOIRE

On comprend les historiens. Un livre affronte un événement du passé : la tonte des femmes à la Libération, fin de la Seconde Guerre mondiale ; une réflexion s'adosse à la réalité des faits, c'est indéniable ; mais il n'y a ni reconstitution, ni récit ; plutôt une foultitude d'analyses, et par là même aucune interprétation décisive. À la suite de quoi, les historiens ont, dans un double mouvement, entendu la critique, celle qui leur dit brutalement qu'une pièce du tableau est manquante (qui a analysé le moment de la tonte des femmes au début des années 1990 ?), et salué la richesse de la compilation des textes sur et autour de ce phénomène.

Compilation, bien évidemment, n'est pas le bon mot. Car c'est le philosophe qui, par l'accumulation des références historiques et des incidences

* Préface à Alain Brossat, *Les Tondues, un carnaval moche* [1993], Paris, Éditions Téraèdre, 2015.

textuelles, institue ce moment historique, vraiment « moche », en « phénomène ». Un phénomène, à distinguer d'un « événement », est un fait sensible, une expérience multiforme qui se donne à voir. Et « moche » dit à la fois la laideur et le mal. Ainsi, si cet ouvrage n'est pas un livre tel que les historiens peuvent l'estampiller, on reconnaîtra qu'une telle richesse d'informations est un matériau pour l'analyse et la réflexion, matériau ni aléatoire ni hasardeux. L'érudition est trop grande pour que cet éclairage sur un « angle mort » de la Libération de la France soit soupçonné d'exagération. L'organisation thématique du propos ne néglige d'ailleurs aucune source. Disons qu'elles ne sont pas organisées, ces sources, selon les critères de scientificité de la discipline historienne.

En phénoménologue, l'auteur, le philosophe Alain Brossat, accumule les « regards », dans sa première partie, avant de prendre le temps d'interpeller à nouveau les savants, pour égrener, enfin, dans sa dernière partie, les interprétations. L'adresse aux historiens, qui fut aussi une apostrophe insistante, était comme un signe intellectuel avant-coureur. Ce livre fut publié en amont des travaux d'aujourd'hui, et notamment de la thèse de Fabrice Virgili. Cette thèse organise les hypothèses autour d'un axe, celui de la « France virile », dans un contexte historiographique précis qui n'est plus seulement le décor d'un phénomène théâtralisé. Alors que dire de la réédition de cet ouvrage, deux décennies après sa première publication ? C'est un document de ce qui constituait encore les « lendemains » de la guerre, difficile exercice de mémoire et d'histoire. Et justement, comme document, il est un espace toujours ouvert sur le processus où histoire et philosophie se croisent.

Car comment a-t-on pu manquer à ce point de travaux sur les « femmes tondues » de la Libération, événement spectaculaire des derniers instants de la Seconde Guerre mondiale ? Comment cet épisode violent et douloureux de l'histoire française est-il longtemps resté à l'état d'image, une célèbre photo de Robert Capa d'une part, un parallèle provocant avec Hiroshima chez Marguerite Duras d'autre part ? Le photographe et la scénariste sont des artistes du récit historique, non pas des savants... Ne pas l'oublier. L'image est, par définition, isolée, signifiante, et en même temps décontextualisée ; emblématique photo de Capa (la « tondue de Chartres »), ou problématique raccourci littéraire de Duras (*Hiroshima mon amour*). Pourquoi la curiosité des historiens a-t-elle fait défaut ? Pourquoi ont-ils banalement accepté que les « femmes tondues » ne soient que des images, dans les livres et les films, les romans et les biographies ? Évocations nombreuses, nous apprend la lecture de ce livre.

Si présentes dans l'imaginaire, mais si absentes de l'historiographie ; telle était la situation, singulière, au début des années 1990. Décalage temporel compréhensible au regard d'une histoire récente, même pas 50 ans, ou indice d'une difficulté plus grande ? Telle est la question que cette étude élabore en énumérant les symptômes, celui du refus de savoir des Français, celui de la censure académique des savants. Mais plus encore peut-être, et c'est pourquoi la détermination de ce livre résonne si fort : comment s'écrit désormais l'histoire des femmes, celle du sexe pris dans l'histoire de tous, et des violences qui s'y attachent, loin du contrôle de la morale ou de la raison ?

Nous nous arrêterons sur le mot proposé par l'auteur, le mot « phénomène ». Il signifie d'abord un événement répété plusieurs fois sans que ces répétitions soient le fait d'une institution déterminée, d'une volonté officielle. Un phénomène, c'est donc une confluence de moments et de faits qui se ressemblent. Ensuite, un phénomène est ce qui se donne à voir, ce qui se manifeste sous la lumière vive des regards multiples et croisés, une réalité dont il faut dessiner ou redessiner les contours tant le fait s'impose et réclame qu'on le comprenne. Alors, un phénomène est toujours facteur d'étrangeté, voire de secret, part de l'invisible dans le visible, visible d'une profondeur inépuisable. Enfin, désigner un phénomène, c'est une façon de comprendre l'histoire, d'appréhender la difficulté de l'écrire, et du coup, d'en révéler les supports épistémologiques. À commencer, je le souligne encore, par la sexualité et le sexe féminin : comment cela fait-il histoire ?

Un livre de philosophe s'autorise à mettre ensemble des matériaux disparates, des articles de presse avec des témoignages autodidactes, des morceaux de romans avec des commentaires d'experts. La démarche foucaldienne a d'abord valu comme méthode, méthode qui consiste à faire de la philosophie avec n'importe quel texte, à construire une problématique, ici celle du non-traitement des « femmes tondues » par les historiens, à rendre légitime une question en écho à une énigme, la violence « carnavalesque » d'un peuple. Au côté de la méthode foucaldienne, on perçoit vite l'influence de la phénoménologie, de la pensée sécularisée du XXe siècle qui sait qu'un phénomène ne cache pas une essence, une substance de vérité, et qui comprend par là même que ce phénomène peut livrer le visible tout en découvrant l'invisible. En mettant le projecteur sur le phénomène de la tonte, on perçoit des faits et des apparences ; on recueille des bribes de récit qui semblent sans intentionnalité. Ces figures de la tonte pourraient faire la lumière sur un tableau d'ensemble ; mais lequel ? Car de tableau, il n'y a pas. Ce manque de reconstitution historique pourrait, par sa négative, être stimulant. Toutes les pistes interprétatives sont requises. Étudier un phénomène n'implique aucune extériorité de la conscience réflexive, ne délivre aucune signification. Il s'agit plutôt d'une « méditation sur la connaissance », résume Jean-François Lyotard dans son « Que sais-je ? », *La Phénoménologie*.

Historiens et non-historiens considèrent toujours avec circonspection la vérité en histoire. Et la tonte des femmes en 1944 met sur la place publique ce qui n'est pas censé appartenir au politique. Faut-il alors rappeler que le privé est politique, que le privé est historique ?

HERMÉNEUTIQUE

Il est temps d'en venir au phénomène lui-même, la tonte, et de confronter le flou du discours avec le statut de cet objet d'histoire. La tonte n'est pas un tabou mais un angle mort, nous a dit l'auteur. C'est moins le silence de l'après que l'énigme du passage à l'acte qui nécessite l'interprétation. Et si le silence coexiste avec une « mémoire proliférante », c'est parce que le témoin qui raconte est omniprésent. L'étude du phénomène s'alimente autant des scènes, vues, revues, photographiées, racontées, que des témoins ou écrivains qui en font le récit. Les images des femmes tondues semblent inséparables des regards portés sur elles. Témoins ou commentateurs veulent partager leurs émotions disparates, de la compassion à la froideur. Rappel, à nouveau, de Robert Capa et de Marguerite Duras... Le sujet qui relate est toujours impliqué par la scène qu'il décrit ou commente. Car cette scène fut instaurée pour être vue et racontée. Ainsi est précisément le phénomène, entre l'événement et sa théâtralité, l'acteur et le spectateur. Voir ou être vu ?

Un phénomène est une manifestation visible. Aussi, on peut être aveuglé par un phénomène. La tonte montre une histoire dissimulée, brusquement jetée dans la lumière. La « collaboration horizontale » (peut-être comme toute collaboration) est dénoncée par le passage du dedans au dehors, mise dans l'espace public de ce qui avait lieu dedans, dans l'espace privé. Réalité aveuglante de l'intime. De même, la tension entre le visible et l'invisible est imagée par l'attribut du corps humain, le poil. Les poils qui cachent, poils en extériorité, les poils qui repoussent. Les enlever ne blesse pas le corps, mais l'esprit ; c'est « réparable », on le sait. La « tonte » est un geste qui touche au concret du corps (une torture), et à l'abstrait du châtiment (une peine de prison). Les poils, cheveux, repousseront et le phénomène se sera évanoui ? On sait que non ; l'apparence est trompeuse.

Un décor, une mise en scène, une lumière ; quel texte peut y délivrer du sens ? Viennent les mots pour dire ce passage du dedans au dehors.

Les mots du carnaval : le « carnaval » semble à l'auteur le terme le plus approprié pour désigner un instant de l'histoire de la fin de la Seconde Guerre mondiale, un défilé dans la rue, défilé où la transformation du corps (crânes tondus) et la sexualité exhibée par le désordre des vêtements indiquent un débordement autorisé, assumé. Alors, après, on peut compléter par le « jeu », la « fête », voire le « mime », toute terminologie qui indique une exceptionnalité, une parenthèse dans une temporalité ordinaire.

Les mots de la catharsis : une souffrance à exorciser à travers une cérémonie, une pratique ritualisée pour évacuer l'insupportable de la guerre. La purification d'une société ne peut relever des tribunaux, car elle se résume dans un tabou, le sexe. Si ces femmes peuvent être un bouc émissaire, porteuses de plus que leur faute, c'est parce que cette faute est confuse : amoureuse d'un Allemand, forcée par un Allemand, prostituée assumée ou pragmatique ; qui le sait ? La catharsis comme conséquence du carnaval ? Après l'instant extraordinaire, le processus de transformation ; retour vers le nouveau.

Les mots de la faute : s'il y a « collaboration horizontale », c'est parce que la population française joue un rôle dans la guerre. Pas soldats sans doute mais acteurs et actrices de la guerre. Alors si la femme compromise est une « putain de la nation », si donc elle est coupable, c'est qu'elle est responsable, politiquement et historiquement parlant. Tout historien aujourd'hui met en parallèle cette faute collective des femmes pendant la guerre, coucher avec l'ennemi, et le statut qu'il est grand temps de leur reconnaître, celui de citoyenne (obtenu la même année, au printemps 1944). La culpabilité des tondues va de pair avec la responsabilité d'un possible agir politique. Ce n'est pas sans conséquence pour l'écriture de l'histoire.

Les mots du politique : la perspective est large, entre la « fraternisation » avec l'ennemi qui signe la traîtrise d'une personne et la « condition humaine » qui s'y exprime ; entre la condamnation pour faute morale et son châtiment dans l'espace public ; entre la putain rejetée par la victoire et la citoyenne consacrée par le droit de vote. Pourquoi cette « fraternisation », mot du masculin, du frère, sépare le peuple français en deux sexes ? Et comment ne pas voir du politique dans la partition sociale des « putains » : la grande artiste parisienne ne sera pas tondue, quand personne n'hésite pour la campagnarde ou la provinciale, issues de classes sociales secondaires. Or, si la femme artiste est épargnée, c'est parce qu'elle s'inscrit dans la tradition de l'influence et de l'espionnage féminins ; loin de la modernité d'une sexualité « de masse ».

HORIZONTALITÉ / VERTICALITÉ

Les mots s'inscrivent, s'énoncent dans un décor. L'auteur et le lecteur hésitent entre deux représentations de ce décor, l'histoire de la longue durée (le phénomène est repérable comme dans une histoire des mentalités) et l'histoire politique d'un peuple scandée par l'événement. Entre riche décor et multiplicité des significations, il y a des sujets, pris dans l'histoire. L'image de l'horizontalité du sexe traître fait face à celle de la verticalité lors de l'exhibition du châtiment ; et nous dit la difficulté à qualifier la position de ces sujets. Coupables, victimes… et sujets responsables de l'histoire. En matière de réflexion sur « femmes, sexe, genre », il faut encore démontrer et prouver de quoi on parle. Il me semble que ce livre permet d'aborder cet enjeu sans hésitation.

Pour cela, on quittera la perspective principale, celle qui croise l'histoire de la longue durée avec l'instant carnavalesque ; on laissera la symbolique de la cérémonie et la réalité de la masse qui fait peuple ; on comprendra tout l'imaginaire du charivari et les inversions, ou plutôt l'inversion qu'elle ritualise. Et on s'arrêtera sur une des pistes évoquées, celle de l'histoire des femmes, histoire — Alain Brossat insiste — prise entre le signe (faire signe) et le sujet (l'actrice). Entre les putains de la nation et les Sabines mythologiques, on rencontre alors nécessairement les sorcières. Car la sorcière, on le sait depuis longtemps, est une réminiscence historique chronique. Type même du bouc émissaire, elle appartient à la réalité du passé comme à l'imaginaire du présent. Surtout, elle a une singularité, celle de ne pas avoir de représentant dans l'Histoire. Aucune descendance n'est là pour revendiquer sa place d'actrice, pour demander des comptes à l'Histoire. Elle est un Autre qui participe à la mécanique du temps des peuples sans obtenir de reconnaissance propre. Pourtant, elle est à la fois un signe, porteur d'images et de significations, et un sujet, une femme réelle de l'histoire. Sans comparaison aucune, on remarquera que les tondues de la Seconde Guerre mondiale, elles aussi, n'ont aucune « représentante », aucun porte-parole. Qu'est-ce donc que l'histoire de ces femmes, une histoire qui s'intègre si mal dans la grande Histoire ?

L'enjeu, dans son évidence, est qu'il s'agit de sexe et de sexualité, et pas seulement de la catégorie « femmes » dans l'histoire. Lorsque paraît le livre d'Alain Brossat au début des années 1990, le viol en temps de guerre est quasiment absent de l'historiographie. C'est encore l'image du « dommage collatéral » qui prévaut. Mais l'actualité d'alors, guerre en Bosnie, génocide au Rwanda, exige de poser la question du viol comme « arme » de guerre, comme phénomène axial et non périphérique. Depuis, on fait retour sur les guerres du XXe siècle : le viol des femmes à Berlin à l'arrivée des Russes, ou la reconnaissance des « femmes de réconfort » utilisées par l'armée japonaise, obligent à faire face, c'est-à-dire à faire état du sexe comme production d'histoire.

On soulignera d'ailleurs, à ce propos, l'hommage rendu par l'auteur à une chercheuse, Marie-France Brive, pionnière de l'histoire des femmes, qui n'hésita pas, dès les années 1980, à poser la mauvaise question, celle de la tonte à la Libération, dans les enceintes académiques. Je dis hommage car la référence se répète, indiquant une figure de l'intellectuelle intempestive, marquée sans nul doute par un féminisme souvent perçu alors, par les savants, comme déplacé.

Pour finir, on retiendra deux questions posées par ce « phénomène » historique de la tonte : quelle place, entre l'événement historique et la structure sociale, donner à la sexuation du monde comme facteur historique ? Quelle élaboration épistémologique nouvelle peut naître de cette problématique ? Nombre de penseurs traitent encore cette sexuation du monde comme une contingence, un épiphénomène au regard du sérieux historique. Cependant, à la simple échelle du phénomène des « femmes tondues », on comprend qu'il faut réfléchir à son impact dans notre modernité ; réfléchir aux frontières supposées par les pensées de l'époque contemporaine : amour ou prostitution, vie privée ou vie publique, pouvoir des hommes et dépendance des femmes, autonomie de l'individu ou appartenance familiale.

Ainsi, un phénomène, en résistant à l'analyse historique, offre plusieurs pistes de lecture. On insistera, pour finir, sur celle de la causalité en histoire. Loin d'être un simple affect ou un expédient convenu, les femmes jouent un rôle efficient. Malgré elles, elles sont toujours, à la fois, une monnaie d'échange et un lieu de l'échange politique. Aussi, on clame qu'elles sont des sujets. Oui. L'Histoire sait qu'elles sont des actrices. Reste à en donner toute sa portée, épistémologique et politique.

Chapitre II

FEMMES DANS LES RÉVOLUTIONS : QUESTIONS CRITIQUES*

Une rupture historique, une révolution, un « Printemps arabe », un soulèvement populaire, voire une guerre : les femmes y prennent place, y jouent un rôle et, nécessairement, défont et refont le lien sexuel dans le temps même où le lien social est ébranlé par le séisme politique. C'est, à l'évidence, ce qui s'est passé et se passe dans le monde arabe. Impossible pour qui a scruté les lendemains de la Révolution française et les ébranlements successifs du siècle suivant de ne pas trouver des éclats d'analogie. Pas de comparaison ou de superposition, mais des éléments propres à l'histoire des femmes et à celle de leur émancipation ; histoire de démocratie, de part et d'autre de la Méditerranée.

Dans *Muse de la Raison*, analyse des lendemains de la Révolution française, je cherchais à comprendre la contradiction politique entre une

* « Droits des femmes et Révolutions arabes », Juliette Gaté (dir.), Actes du colloque du Mans, 29 juin 2012, *Revue méditerranéenne de Droit Public*, n° 11, vol. II, 2013, p. 9-11.

dynamique révolutionnaire inscrivant l'émancipation pour tous, y compris pour les deux sexes, dans les dires et pratiques, et le frein à la liberté des femmes, doublé de l'explication raisonnée de cet arrêt. Cela s'était fait en deux temps, temps de l'action et temps de la répression. Les Printemps arabes avec les déceptions des femmes (mais pas seulement, je le sais bien), les élections tunisiennes à l'automne 2011 par exemple, ont montré cette distorsion entre les femmes, actrices du soulèvement populaire et sûres d'y gagner en émancipation, et un rappel à l'ordre de la hiérarchie sexuelle survenant assez vite ; avec surprise, pourrait-on dire. Depuis lors, les choses se sont aggravées notamment avec la violence de ce rappel à l'ordre, en Égypte d'abord, puis en Tunisie. Tout cela est visible dans la vie sociale, moins par la mise en cause politique des droits des femmes que par une autorité masculine réaffirmée sur les corps (harcèlements, viols) dans les lieux publics.

Ainsi comprend-on que les temps de l'émancipation s'entrechoquent et peuvent même se contredire. De deux façons : un mouvement démocratique n'entretient pas de relation simple avec le féminisme ; les droits des femmes sont renvoyés à une temporalité historique précaire. Par exemple : pourquoi l'Algérie choisit, au moment même des Printemps arabes, de soutenir la parité dans la nouvelle Assemblée ? Par conviction, ou par stratégie ? Quel est donc le statut de la question politique du droit des femmes en démocratie ?

Puis vient le temps de la construction politique.

Le projet de constitution tunisienne, qui voulait instituer la complémentarité des sexes (dans la famille) plutôt que la reconnaissance de leur égalité, peut avoir une finalité simple : pousser les femmes hors du temps historique. En effet, le renvoi à la complémentarité constitue une exclusion de fait. En un mot, si la nouvelle Assemblée tunisienne déplace l'expression générique « droit des femmes » vers le terme unique de « complémentarité », elle exclut les femmes de l'espace politique ; ce faisant, elle chasse les femmes de l'histoire. Le terme « droit » est politique, il soustend une promesse d'égalité, car il est fondé sur la reconnaissance de l'individu autonome. Dans le projet de constitution, il disparaît au profit d'une représentation anthropologique de la relation sexuée, celle-ci étant cantonnée dans une partie de la société, à savoir la famille. Des places, des rôles définis par une structure sociale et non des individus, des êtres autonomes qui appartiennent à une société évoluant dans le temps.

L'insistance sur la famille ne doit pas seulement être comprise comme un renvoi des femmes vers l'espace domestique, mais bien comme une mise en cause de leur participation à la vie publique. Être repoussée de la vie publique, c'est être renvoyée hors de l'histoire. Ainsi, le politique cède à l'anthropologique et les sexes se retrouvent, une fois encore dans la longue histoire du genre humain, dé-historicisés. Ils redeviennent atemporels, apolitiques, anhistoriques ; et ce au profit de la domination masculine. Car la grande force de la domination masculine n'est pas de dire aux femmes qu'elles relèvent d'une nature (ce que le féminisme a l'habitude de dénoncer) mais bien d'une incapacité à prendre place dans le temps historique.

CONTRETEMPS

Dès le Printemps arabe, amorcé en Tunisie, on pouvait craindre de voir le contretemps historique à l'œuvre : une révolution d'un peuple, de plusieurs peuples, où les acquis des droits des femmes pouvaient être fragilisés. Les femmes étaient aux avant-postes de la révolution et pourtant elles ont su rapidement qu'elles n'étaient pas sûres d'en tirer bénéfice. Tunisiennes et Égyptiennes ont témoigné de cette contradiction, qui se nomme aussi contretemps historique. Une avancée historique démocratique n'implique pas nécessairement le féminisme.

La Révolution française fut aussi très clairement le creuset de ce paradoxe. Le contretemps est intrinsèque à l'histoire des femmes, il est le signe de la contradiction permanente entre cette émancipation et les autres émancipations, celles des prolétaires, des peuples colonisés… Tout opprimé n'est pas féministe.

Ainsi le Printemps arabe voit les femmes dans l'histoire, et en même temps en contradiction avec l'histoire puisque l'histoire qu'elles sont en train de faire les met en danger. D'où cette situation de contretemps. Par là, on constate que l'argument de la religion, si souvent mis en avant pour expliquer ou justifier un prétendu conservatisme en matière d'égalité des sexes, est secondaire.

Lorsqu'on pousse les femmes hors de l'histoire en recouvrant le terme démocratique de « droit individuel » par un mot du langage anthropologique, de la structure sociale, celui de « complémentarité », ce sont des mécanismes internes à la démocratie qui sont en jeu. Mettre les femmes hors de l'histoire, tel est à mes yeux l'argument le plus puissant de la domination masculine. Reste que les femmes continuent à être des actrices historiques, y compris face au déni de leur historicité.

Chapitre III

QUAND GOUVERNER, C'EST REPRÉSENTER*

Début des années 1990, irruption du débat sur la parité, axé sur deux énoncés : la faible présence des femmes dans les instances du pouvoir politique, et la nécessité de dire le chiffre de l'inégalité. La parité est un mot de comptable (« combien sont là, ou ne sont pas là ») et le champ désigné est celui du pouvoir (d'où les femmes sont trop exclues). Le mot « parité » ne donne pas plus que ce qu'il peut donner, hier comme aujourd'hui : il donne des chiffres et des pourcentages. Puis il localise les lieux où s'appliquent ces mesures quantitatives. Aux dernières élections régionales en 2015, *Libération* titrait que « le compte n'y était pas », le nombre de femmes progressait et stagnait en même temps. La loi permettait qu'elles rentrent de force dans les enceintes politiques territoriales, mais non qu'elles s'y déploient en puissance, c'est-à-dire en ayant le pouvoir du pouvoir, exactement les présidences des conseils.

Or la démocratie est « exclusive » et non excluante.

* Blog LibéRation de Philo, *Libération*, 15 juin 2015.

Elle exclut de l'intérieur, tel est le tour de passe-passe de l'universelle similitude des êtres humains de l'époque contemporaine. Mais pour exclure — de l'intérieur — de l'énoncé égalitaire, ici celui de la citoyenneté, il faut des moyens conceptuels, et pas seulement des actes sauvages de domination des forts sur les faibles. Car, ici, exclure n'est pas mettre dehors, mais mettre à l'écart. Alors le mot « pouvoir », pouvoir du politique, a le défaut de son imprécision. Comme le dit la ritournelle, il y a le pouvoir de l'ombre et le pouvoir de la lumière. On peut donc discuter à l'infini du vrai et du faux pouvoir. En revanche, on peut distinguer deux organes du pouvoir, le lieu de la représentation et le lieu du gouvernement. Ainsi, dans *Libération*, en 1994, j'intitulai une tribune « Quand gouverner n'est pas représenter », en vue de souligner un paradoxe.

Car l'histoire montrait que nommer une femme au gouvernement (en 1936) était délié de la représentation (être électrice et éligible en 1945). Être capable d'être aux affaires gouvernementales paraissait, dès lors, plus acceptable que d'être désignée par le peuple pour le représenter et faire les lois. Pour dire vite, en 1990, nommer une ministre aux Affaires sociales se comprenait mieux qu'élire une députée incarnant symboliquement une portion de la nation.

C'était hier, en France. Aujourd'hui, en Espagne, toutes choses étant inégales par ailleurs, entre les sexes, deux femmes font le pari de mêler gouvernement et représentation, d'occuper les deux lieux à la fois ; elles deviennent maires de Barcelone et de Madrid. Pas de modèle obligé, ni d'âge ni de parcours, ces femmes sont, quoi qu'elles disent ou pensent, des modèles différenciés d'émancipation. Mais surtout, elles sont situées au croisement des deux concepts du pouvoir politique car elles veulent gouverner et représenter à la fois. Le vieux clivage entre pratique gouvernementale et symbolique représentative, clivage si pertinent pour contenir la liberté d'agir et d'inventer, si utile pour maintenir la hiérarchie, entre les sexes certes, et entre le peuple et ses dirigeants, ce vieux clivage pourrait s'effacer. Tel un pari qui concerne tout un chacun, cette nouveauté s'inscrit au cœur de l'histoire des femmes.

Pas d'utopie, bien sûr ; juste un moment d'histoire, remarquable.

Chapitre IV

ENTRE DÉNI ET DÉSIR. QU'EST-CE QUE LA GROSSESSE ?*

D'abord, les philosophes. La grossesse les intéresse. Dès Platon, on s'en souvient, ils pratiquent l'accouchement de la pensée, l'engendrement de la connaissance. Accoucher, engendrer, la grossesse retient l'attention quant à sa finalité. Grâce à ce processus de transformation, la vérité est, serait accessible... Mais, bien plus tard, quand Nietzsche reprend la métaphore, il s'agit de se placer en amont, de marquer le temps d'attente engagé par la grossesse, le devenir plus que le résultat. Créateurs et procréateurs sont les « amis du devenir », lit-on dans *Ainsi parlait Zarathoustra*. De l'accouchement à la grossesse, de la vérité sûre d'elle de l'Antiquité à la vérité aléatoire du monde contemporain, mieux vaut s'en tenir à un moment de l'histoire qu'à une résolution affirmative. Bien sûr, on note que la métaphore de la grossesse est empruntée par les hommes philosophes au réel des femmes gestatrices. Comme toute métaphore, elle est extraite du contexte de l'image empirique.

* Blog LibéRation de Philo, *Libération*, 14 juillet 2015.

On ne commentera pas, ici, ce transfert d'un sexe à l'autre...

Dans le réel du XXIe siècle, tout est fait, désormais, pour isoler la grossesse. À plusieurs reprises, depuis quelques décennies, elle fut séparée de l'activité sexuelle. Avec la contraception, la sexualité s'émancipe de la reproduction. Faire l'amour sans l'inéluctable de la reproduction, une révolution ! Avec les technologies, la fécondation est déliée du rapport sexuel. La séparation devient une addition, faire l'amour sans faire d'enfant, et faire un enfant sans faire l'amour. Avec le désir d'enfant, la sexualité est non seulement séparée, mais clairement déconnectée du sexe. Homosexualité, hétérosexualité n'importent pas, la fabrique du bébé est indépendante. Les désirs ont été isolés, le désir du corps à corps et le désir de procréation sont désormais distingués, voire antagoniques. La nouveauté de cela ? Son inscription non seulement dans les mœurs (depuis si longtemps au cours des siècles) mais aussi dans le droit (lois récentes), non seulement comme loteries individuelles mais aussi comme principes collectifs organisés.

Séparation, dédoublement, isolement, dans tous ces paliers, la grossesse prend une autonomie, un statut singulier. Elle devient un « à-part », à part du sexe, à part de la fertilité, à part du choix sexuel.

On croyait le fil de l'espèce ininterrompu, tel Schopenhauer faisant de la femme le lieu de la perpétuation, fil liant, de la virginité à la maternité, l'inéluctable destination et destin féminin, et par là la société tout entière dans une continuité rassurante.

Bien sûr, il fut toujours illusoire de souscrire sans distance à cette représentation de la reproduction naturelle. Seule la science, de la contraception à la procréation médicalement assistée, a généralisé des pratiques bricolées depuis toujours : comment jouir sans féconder ?, comment avoir des enfants sans procréer ? ; et de ce point de vue, même la mère porteuse a aussi ses ancêtres, ou prédécesseuses. Toute femme qui met au monde n'est pas mère ; et si vous ne le croyez pas, voyez la littérature... ou la mythologie.

On est bien d'accord, en passant du bricolage à la science, la technique indique une maîtrise des désirs humains et de ses aléas psychiques qui manquait auparavant. Mais il ne s'agit pas d'une radicale nouveauté anthropologique, plutôt de la science qui développe une représentation collective plus qu'individuelle. Démocratie des désirs ? Ainsi les lois accompagnent les permissions de la science.

La grossesse sans lien d'évidence avec la cause — rapport sexuel, insémination sous ses multiples formes contemporaines — est aussi sans lien d'évidence avec ce qu'elle produit : des enfants, des êtres humains. Pensons aux dénis de grossesse, grossesses invisibles, absentes, ignorées. Déni de grossesse ou silence de la grossesse. Une grossesse sans sujet en quelque sorte. Une grossesse qui met le sujet hors de lui-même, un état momentané mais aux conséquences définitives. Les tribunaux bruissent plus que jamais de ces enfants sans vie à venir, disparus dans des sacs-poubelle ou des congélateurs. Mais qui n'a pas vu la grossesse ? La question mérite d'être posée. Le mystère demeure malgré les hypothèses scientifiques, médicales, sociologiques. Là aussi, on isole la grossesse de ses causes comme de ses conséquences. On peut interroger le mari aveugle et la mère infanticide, le temps de la grossesse est à part, comme sans origine et sans destin.

« El sueño de la razon produce monstruos. » On connaît la célèbre gravure de Francisco Goya et le texte sous la table d'écriture de l'homme endormi, entouré d'animaux de nuit. On pense moins à hésiter sur la traduction de cet exergue affirmatif : « Le sommeil (ou le songe ?) de la raison produit (ou enfante ?) des monstres ». Il dort ou il rêve (la traduction de « *sueño* » le permet), il produit ou il engendre (là c'est la tradition qui a dédoublé « *produce* »). S'il dort, l'engendrement se fait malgré lui, malgré sa conscience ; s'il rêve, la signification d'un projet s'impose peut-être ; mais rien n'est moins sûr. On a voulu rapporter cette phrase à l'histoire des Lumières et de leur descendance moins lumineuse que le triomphe du rationalisme ne l'espérait. Mais que sait-on du monstre ? Toute création a quelque chose de la monstruosité, enfant comme œuvre d'art. Le monstrueux est tout simplement ce qui advient comme quelque chose de neuf. Mais il n'y a pas de grossesse dans cette image, entre la cause, le « *sueño* », et la conséquence, le « monstre ».

Isolée comme un en-soi de la création humaine, ou absente comme un impensé d'un sujet en difficulté, on peut travailler la métaphore philosophique de la grossesse et aussi penser la réalité nouvelle de la reproduction contemporaine. Imaginaire et réelle, que nous dit la grossesse, comme telle ?

Chapitre V

ENCORE ET TOUJOURS, LE DROIT À L'AVORTEMENT EST EN DANGER*

C'est comme au XIXe siècle : on déclarait l'égalité des sexes mais on doutait de son application concrète. Pas prêtes, pas capables, les femmes, se justifiait-on. Le Front National utilise aujourd'hui un schéma analogue : l'avortement oui, mais… ; l'avortement est un droit certes, mais il peut être perverti. Il faut donc s'en méfier. Perverti par la superficialité des femmes (avortement « de confort », critique Marine Le Pen) ou par une idéologie politique (le Planning familial, repaire de militantes, dénonce Marion Maréchal-Le Pen).

C'est comme lors de la Révolution française : la loi de 1792 autorisant le divorce induit logiquement l'égalité des sexes. Car ce sont surtout les femmes qui en profitent, les hommes ayant toujours trouvé plus facilement le moyen d'échapper à la contrainte conjugale. Rapidement alors, on dénonce le trop de liberté ainsi donnée aux femmes, liberté négative cela s'entend. Une des raisons, mais pas la seule, pour abolir le divorce

* Blog LibéRation de Philo, *Libération*, 9 décembre 2015.

en 1816. Rétabli (seulement pour faute) en 1884, il est enfin confirmé dans la version du « consentement mutuel » en 1975. Deux siècles pour revenir au point de départ...

Les droits des femmes sont « réversibles ». Il faut aujourd'hui insister sur cette réversibilité en jeu dans la critique de l'avortement. Pourquoi tenir à ce qualificatif ? Parce que si on pense, comme trop souvent, en terme de « régression », on se place au regard d'une image naïve du progrès. La liberté des femmes est fragile, exposée à la réversion. Le temps long de l'oppression nous guette.

Le divorce fut une conquête de l'individu démocratique, et cette conquête fut laborieuse. L'avortement relève d'un autre niveau, philosophique et juridique : c'est un *habeas corpus*, un droit qui s'apparente aux droits fondamentaux. Je n'invente rien. Ce sont les slogans des années 1960, aux États-Unis puis en Europe, qui en ont repris la formule initiale : « our bodies, ourselves », « notre corps, nous-mêmes », devenu « notre corps nous appartient », tel fut l'argumentaire de la demande de contraception et d'avortement. Ainsi, disposer de son corps n'est pas une affaire de propriété privée, ou de consumérisme superficiel, lisible à l'aune de l'individualisme. L'*habeas corpus*, énoncé en 1679 en Angleterre, visait à protéger le corps de la personne mise en accusation. On en a fait ensuite l'ancêtre des droits de l'homme, et ainsi un droit fondamental. Si trois siècles plus tard, la reconnaissance du droit à l'avortement s'est inscrite dans l'histoire longue des droits humains, en amont des droits démocratiques « individuels », nous devons prendre la mesure de cette singularité juridique dans l'histoire des femmes.

L'argument moral (le confort) ou l'argument politicien (le militantisme) ne semblent pas, à première vue, ébranler ce droit fondamental ; et pourtant, c'est de cela qu'il s'agit. Sinon la question de l'avortement ne serait pas politique.

Contrairement à certaines interprétations contemporaines des droits humains, droits qu'on montre empêtrés dans le biopouvoir (qui protège et contrôle tout à la fois, qui protège et expose aussi à la violence), l'argumentaire en faveur de l'avortement a montré cette incroyable révolution, quasi copernicienne, où le corps de la femme n'est plus soumis à une nature toute-puissante, où ce corps, au contraire, peut produire sa propre loi, celle de choisir, de vouloir se reproduire, ou non. Le droit à l'avortement inscrit dans le symbolique une pratique ancestrale. Par conséquent, il ne crée pas une réalité nouvelle, il lui donne, par le juridique, une valeur symbolique.

Les opposants à cette représentation de l'autonomie du corps (et de la volonté) des femmes ne s'y trompent pas. C'est pourquoi l'avortement s'invite dans les campagnes politiques et sert de marqueur pour de prétendues limites à ne pas franchir. Aucun droit civil exprimant l'égalité des sexes ne montrera jamais un tel point de cristallisation lors d'élections. On a vu ainsi Hilary Clinton, mais aussi Dilma Rousseff, reculer, temporiser, en matière de droit à l'avortement ; sans que cela ait un rapport à leurs convictions. Plutôt que de s'arrêter à la simple interprétation politicienne, on peut en déduire que nous n'avons pas encore réussi à établir la réalité symbolique de ce droit.

Si donc aujourd'hui, l'avortement s'invite dans la campagne du Front National, sachons y voir un symptôme. Ce que le Front National laisse entendre, c'est que la définition de la vie de l'embryon est un enjeu à géométrie variable. Loin de discuter du biopouvoir, il s'agit d'affirmer une volonté de pouvoir tout court, sans boussole ; même si tout en indique la direction.

Chapitre VI

LE PAPE, COMPASSION N'EST PAS RAISON ?*

La compassion est voisine de la sollicitude. Le pape redonne à la compassion, sentir, souffrir avec, toute son importance sociale. La pensée de la sollicitude, ou *care*, se développe. La compassion traite du présent de la souffrance, ainsi que d'une souffrance passée, quand la sollicitude veut penser l'avenir, nouveau lien social ; soit.

Le pape rattrape le retard de l'Église : ne plus honnir les divorcé-e-s comme dans les années 1960, condamner et ne plus cacher les prêtres pédophiles de ces dernières décennies, ne plus ignorer les homosexuel-l-es de plus en plus visibles depuis les années 1970. On appréciera que le pape rattrape le temps perdu ; et plus encore : condamner la peine de mort, c'est très bien. Mais avec qui faut-il être sévère ? Avec le parent violeur de sa propre fille, comme au Paraguay ? Ou avec cette petite fille qu'on ne saurait faire avorter et qui accoucha l'été dernier ? La compassion reconnaît la souffrance du présent et du passé mais

* Blog LibéRation de Philo, *Libération*, 28 septembre 2015.

n'enchaîne pas avec la sollicitude d'un présent tourné vers l'avenir. Pourquoi ?

Telle est la question que l'on pourrait poser au pape. On nous rétorquera tout de suite que si, il pense à l'avenir, puisqu'il fait de la politique, de la vraie : à propos des migrants et des réfugiés, à l'égard des pauvres et des exclus. Il interpelle les gouvernements, et les chroniqueurs politiques ne s'y trompent pas. Le pape est un chef d'État et son territoire est le monde entier. Peu importe ce petit bout de terre qu'est le Vatican. La compassion peut donc faire de la politique, produire du politique ; la sollicitude n'en ferait pas.

Cependant, la compassion universelle n'est pas raison. On saisit clairement que la politique ici renouvelée est celle de l'Église, celle d'un État qui ne légifère pas. Certes, ce n'est pas au pape de faire le tri des lois, entre les pays hostiles à l'avortement et ceux qui ne le sont pas, par exemple. Mais comment la compassion peut-elle tenir son rang face au droit ?

D'où la réflexion sur la justice. Le juste et le droit, le juste et la morale. Le contenu du croisement entre la justice et la morale, j'avoue ne pas le connaître. J'ai plus l'habitude de lier la justice au droit ; tout simplement parce que le « droit des femmes » est un pivot incontournable. Il ne s'agit pas d'oublier la subversion et l'utopie, mais sans droit, pas d'émancipation des femmes, pas d'égalité des sexes. Alors que se passe-t-il quand la compassion mêle justice et morale pour faire bonne figure face aux questions troublantes de la sexualité, de la conjugalité, de la promiscuité des générations ? Quelle justice pour et dans la famille ?

Alors, on passe du rapport ancien (et bien connu) entre la loi et les mœurs, on passe au lien, nouveau à l'époque contemporaine, entre privé et public. Je vais vite, trop vite. Aux hommes la fabrique de la loi, aux femmes la responsabilité des mœurs, telle fut la conviction de penseurs de l'Ancien Régime comme de l'ère démocratique qui lui succéda. L'Église catholique se retrouve, sans conteste, dans ce schéma sexué de l'organisation sociale : moins quant à la répartition des responsabilités entre femmes et hommes que quant à la « nécessaire » séparation entre privé et public. La famille doit être séparée de la cité, telle est sans doute la conviction fondamentale.

Sexualité et liens singuliers, d'amour et de subsistance, telle est la famille. Il y a un désir de famille, dit le pape, mais les familles sont blessées, ajoute-t-il. Alors, il n'y a aucune obligation d'y appliquer la représentation du sujet de droit, de l'individu à part entière. La petite fille du Paraguay qui subit une césarienne pour accoucher, au mois d'août dernier, est un corps par où l'espèce passe, en l'occurrence l'enfant à naître. Qui est-elle comme sujet de droit ? On comprend que les lois du sexe et de la famille ne sont pas les lois du droit. Reste la miséricorde, qui n'est pas la justice ; dans ce lieu même du fondement de la société, dirait le pape, à savoir la famille.

J'entends un journaliste lancer l'image d'un « pape rouge ». Rouge parce que soucieux des pauvres, rouge parce qu'insolent et exigeant à l'égard des puissants. L'image ne tient pas vraiment, pas longtemps, mais elle renvoie à une tradition socialiste, influente, celle de Proudhon et du mouvement ouvrier français. Proudhon, qu'on dit antiféministe et misogyne, pense la famille dissociée de l'espace social : la famille est le lieu de la justice, dit-il, justice fabriquée et incarnée par la dualité du couple. Mais ce n'est pas le lieu de l'égalité. Oui, le juste et l'égal ne marchent pas toujours ensemble, pensent ces penseurs, révolutionnaires et chrétiens.

C'est alors qu'on peut changer de perspective et considérer l'arc politique dans toute sa largeur : de l'avortement, un *habeas corpus*, à la parité, partage du pouvoir (ordination des femmes), le pape n'y voit pas une question de droit des femmes, de nécessité de liberté et d'égalité, principes démocratiques. Une femme n'est pas propriétaire de son corps, une femme ne peut être prêtre : ni propriété de soi, ni gouvernement des autres. Mais la femme n'est pas l'égale de l'homme ? Si, dira le pape, qui se dit lassé du machisme contemporain. Et là, il ouvre un nouveau champ critique, celui du lien archaïque entre la femme et le mal. Le pape François conteste ce lien : la faute d'Ève doit être mise en question, la responsabilité de l'émancipation des femmes dans la crise de la famille actuelle est trop facile... Il se bat pour l'égalité des sexes dans l'imaginaire, imaginaire historique, imaginaire social. Certes, c'est bien intéressant de s'attaquer à la prétendue culpabilité des femmes. Quant au réel de la petite fille du Paraguay, il peut attendre.

Chapitre VII

SEXE, POLITIQUE, PAROLE PUBLIQUE*

Pour les femmes qui viennent de témoigner publiquement de leur expérience individuelle et collective du harcèlement sexuel, on a parlé de « courage » par-delà la « honte », on a d'abord fait de la psychologie morale ; au sens noble du terme « vertu ». Manière de se cantonner à une vision sociale du « problème des femmes ». Heureusement, l'espace médiatique était prêt à entendre. Maintenant que des femmes au plus haut de l'État (des ministres) valident leur démarche, l'affaire est enfin clairement politique, politique au sens de mise en espace public, de *res publica*. On le savait, mais c'est bien de le dire. L'affaire DSK est ainsi définitivement débarrassée de sa version privée et pathologique. Il s'agit bien de notre vie en commun.

Du politique donc.

Puis la presse est allée voir du côté de la domination masculine, exception française, histoire

* Blog LibéRation de Philo, *Libération*, 22 mai 2016, article écrit après les révélations des harcèlements sexuels dont huit femmes accusèrent Denis Baupin, député EELV.

du machisme en politique. Le plus intéressant, dans ce cas, est plutôt de montrer que c'est un monde, celui des politiques, emblématique des autres mondes dans lesquels nous vivons tous et toutes : emploi et cantine, bistro et famille.

Mais voyons plutôt les choses du côté de celles qui font un geste d'émancipation.

D'abord, il faut être plusieurs, un geste isolé étant condamné d'avance ; ensuite, il faut que le présumé agresseur se montre publiquement, ce qui fut fait avec la photographie du 8 mars où des parlementaires hommes maquillés de rouge à lèvres dénoncent les violences sexuelles. Colère des agressées et, surtout, indication que la domination masculine d'invisible devient visible, trop visible. C'est seulement « celui qui le dit qui y est », dit l'expression enfantine (déjà l'affaire Cahuzac). Rendre visible la domination masculine est d'une telle difficulté (contrairement à d'autres dominations sociales plus reconnues) qu'il est sûrement aisé de se croire à l'abri. C'est ce qui arriva à l'agresseur supposé.

D'où la possibilité du geste d'émancipation, l'élément public permettant le discours politique.

Alors, le harcèlement : sexuel et sexiste, précise la langue juridique française, en transposant la directive européenne de 2001, qui révisait la directive de 1976 sur l'égalité de traitement (d'où la loi Roudy de 1983), directive fondée sur l'article 119 du Traité de Rome de 1957. Lors de mon mandat d'élue au Parlement européen (1999-2004), j'appris une chose philosophiquement très importante. La violence sexuelle m'était jusque-là apparue comme un manquement à la liberté, liberté du corps et de la sexualité. « Mon corps m'appartient », dit le slogan, et toute atteinte à ce corps est une privation de liberté. Or, m'expliqua la députée nordique en charge de la révision, il s'agit aussi d'un empêchement à l'égalité. En ce sens, la chose s'intègre dans la question de l'égalité de traitement et cela se nomme « discrimination ».

La philosophe de passage dans le politique est éblouie : se croisent donc la liberté et l'égalité dans les affaires de harcèlement et de violence à l'encontre des femmes.

C'est cela que disent celles qui parlent aujourd'hui : l'affaire est politique car elle montre, révèle, l'immense difficulté des femmes à être des égales libres dans un monde d'hommes, dans le monde des hommes ; où nous sommes.

Alors, on peut revenir au monde politique et s'interroger sur le sexe en politique ; pas la présence des femmes en politique, pas le débat sur l'exclusion / inclusion des femmes depuis deux siècles ; non, sur le sexe comme jouissance. Et voir ainsi que le débat sur la parité n'a pas fini de révéler sa puissance : puisqu'il s'agit du partage du pouvoir. Ainsi j'appris qu'une rumeur avait couru selon laquelle, contre toute vraisemblance, j'avais « couché » pour être numéro 2 de la liste européenne « Bouge l'Europe » en 1999. C'est plus fort que tout : il ne faut pas partager la jouissance du pouvoir, il ne faut pas mettre les deux sexes sur le même plan de la jouissance ; il faut réduire une femme à son sexe, réduire le cerveau d'une femme à son sexe.

Et puisque le pouvoir est jouissance, ce dont personne ne doute (excepté les rares qui pensent que c'est un fardeau !), comment fait-on ? Là, cela devient intéressant. Car on peut être convaincu de l'égalité des sexes (par exemple, un député écologiste) et ne pas pouvoir la mettre en pratique tant la jouissance est un bien individuel. La rivale alors doit être replacée au bon endroit de la jouissance, comme sexe uniquement. Et le tour est joué. Sexe tu es, sexe tu resteras. Et on ne partage rien, pas même le plaisir sexuel puisque le harcèlement, il faut le dire, ne se conclut pas toujours en réalisation effective.

Cette nécessité de « garder » le pouvoir est comme une sensation forte dans le monde politique. Et elle s'exporte facilement dans les autres lieux de pouvoir masculin (professionnels et domestiques), mais n'oublions pas que le partage du pouvoir n'est qu'une partie seulement de la question « égalité ». La parité politique fut donc contagieuse sans pour autant se disséminer dans d'autres sphères d'exclusion (celle des « racisé-e-s »). On peut s'en étonner et chercher à comprendre. Ce serait urgent.

La mise en espace politique de la violence sexuelle et sexiste (« violence de genre » est une expression dont il faut méditer ce qu'elle apporterait dans l'imaginaire politique) est une véritable mise en place permettant une mise en scène : plusieurs témoins / plaignantes, une provocation publique avec une image militante, un soutien de celles qui ont ou ont eu un pouvoir de gouvernement… Et, dernier élément : en portant plainte pour diffamation, l'agresseur se fait témoin de ce qu'on appelle, depuis une directive de 1997, l'inversion de la charge de la preuve : ce ne serait plus au plaignant de démontrer l'injustice mais à l'accusé de s'expliquer / se justifier. En portant plainte, il lui incombe, en quelque sorte, la charge de la preuve. Se dire diffamé oblige à une argumentation et, ainsi, comme par une ruse de l'histoire, cette affaire Baupin nous met directement sur le plateau de la politique féministe, dans son ambition la plus démocratique.

Chapitre VIII

L'IMPURETÉ DE L'HISTOIRE*

Claude Lévi-Strauss, dernière page des *Structures élémentaires de la parenté* : « Mais la femme ne pouvait jamais devenir signe et rien que cela, puisque, dans un monde d'hommes, elle est tout de même une personne, et que, dans la mesure où on la définit comme signe, on s'oblige à reconnaître en elle un producteur de signes ».

Il fallait bien plus de 500 pages au grand anthropologue pour que tout soit dit : les femmes servent, anthropologiquement et socialement, à autre chose qu'elles-mêmes, mais cet objet d'échange est par ailleurs, ou néanmoins, un sujet de pensée. Moyen d'échange, et cependant sujet... Sans rire.

Donc le burkini : c'est un signe certes, un vêtement d'une part, un sujet portant ce vêtement d'autre part.

Ce vêtement couvre le corps dans une société qui prône plutôt la nudité, qu'elle soit tantôt commerciale, tantôt subversive. Apolitique quand il s'est agi de vendre des bikinis après la Seconde

* Blog LibéRation de Philo, *Libération*, 29 septembre 2016.

Guerre mondiale, moralement subversive quand les années post-68 s'accompagnaient d'un désir d'aller seins nus à la plage. J'ajoute, en passant : alors, déjà, les mairies n'aimaient pas ce comportement transgressif.

Voiler, dévoiler, couvrir, découvrir : c'est bien ce double mouvement qu'il faut analyser. Mes amis philosophes se trompent lorsqu'ils ridiculisent le débat, hier sur le foulard, aujourd'hui sur une tenue de plage, en évoquant un « bout de tissu » sans importance, un choix d'habillement qui ne vaut certainement pas un débat politique. Au contraire, l'histoire de la pensée a pris très au sérieux l'affaire du voile et du dévoilement de la vérité, celle-ci en général représentée par un corps de femme. « À supposer que la vérité soit femme » est la première phrase de Nietzsche dans *Par-delà bien et mal*. La vérité peut être voilée ou dévoilée. Il s'agit d'une seule et même chose ; une chose importante, et non une anecdote. Mais abandonnons ici, cela nous éloignerait du propos, cette perspective métaphysique, pour souligner simplement qu'en ce temps paradoxal de forte sécularisation en même temps que de retour du religieux, ce qui couvre ou découvre le corps des femmes est une façon de parler, dans une même réflexion, de la similitude des corps sexués et de leur différence empirique. La démocratie cherche leur ressemblance, les religions maintiennent leur différence. Depuis le XIXe siècle, où fut annoncée en Occident la mort de Dieu, l'altérité des sexes a pris un nouveau visage, double, entre ressemblance et dissemblance.

Le burkini est-il un signe (« ostentatoire », rajoutent nos hommes politiques), ou le lieu d'une production de signes ? Puisqu'il y a un sujet, sous le burkini, arrêtons-nous à la production de signes. Il y en a plusieurs, possiblement contradictoires. Le signe d'une acceptation, soumission à l'oppression patriarcale et corps contraint, ou le signe pragmatique, conciliant liberté de se baigner et prescription religieuse, ou le signe émancipateur d'une révolte face à la réalité insistante, en Europe, de la discrimination raciale et postcoloniale. Cette production de signes, divers, nous oblige à penser en termes d'histoire, et non seulement de principes. En un mot, si on écarte l'idée, paroxystique, voyant dans ce geste du port du burkini un étendard terroriste, les signes envoyés nous parlent conjointement d'émancipation et d'oppression. J'entends ici ou là l'énoncé suivant : « Laissons les femmes porter ce qu'elles veulent, mais je dois dire que je supporte mal le foulard, le burkini, la burqa ». Plutôt que de rester assis entre ces deux chaises, rappelons-nous ce que « consentement », le mot toujours invoqué pour reconnaître ou annuler la liberté des femmes, veut dire à l'ère démocratique. Ce mot, dès le début de l'époque moderne, dit deux choses contraires, le choix, la liberté, mais aussi l'acceptation d'un évident rapport de force. Aujourd'hui, nous discutons encore de ce qui est explicite ou tacite dans le consentement, de ce qui est éclairé ou désarmé dans cet acte de consentir. Alors acceptons la diversité de ces gestes plus politiques que religieux. Plus politiques, donc confrontés aux principes démocratiques, il n'est en rien question de l'ignorer.

Si la chose est politique, ce que finalement tout le monde reconnaît, il faut confronter ce débat au principe de l'égalité des sexes et de la liberté des femmes. Oublions nos gouvernants qui brandissent l'égalité réelle des sexes, ici, en Occident, au mépris des inégalités sociales et économiques qui sont d'évidence en France. La très grande proportion de femmes pauvres et monoparentales et l'inégalité salariale structurelle interdisent de parler d'une égalité réalisée. Et pensons au débat féministe, heureusement contradictoire, qui se partage entre critique et soutien de ces pratiques vestimentaires. Là, nous touchons à ce que j'appelle l'historicité des sexes face à une atemporalité problématique. L'affirmation de l'égalité et de la liberté, nos principes intangibles (certes, oui), doit se confronter, c'est-à-dire s'affronter à l'histoire en train de se faire. Avec des mauvaises surprises (imposer un uniforme au corps des femmes) et des bonnes (démontrer que le foulard n'empêche pas d'avoir une médaille aux Jeux de Rio) ; et entendre, dans les deux cas, qu'il s'agit d'écriture de l'histoire. Si les principes sont purs, l'histoire est impure. C'est peu de dire que cette leçon n'est pas nouvelle. Cependant, le féminisme reste encore pensé dans une abstraction atemporelle ; ce qui, à mes yeux, est une difficulté cruciale, un obstacle. Apprenons à faire face au contretemps. Et c'est le conflit qui produit de l'histoire.

Car ce qui se passe, en ce moment d'histoire occidentale, et d'histoire postcoloniale, c'est que l'émancipation, longtemps pensée du côté de la citoyenneté, de l'éducation, de l'accès aux professions, donc du côté de ce qui fait la similitude des humains, tous les humains, devient un enjeu lié au corps dans sa différence empirique, un projet d'émancipation. Il y eut, et cela est toujours d'actualité, l'enjeu de la maîtrise de la reproduction, il y a aussi l'enjeu des identités sexuelles, évidemment multiples. Désormais on admettra l'enjeu des corps historicisés par la religion et par la géopolitique.

Pas de quoi triompher. Pourquoi ? Parce qu'il ne s'agit pas, alors, de critiquer l'« instrumentalisation » du corps des femmes, comme si nous étions tous sûrs que leur corps leur appartient bien, à elles les femmes, et que simplement, on les « utilise ». Le slogan du XXe siècle, « mon corps m'appartient », indique une révolution qui commence à peine. La bataille est en cours. Ainsi la religion n'est qu'une forme parmi d'autres d'un discours qui continue, ici et là-bas, à avoir la main sur le corps des femmes. Vous les avez entendus, cet été, tous ces hommes qui discutaient avec aisance du burkini, du corps de l'autre, les femmes ? Sans sourciller.

C'est pourquoi le mot d'« instrumentalisation » manque l'essentiel : à savoir que le corps des femmes est un objet d'échange, mais aussi une monnaie d'échange, le « lieu » de l'échange. On s'en sert pour parler d'autre chose… et cela dure depuis bien longtemps.

Revenons donc au point de départ et à l'anthropologue :

« L'émergence de la pensée symbolique devait exiger que les femmes, comme les paroles, fussent des choses qui s'échangent. » Phrase qui précède de quelques lignes la citation en haut de cet article. Je suis à nouveau en bas de la montagne, à pousser mon rocher, telle une Sisyphe.

Chapitre IX

SE TROMPER D'ÉPOQUE, OU « L'INFLUENCE » DES FEMMES*

Il existe de longue date une théorie relative à « l'influence » politique des femmes. L'argumentaire de François Fillon, candidat à la présidence de la République, s'y adosse dans un remarquable contretemps historique.

À partir du XVIe siècle, écrit un médecin-philosophe, Julien-Joseph Virey, au lendemain de la Révolution française, « Les femmes exerçaient en France une plus puissante influence que dans toute autre contrée civilisée de la terre. C'était une sorte de dédommagement dû à leur exclusion de tout grand pouvoir civil par la loi salique ». Comment « dédommager » les femmes, avant comme après la Révolution française ? En théorisant la notion d'influence, en la transposant de la monarchie à la république.

De fait, la monarchie avait fini par en faire mauvais usage. Virey encore : « Indépendamment de l'action directe des femmes sur les lettres et les arts pendant cette période, il faut considérer

* Blog LibéRation de Philo, *Libération*, 5 février 2017.

l'influence indirecte de ce sexe sur le gouvernement. Qu'elle ait été pernicieuse à la monarchie, ou favorable à la cause de l'humanité, l'avenir seul peut bien en apprécier les inconvénients et les avantages. Il suffit d'observer que la publication de l'*Encyclopédie*, de l'*Esprit des lois*, de plusieurs écrits philosophiques de Voltaire, Rousseau, l'expulsion des jésuites, l'affaiblissement de l'autorité religieuse et civile, la tolérance universelle, furent les résultats de cette liberté ou si l'on préfère, de cette licence que les femmes avaient introduite dans l'État ».

Remettre l'influence des femmes à sa place fut une tâche des lendemains de la Révolution. Comment participer, sans participer, à la vie publique, donc à la chose publique, *res publica*, dont la Révolution avait dessiné les contours ? Si une femme est l'égale de l'homme tout en devant se consacrer à la fabrique des mœurs, pendant que l'homme est appelé à la fabrique des lois, si une femme privilégie ainsi son obligation familiale, elle ne participera à la vie publique que grâce à une médiation, à un médiateur. Un homme, on l'a compris. Toujours se souvenir de Rousseau qui qualifie la femme de « précieuse moitié de la république ».

Ainsi, cette notion d'influence fut repensée, transposée à l'ère démocratique, au XIXe siècle. Car c'était un excellent argument pour justifier la non-citoyenneté des femmes. « Dédommagement » encore, qui permet l'équivalence (et non l'égalité) des sexes. L'influence indique clairement la capacité politique de l'« égale exclue ».

Or cette influence des femmes, reformulée par le XIXe siècle, sera contrôlée ; pas de débordement comme sous l'Ancien Régime où l'influence des femmes était devenue un contre-pouvoir. Non seulement exclue, mais recluse : la femme influente de la république, contrairement à celle des salons du XVIIIe siècle, se tait, ne prend pas la parole en public, ne se montre pas. On entrevoit Pénélope Fillon.

Le dédommagement de l'exclusion par l'influence permet l'équivalence, pseudo-égalité entre les sexes. C'est pourquoi le parlementaire François Fillon se permet de rémunérer cette influence, se permet de payer sa femme — simplement parce qu'elle est sa femme. D'où la possibilité rhétorique que le travail de cette femme soit une activité de « conseil ».

Mais c'est au prix de deux carambolages, avec le salariat, et avec la citoyenneté. Cela s'entend lorsqu'il rémunère l'ancienne influence par un emploi salarié. Là, il superpose le XXe siècle au XIXe siècle. Le XXe siècle a consolidé l'emploi salarié des femmes puis a légitimé la citoyenneté politique par l'obtention du droit de vote. Désormais, salariat et citoyenneté reconnaissent les femmes comme des membres du corps social à part entière. Mais le candidat de la droite veut tout en même temps, l'ancien et le nouveau : l'influence traditionnelle médiatisée par lui, homme politique, le salaire moderne prélevé sur ses indemnités, et la reconnaissance de la citoyenneté des femmes.

Cette condensation des époques, contradictoires quant au statut d'une femme en démocratie, se comprend si on se réfère aux discussions, encore une fois, des lendemains de la Révolution française : le mariage est-il une union, un contrat, ou une association ? Pour François Fillon, c'est une union (tradition catholique), et non pas un contrat (le droit au divorce insiste sur les sujets, femme et homme, du consentement), ni une association (initiative utopique du fouriérisme). Si le mariage est une union, une fusion des conjoints, on comprend pourquoi le parlementaire Fillon crie tantôt à l'attaque de l'homme, tantôt à celle de la femme. Parce que, pour lui, c'est la même chose… Ils sont unis…

Il ne comprend pas que nous vivons dans un monde où les femmes sont des individus à part entière. Elles ne sont pas le complément de la complémentarité des sexes. Plus encore, il ne comprend pas qu'il a superposé un schéma d'Ancien Régime avec une réalité contemporaine.

En attendant, par peur de ce confusionnisme teinté d'archaïsme, les affaires de sexe qui touchent les hommes politiques montrent qu'elles ne sont pas qu'une affaire de morale. Qu'on viole une femme de chambre dans un grand hôtel, qu'on harcèle des assistantes parlementaires, ou qu'on rémunère une épouse, tout cela relève désormais d'une toujours nouvelle écriture de l'histoire, celle de l'égalité des sexes.

En mélangeant les siècles, le citoyen Fillon ne comprend plus rien. C'est pourquoi il pouvait oser dénoncer une misogynie de mauvais aloi, car le contraire de la haine, c'est l'amour…

Chapitre X

L'EXTRAORDINAIRE SEXISME ORDINAIRE*

Souvent le sexisme relève de l'instant : un écart de langage, un geste déplacé ; une attitude, un agissement, un comportement, disent les textes juridiques, expressions violentes, souvent brèves, pour dire l'infériorité du sexe féminin. Jusque-là, on comprend. Cela se complique si on cherche une définition. Car tout se mélange, la question de l'égalité, la référence à la discrimination, la dénonciation d'une relation de mépris. « Atteinte à la dignité de la personne », lit-on aussi.

Dans l'affaire des silhouettes de femmes, plutôt caricaturales, offertes à l'espace public de la ville de Dannemarie, en Alsace, le Conseil d'État ne s'y est pas retrouvé et a finalement donné raison au maire plutôt qu'aux féministes[1]. Qu'elles soient « dévalorisantes », ces silhouettes, on peut en convenir, sans qu'il y ait « atteinte à une liberté fondamentale ». Qu'il y ait « méconnaissance du principe d'égalité » ne signifie pas « une volonté de discriminer ». Bref, pas d'« atteinte à la dignité

* Blog LibéRation de Philo, *Libération*, 13 septembre 2017.

humaine », pas d'« atteinte grave et manifestement illégale ». Voilà, on convoque l'égalité et la liberté, on invoque la justice avec les mots « discriminer » et « illégalité », mais le sexisme reste, et subsiste justement « hors d'atteinte » face à ces mots de la démocratie. Le Conseil d'État semble (je dis bien « semble ») s'y perdre. Et moi je comprends que c'est le mot « atteinte », si présent dans leur avis, qui doit retenir mon attention. De quelle « atteinte » s'agit-il ? Quels sont le ou les mots du politique qui peuvent éclairer cette situation de « dévalorisation », seul mot négatif retenu par le Conseil d'État pour désigner ces caricatures de femmes ? Par ailleurs, je fais exprès de ne pas employer le mot « stéréotype », trop pauvre, mot qui renvoie à un ordre imaginaire, quand les images en question ne sont que du désordre social, donc de la caricature.

C'est là où la définition du mot « sexisme » intervient, et surtout devient nécessaire.

L'incertitude ne règne pas que dans un avis juridique. L'incertitude se glisse dans nombre de textes. Le *Larousse*, récent, parle d'« attitude discriminatoire fondée sur le sexe ». Le sexisme, de la discrimination ? Trop juridique, comme terme, pour désigner du mépris et de l'infériorisation. Au mieux, la discrimination est une conséquence, une suite à l'« agissement sexiste », mais pas le contenu même du geste ou de l'insulte. Ce mot d'« agissement », inscrit désormais dans la loi d'août 2015 (Code du travail), même s'il est un peu bizarre, dit bien l'attitude, le geste, le moment. Le sexisme s'inscrit dans une temporalité, c'est d'abord un acte qui n'appartient pas à un registre politique particulier (la démocratie) ou judiciaire contemporain. Le sexisme traverse les siècles.

Reste l'« atteinte à la dignité de la personne ». La dignité de la personne est-elle la même pour tous et toutes ? Convenons que c'est un mot flou. Et même si Kant nous a appris que la dignité concerne une personne comme « fin en soi » et non « moyen pour autre chose », admettons que la question (être fin ou moyen), pour les femmes, est loin d'être réglée.

Alors je propose de définir le sexisme comme une « disqualification ». Dans une croyance ou un discours, dans un geste ou un comportement sexistes on comprend que les êtres humains, notamment d'un sexe, ne sont pas de la même « qualité ». C'est même la finalité du sexisme, que de dire : « Vous n'êtes pas de la même qualité que moi ».

Si on pense en termes de qualité, on se place, même malgré soi, dans un langage ontologique et non juridique, ontologie que dit l'être et non le droit. Oui, on peut prendre acte de ce que le juridique peine à lutter contre le sexisme et c'est là que nous devons être exigeants quant à la définition. Nous savons, bien sûr, qu'il n'y a pas (encore) de loi qui condamne le sexisme (à l'instar du racisme)[2]. C'est pourquoi le Conseil d'État, saisi par la mairie de Dannemarie, réfute le terme de discrimination, réfute la référence à l'égalité et s'en tient à la notion de dévalorisation. D'où ma remarque : s'il s'agit de valeur, c'est parce que la qualité de la personne n'est pas la même. C'est ainsi que le sexisme se permet la disqualification de l'être femme.

Qu'est-ce qu'une qualité ? Aristote dit simplement que c'est « une différence de substance ». Ce qui signifie, dans sa démonstration, que la qualité permet de dire le semblable et le dissemblable, d'identifier les contraires (le noir et le blanc), d'indiquer des degrés (le plus et le moins). Le sexisme consiste bien à « disqualifier » les femmes.

Voici un exemple pris dans l'histoire lointaine et qui ressurgit au moment des Révolutions (1789, 1848) pour justifier la fermeture des clubs de femmes. Une fameuse « légende du Concile de Mâcon » racontait qu'on y avait discuté de l'existence ou de l'inexistence de l'âme des femmes. Il s'agissait en fait, lors d'un synode provincial de 585, de savoir si le mot « Mensch », l'homme en général, englobait aussi dans sa définition, le sexe féminin[3]. On n'en était pas sûr…

Être qualifiée, ou disqualifiée, tel est encore aujourd'hui le destin ordinaire des femmes, des gestes et des discours qu'on leur adresse. N'est-ce pas extraordinaire ?

Chapitre XI

LES DOMESTIQUES ONT DISPARU DE L'ESPACE PUBLIC*

Dans votre ouvrage Femmes toutes mains, *paru en 1979, vous parlez des domestiques comme des « éternelles invisibles ».*

Même quand la domesticité était chose courante — environ 1 million de bonnes en France au début du XXe siècle —, il y avait une volonté de mettre à l'écart les domestiques. Elles dormaient dans les chambres de bonne, dont l'accès était réservé par l'escalier de service. Mais elles avaient néanmoins une existence dans l'espace public : au marché, dans la rue... Aujourd'hui, excepté les nounous, les domestiques ont disparu de l'espace public. Il n'y a plus que chez les très riches qu'on emploie du personnel à domicile. Les bonnes à tablier ont été remplacées par les femmes de ménage qui multiplient les employeurs. Et ces dernières sont encore plus invisibles. D'ailleurs, elles ne voient pas souvent leur patron(ne), qui

* Entretien avec Doan Bui, *L'OBS*, 20-26 août 2015 ; *Service ou servitude. Essai sur les femmes toutes mains* [1979], Le Bord de l'eau, 2009.

leur laisse les clés de l'appartement... Idem dans les entreprises où on demande au personnel de nettoyage de venir tôt le matin ou très tard, pour ne jamais croiser les salariés. Personne ne veut les voir... c'est pour cela que lorsque les domestiques font irruption dans l'espace public, cela fait toujours scandale !

Comme lors du procès Bettencourt...

Ou encore lors de l'affaire DSK / Sofitel, avec cette manifestation des femmes de chambre à New York et le panneau « Shame on You ». Plus récemment, je pense à la grève des femmes de chambre des palaces réclamant de meilleures conditions de travail, fin 2014. Ces femmes sont tellement reléguées dans l'invisibilité que lorsqu'elles prennent la parole, c'est un choc. Elles sont alors les héritières des servantes et valets des pièces de théâtre de Marivaux ou de Beaumarchais, qui avaient cette fonction critique de la société : comme eux, elles observent, en silence, mais elles peuvent aussi dévoiler la vérité. Les coulisses (mais pas seulement) de la vie des puissants.

Vous dites « elles » : les domestiques seraient donc plutôt des femmes ?

Au XIXe siècle, la domesticité était mixte. Les femmes étaient bonnes, femmes de chambre, gouvernantes. Les hommes, valets, maîtres d'hôtel, majordome. Le domestique « homme » était plus présent au salon, dans la rue : c'était une domesticité d'apparat. Tandis que la bonne ou la femme de chambre, cantonnée à la sphère privée, nettoyait ou cuisinait. Ou pour le dire autrement, le domestique homme, c'était le luxe, la servante femme, le besoin ! Peu à peu, par rationalité économique, la bourgeoisie a réduit son personnel. Les premiers métiers à disparaître furent ceux de la domesticité d'apparat, cochers, majordomes, maîtres d'hôtel, qui n'existent plus désormais que chez les très, très riches. Mais le besoin subsistait : qui nettoierait la maison ? Et ça, ce sont les femmes qui s'en chargent.

D'où une gêne chez les féministes qui s'interrogeaient : peut-on être féministe et employer une femme de ménage ?

Au début du XXe siècle, les féministes rencontraient déjà cette contradiction : elles veulent travailler, mais qui va s'occuper de la maison ? Elles pressentent que l'émancipation des unes ne peut pas aller sans l'oppression des autres. Notons que cette affaire domestique se règle entre femmes. En 1970, il n'y a pas de syndicat d'employeurs de personnel de maison, mais seulement un syndicat d'employeuses ! C'est Madame qui gère la femme de ménage, Monsieur, lui, s'en fiche… Les féministes ont donc été embarrassées, elles ne voulaient pas voir ces petites mains à leur service. Ces femmes-là dérangeaient. Elles sont restées dans l'angle mort de toutes les luttes. Exclues du combat féministe qui se focalisait sur la gratuité du travail domestique, mais aussi des analystes marxistes post-68. Car la classe ouvrière a toujours eu du mal à reconnaître les domestiques comme des travailleurs.

On les soupçonnait d'être trop proches des possédants ?

Oui, exactement. Après la Révolution, d'ailleurs, les domestiques n'étaient pas pensés comme des citoyens à part entière ! Justement parce qu'ils étaient « au service » de, donc en situation de dépendance. Le mot « domestique » gênait tellement qu'on a tenté de le remplacer, en vain, par le mot « officieux ». En 1848, les domestiques gagnent le droit de vote (masculin). Ils deviennent alors des « gens de maison », puis au XXe, des « employés » de maison, bref des salariés presque comme les autres. Comme si le vocabulaire voulait faire oublier cette contradiction originelle : comment concilier le « service » et la démocratie ?

On parle aujourd'hui d'emploi de service, d'emploi familial. Ou, pour reprendre un terme à la mode, de care.

Avant, on était « au service de ». On « servait » les maîtres. Désormais, on parle de « service à la personne ». La forme intransitive marque qu'il n'y a plus de rapport de domination. En disant « service à la personne », c'est la personne servie qui est désignée comme la personne vulnérable, qui est en position d'infériorité. Dans le *care*, on évoque donc le service pour les personnes âgées, les bébés, on tente de revaloriser ce mot… en oubliant que ceux qui fournissent le service sont à 98 % des femmes, souvent précaires !

Les plus précaires étant les migrantes : les bonnes espagnoles des années 1960 ont été remplacées par les Philippines.

Oui, mais ce n'est pas qu'une opposition Nord / Sud. Les Cambodgiennes vont servir des familles riches à Hong Kong, les Philippines ou les

Malgaches le Qatar. On est dans un marché mondial. Seul point commun : que ce soit à Paris ou à Rio, il y a des maîtres et des serviteurs. On est au service de « Madame », mais aussi au service de « Monsieur ». Toute la littérature, de Maupassant à Mirbeau, évoque le droit de cuissage du maître sur sa servante. Ce que certains éditorialistes ont nommé le « troussage de domestiques », après l'affaire du Sofitel… Ces relations imposées, entre dominant et dominé, c'est une réalité qu'on ne veut pas voir. Comme la crasse des intérieurs, le sexe fait partie du domaine du privé, qu'on (a voulu) veut toujours évacuer du politique. On ne s'intéressera donc ni à la femme de ménage qui nettoie les toilettes, ni aux mains baladeuses de l'employeur sur les jeunes femmes à son service. Le fameux « service de nuit ». On retrouve dans les romans de Mirbeau ou de Maupassant la bonne conscience hypocrite de la société bourgeoise face à ses domestiques. Il y a une érotisation de la figure de la bonne : le fantasme que le 6e étage serait forcément un lieu de débauche. La servante nettoie la crasse, elle est associée à la saleté, mais aussi à la sexualité.

Le ménage, le travail domestique : ce ne sont pas des problématiques tellement interrogées par les philosophes. Vous faites exception.

Évidemment c'est un objet de réflexion méprisé… Les philosophes aiment les abstractions, et là, il faut affronter à la fois le concret et le sexué. La dialectique du maître et l'esclave, comme dirait Hegel, ne peut suffire : entre la maîtresse de maison et sa femme de ménage, on touche à l'intime, un puissant révélateur. Ce que raconte le beau roman de Marguerite Duras, *Le Square*.

En fait, cette mise à distance se retrouve dans une histoire que raconte Socrate. Un jour, Thalès tombe dans un puits à force de regarder les étoiles. Une servante, originaire de Thrace — la région d'où venaient les esclaves —, rit. Contrairement au philosophe, cette servante de Thrace n'a pas de nom : elle est donc interchangeable. Cette histoire a souvent été interprétée comme l'opposition entre le philosophe et le monde des idées, et la servante, la femme, dans le réel. Certains voient dans son rire son incapacité à conceptualiser, mais moi, j'y vois aussi son ironie. Personnellement, je me sens plus proche de la servante de Thrace que de Thalès lui-même ! Et cela me semble crucial d'interroger cette notion de servitude et de service domestique, d'en faire un objet philosophique et pas seulement une ritournelle anthropologique.

QUATRIÈME PARTIE

LIGNÉES ET ABEILLES

Au temps de la parution du *Deuxième Sexe*, juste après la guerre, une archiviste, par ailleurs très engagée politiquement, se met au travail et choisit de placer en pleine lumière les femmes de la Révolution de 1848, puis les Pétroleuses de la Commune. Elle s'appelait Édith Thomas. Elle écrivit aussi sur George Sand, Louise Michel, Pauline Roland. C'est grâce à elle que j'ai rencontré l'histoire et la pensée féministes. Publié pour le centenaire, son livre sur les femmes pendant la Révolution de 1848[1] pose déjà les questions que je souhaite voir développées dans mes premières recherches sur la pensée féministe. Elle prend la suite de Marguerite Thibert qui, avec sa thèse en 1926 sur les saint-simoniennes — thèse absolument pionnière, non seulement parce que c'est une thèse écrite par une femme à l'heure où si peu font des études supérieures, mais aussi parce qu'elle hisse la pratique collective de ces femmes au rang d'actrices historiques — a ouvert le chemin d'une historiographie sérieuse.

L'idée de lignée s'impose alors comme un

soutien. Il ne s'agit pas seulement de faire l'histoire des femmes et de ses actrices, de la reconstituer et de la rendre visible. Il s'agit de fabriquer du sens, un sens à la fois raisonné et subjectif, car la lignée vient colorer le travail de généalogie de la démocratie féministe. Elle donne des noms propres qui se succèdent dans un ordre choisi ; et c'est la plus sûre façon d'inscrire une continuité à la fois imaginaire et symbolique dans la recherche d'aujourd'hui.

Par conséquent, une lignée n'est pas objective, ni même scientifique. Cependant, elle obéit à une loi épistémologique, celle qui est attentive à la construction de problématiques sur le long cours. La lignée, par le fait du choix subjectif, accepte la transmission du passé, imagine peut-être une filiation avec des femmes choisies, mais surtout s'approprie ce qui fait signe vers le futur. Les femmes ici évoquées sont toutes importantes, tout simplement parce qu'elles font référence.

L'image des abeilles dit tout autre chose. Les abeilles évoquent d'abord le nombre, les multiples démarches des unes et des autres pour que le féminisme fabrique de la pensée et de l'action. Contrairement à la vie animale, il n'y a pas de reine des abeilles dans le mouvement féministe qui est, de fait et dès le départ, une réalité plurielle et collective. Il n'y a donc pas d'origine produite par telle ou telle femme remarquable. Ce serait contraire à l'historicité ici recherchée. Une femme peut être une icône, et la dernière fut Simone de Beauvoir. Les hommages qui donnent des figures à ces abeilles n'ont rien d'organisé. Au gré des demandes, des anecdotes ou des rencontres, des femmes sont saluées ici pour leur singularité productrice, à l'œuvre dans l'histoire commune. Le choix des figures est cependant, ici, sélectif, toujours lié à une référence personnelle. Il en va d'une représentation des actrices de l'histoire. Peu importe le niveau de leur importance ; elles suscitent l'hommage et cela suffit.

Une lignée

OLYMPE DE GOUGES VOULAIT SE SOUVENIR DU PEUPLE (1748-1793)*

C'est une anecdote, ou plutôt un événement : en 2013, Olympe de Gouges remporta le suffrage ouvert aux internautes pour être accueillie au Panthéon, lieu que la patrie « reconnaissante » offre aux grands hommes. Le gouvernement, plus exactement la présidence de la République, souveraine en la matière, en décida autrement et écarta le résultat du vote. Le peuple, les votants, les citoyen-ne-s avaient tort. Mais en 2015, l'Assemblée nationale, chambre des représentants du peuple, accueillera cette « grande femme », très symboliquement : le 21 octobre, son buste fera symétrie avec celui de Jean Jaurès dans la salle des Quatre colonnes. Cette salle est l'espace le plus public de la maison de notre République. Olympe de Gouges n'obtint pas la reconnaissance de la patrie, mais elle est accueillie par la maison du peuple...

* Blog LibéRation de Philo, *Libération*, 18 octobre 2015, le buste ne sera finalement inauguré qu'en octobre 2016.

La ruse de la raison, dit Hegel, peut se servir des grands hommes pour faire avancer l'histoire. Ceux-ci ne s'en rendent pas nécessairement compte, ils agissent autant qu'ils sont agis dans la grande dialectique du temps humain. Si c'est une « grande femme », le raisonnement hégélien ne marche pas. D'abord parce que l'héroïne n'est pas toujours vue comme une actrice de l'histoire. Quand, dans l'après-coup, on reconnaît un « grand homme », c'est parce qu'il y eut un avant où il était déjà identifié comme « grand ». Or Olympe de Gouges était si peu et si mal reconnue par son époque qu'on lui contestait, à elle l'écrivaine, sa capacité même à écrire. Ensuite, Olympe de Gouges n'était pas une « grande femme » parce que, contrairement à la plupart des « grands hommes », agis autant qu'agissants, elle a constamment affirmé, voire revendiqué, la conscience de sa responsabilité historique. Et cela dès avant la Révolution. Elle ne cesse de se présenter comme actrice de l'histoire : par exemple, quand elle se dit la première à dénoncer l'esclavage des noirs… Sans doute la transgression politique qu'elle s'autorise comme femme fait la différence. À l'heure où, enfin, on lui reconnaît un geste inaugural, celui de l'écriture, en 1791, de la Déclaration des droits de la femme et de la citoyenne, il faut entendre la conscience qui l'anime. À l'homme, dans le préambule : « Homme, peux-tu être juste ? » ; à la femme dans le postambule : « Femme, réveille-toi ! ». Elle questionne le dominant face à l'impératif de justice comme elle interpelle la dominée endormie par trop de servitude. Elle parvient donc, dans ce texte, à une double proposition : analyser un rapport de domination et expliciter l'égalité des sexes, en affrontant le texte fondateur de la démocratie contemporaine. On écartera, par conséquent, comme une lecture superficielle, la méprise entendue récemment, qu'elle mettait automatiquement au féminin un texte de l'universel masculin. Ce n'est pas cela. Dans le célèbre article faisant équivalence entre « monter à l'échafaud » et « monter à la tribune », elle met le doigt précisément sur l'absence de symétrie entre les droits de l'homme (après le roi d'Ancien Régime, pouvoir accéder à la tribune révolutionnaire) et la culpabilité récurrente des femmes depuis Ève (subir l'échafaud sans le privilège de la tribune politique).

L'ironie de l'histoire, peu surprenante cependant, fit qu'elle monta à l'échafaud sans avoir connu la tribune ; et la ruse de l'histoire fait qu'aujourd'hui, pour avoir été écartée de la reconnaissance de la patrie au Panthéon, elle entre dans le lieu de la tribune, l'Assemblée nationale.

On me dira que c'est quand même une reconnaissance ; oui, celle d'une juste place. Elle aura un buste, aux côtés de Jaurès et on appréciera que le socialisme voisine le féminisme. Loin du mausolée, le buste offrira une figure et par conséquent une incarnation. L'incarnation est une figure vivante de la reconnaissance.

Et pour les esprits chagrins qui ne manqueront pas de souligner qu'elle était girondine, et défendit la reine, on leur citera ses mots, ceux du 4 juillet 1789, soit quelques jours avant la prise de la Bastille. C'est une lettre que l'Assemblée nationale vient d'acquérir pour ses archives. Olympe de Gouges écrit au duc d'Orléans pour réitérer sa demande, celle de publier un *Journal du peuple*. Elle dit que tous les citoyens pourraient avoir autant de patriotisme et de zèle qu'elle en montre par ses écrits. Elle dit qu'elle veut « porter le peuple vers le bien », et calmer ainsi son « effervescence ». Alors, écrit-elle au duc, cela prouverait que « le peuple ne vous est pas indifférent ». Mais le duc fut indifférent et Olympe de Gouges continua son travail de citoyenne ; nécessairement par ses écrits, puisqu'elle n'avait pas la parole. Elle disait aussi que son action ne méritait pas « récompense » mais « grâce ordinaire », celle de faire un *Journal du peuple*.

Le lieu de la tribune est le lieu du peuple avant d'être celui de la patrie. Olympe de Gouges voulait représenter le peuple. En 2013, ce dernier l'avait choisie. Déjà, en 1789, elle disait qu'il fallait se souvenir du peuple.

GERMAINE DE STAËL (1766-1817) ET LES FEMMES PURENT EXPRIMER PUBLIQUEMENT LEURS OPINIONS*

Qu'est-ce qui vous a amenée à travailler sur Mme de Staël ?

Deux simples raisons m'ont conduite vers les écrits de Germaine de Staël. D'abord le livre de Julie-Victoire Daubié (première bachelière en 1861), *La Femme pauvre*, qui argumente contre l'ère postrévolutionnaire — centralisatrice — en démontrant que, pour les femmes, ce pouvait être mieux avant ; il fallait donc que je m'intéresse à la charnière des années 1800. Ensuite Claude Lefort, quand il accepta, sans me connaître, mais à la lecture de mon projet, de soutenir ma candidature au CNRS au début des années 1980. Si je voulais travailler sur les « fondements philosophiques du discours féministe », Germaine de Staël m'intéresserait nécessairement, me dit-il d'une phrase lapidaire… J'ai suivi son conseil, et l'en remercie encore.

Née en 1766, fille de Necker, Mme de Staël participe à la vie politique, intellectuelle et mondaine

* Entretien avec Amandine Schmitt, *BIBLIOBS*, 6 août 2018.

de son temps. Elle a la particularité d'avoir écrit à la fois sous la monarchie et après la Révolution française. Peut-on parler pour autant de figure de transition ?

Oui, mais sans l'idée qu'elle passe d'un monde à l'autre ; car elle pense à partir des deux mondes. C'est une figure de transition certes, mais qui réfléchit dans un va-et-vient permanent. Là est sa richesse. Elle pense avec ce qui lui est donné dans le présent pour aborder le monde ; elle n'est donc jamais dans le bilan, elle est toujours en train de rouvrir les dossiers. C'est le mot « analyse » qui lui va le mieux. Dans l'introduction de *De l'influence des passions*, elle écrit : « Le philosophe veut rendre durable la volonté passagère de la réflexion. » Belle ambition...

Dans la biographie qu'il lui a consacrée, Michel Winock affirme qu'il a manqué à Mme de Staël « un grand livre qui marquât l'imagination ». Est-ce aussi votre avis ?

Non. Certes ses romans peuvent nous tomber des mains — mais ceux de George Sand aussi. En revanche, *De la littérature* est un très grand livre, et même une clé pour suivre l'évolution de la littérature au tournant de la Révolution. Dans le chapitre « Des femmes qui cultivent des lettres », certaines phrases résonnent encore : « L'existence des femmes en société est encore incertaine, et dans l'état actuel, elles ne sont, pour la plupart, ni dans l'ordre de la nature, ni dans l'ordre de la société. »

Affirmation remarquable, où elle refuse l'opposition nature / société, biologique / social, schéma si prégnant de notre époque, un travers idéologique à mon avis. Ni nature, ni société : ainsi met-elle les femmes dans l'Histoire...

Elle transforme le salon d'Ancien Régime en club d'après la Révolution. Un peu plus loin dans le même texte, elle dénonce la « tyrannie de l'opinion » dont sont victimes les femmes.

Jusque-là, les femmes peuvent avoir de « l'influence ». Ce concept d'Ancien Régime définit la place des femmes dans l'espace public et politique ; il est formalisé depuis plusieurs siècles et continuera à l'être après la Révolution, notamment par Mme de Genlis ou le comte de Ségur, et au début de la IIIe République ; tant que les femmes ne seront pas citoyennes. L'influence implique la médiation, le pouvoir de l'ombre, et dans l'ombre de l'espace politique. Or tout en exerçant une influence, les femmes sont soumises à l'Opinion, avec un O majuscule.

Germaine de Staël décrit cette dépendance avec *Delphine*, roman qui parle de toutes les femmes, et *Corinne ou l'Italie*, roman qui parle d'une femme singulière, à savoir des artistes. Ces deux personnages ne trouvent pas le bonheur amoureux : Delphine parce que Léonce ne saurait divorcer, Corinne parce que Oswald ne sait affronter l'Opinion, défavorable à la femme artiste. Dans l'Ancien Régime, ces femmes doivent obéir à la convenance au détriment du désir.

Mais comment passe-t-on de « être soumise à l'Opinion » à « avoir une opinion » ?

Le mot « opinion », pour l'espace public, pour le passage à la démocratie, est crucial en 1800, comme le montre si bien le texte *Opinion d'une femme sur les femmes* de Fanny Raoul, paru en 1801. Mme de Staël est le témoin de cette bascule. On dit qu'elle transforme le salon d'Ancien Régime en club d'après la Révolution. Par sa pratique, elle déplace l'influence — terme qu'elle continue cependant d'utiliser —, et donne son opinion.

C'est là que l'éloquence va prendre toute sa force. Pour Mme de Staël, l'éloquence, c'est comme un « art des gouvernements » (« le théâtre est le pouvoir exécutif de la littérature », *De l'esprit des traductions*). Jules Michelet parlera quant à lui de ses « monologues éloquents ». En ramenant la démarche de Mme de Staël à « l'art de la conversation », on réduit son geste transgressif, historique.

Elle n'est pas une militante des droits des femmes, au contraire de la poétesse Constance de Salm, avec laquelle vous établissez un parallèle dans Muse de la Raison. *En quoi sont-elles complémentaires ?*

C'est intéressant de les rapprocher car elles sont, toutes deux, des femmes de salon, en prise avec leur temps, très « contemporaines » ; et elles sont dans le partage. Constance de Salm a une cause et elle pense et démontre l'égalité des sexes. En revanche, Germaine de Staël n'est pas dans le plaidoyer, ce qu'elle souligne dans son *Discours sur la Reine* :

« Mon projet n'est point de défendre la Reine comme un jurisconsulte ; j'ignore de quelle loi on peut se servir pour l'atteindre, et ses juges eux-mêmes ne s'essaieront pas à nous l'apprendre : ce qu'ils appellent l'opinion, ce qu'ils croient la politique, sera leur motif et leur but. Les mots de plaidoyer, de preuve, de jugement, sont une langue convenue entre le peuple et ses chefs ; et c'est à d'autres signes qu'on peut présager le sort de cette illustre infortunée. »

Ce n'est pas une penseuse de l'égalité des sexes, c'est une penseuse de la liberté et de l'émancipation. Dans *Des femmes qui cultivent les lettres*, certains lisent qu'elle parle de toutes les femmes, d'autres qu'elle parle de la femme autrice. En fait, elle arrive à parler de toutes en parlant d'elle. « Se faire oublier en racontant son histoire », écrit-elle. Elle manipule remarquablement le « je », le « toutes » et le « chacune » : elle est à la fois Delphine, Corinne et Germaine de Staël. Virginia Woolf travaillera de même, tout comme Simone de Beauvoir.

Mme de Staël sera notamment opposée à sa propre mère, Suzanne de Necker, sur la question du divorce.

Le divorce est une clé de l'émancipation des femmes. C'est une question éminemment politique, sous la Révolution française et après. Il est autorisé en 1792, puis interdit en 1816. Germaine de Staël construit sa pensée philosophique sur la liberté. Elle ne pense pas le divorce par rapport au Code civil, mais parce que exception et règle doivent être possibles. Pour Mme de Staël, tout le monde doit pouvoir divorcer et toute femme doit pouvoir être Corinne. Elle ne va pas le dire ainsi, mais elle va montrer, dans les deux cas, la souffrance de ces femmes qui se heurtent à l'Opinion qui les opprime.

Elle pose les bases d'une double réflexion, qu'il

est pensable de soutenir le divorce et qu'il est possible d'être couronnée au Capitole. Ce rapport singulier / pluriel est essentiel à sa démarche. Dans *De la littérature*, Mme de Staël utilise trois termes différents, « esclaves », « affranchis », « parias ».

« Leur destinée ressemble, à quelques égards, à celle des affranchis chez les empereurs ; si elles veulent acquérir de l'ascendant, on leur fait un crime d'un pouvoir que les lois ne leur ont pas donné, si elles restent esclaves, on opprime leur destinée », écrit-elle. Toutes les femmes sont des esclaves, certaines seulement sont des parias. Ces termes serviront à décrire les diverses positions des femmes opprimées, puis, celui d'« ilote », qui désigne les esclaves du temps de Sparte, apparaîtra autour des années 1830. Julie-Victoire Daubié parlera ainsi de « l'ilotisme séculaire » des femmes.

Mme de Staël a une double position : elle pense que les femmes doivent être exclues des affaires publiques, et qu'en même temps il faut y participer.

Dans *De l'Allemagne*, elle affirme qu'on a raison d'exclure les femmes des affaires politiques et civiles. Sauf que dans la notice sur Aspasie, dans la *Biographie universelle, ancienne et moderne* de Michaud en 1812, elle écrit le contraire :

« Dans une république, la politique étant le premier intérêt de tous les hommes, ils ne seraient point associés du fond de l'âme avec les femmes qui ne partageraient pas cet intérêt. »

La question est : dans quel régime politique les femmes participent, ou non, à la vie de la cité ? Mme de Staël pense que suivant les contextes, soit on a raison d'exclure les femmes des affaires de la cité, et l'opinion et l'éloquence suffisent, soit on est Aspasie, à la grande époque athénienne, et on participe aux affaires de la cité.

Elle penchera tout de même davantage pour la république que la monarchie.

Olympe de Gouges rappelle que la femme a le droit de monter à l'échafaud, mais pas à la tribune. Michelet dira que les femmes sont « responsables mais pas punissables ». On peut aussi les voir exclues et responsables. Les femmes « avaient sans doute dans l'Ancien Régime trop d'influence sur les affaires », écrit Mme de Staël dans *De la littérature*. C'est un trait — la faute des femmes — qu'on retrouve souvent, après la Commune par exemple. Quand survient un désastre, une guerre, une révolution, elles pourraient en être la cause. Alors les femmes sont responsables, voire coupables. Et pourtant, elles n'ont que de l'influence et ne prennent pas part aux affaires de la cité.

Avec le droit à l'opinion, on sera responsable mais peut-être plus accusée à tort, de façon imaginaire. De l'influence à l'opinion, puis à l'éloquence, elle dessine une place politique pour les femmes, à commencer pour elle-même. Au fond, Germaine de Staël n'identifie pas la citoyenneté comme telle. Mais aujourd'hui sommes-nous certaines que la citoyenneté nous donne une place dans la société ? Ce n'est pas sûr.

Est-ce qu'elle considère que les mœurs sont l'affaire des femmes ?

Oui, les femmes doivent aussi rester dans la sphère domestique. Elle n'a pas vraiment tranché cette affaire. Elle est loin d'être la seule. Rousseau a bien bétonné la séparation entre la famille et la cité. Ce béton va mettre deux siècles à se fissurer, autour d'une chose très intéressante : la question de la rivalité. Les femmes ne doivent pas devenir les rivales des hommes ; c'est pourquoi le partage des sphères est essentiel.

Pourquoi le poète Lebrun ne veut pas que les femmes deviennent poètes ? Parce qu'il y a assez d'hommes en rivalité. C'est l'enjeu de ce que j'appelle « la démocratie exclusive », le fait de ne pas laisser les femmes accéder à la démocratie à taux plein. On ne les veut ni écrivaines, ni femmes politiques. Il faudra 200 ans pour contourner ces obstacles.

À l'opposé, dès 1808, le philosophe Charles Fourier aurait bien vu les femmes en concurrentes politiques. Il écrit dans *Théorie des quatre mouvements et des destinées générales* que « les femmes avaient à produire, non pas des écrivains, mais des libérateurs, des Spartacus politiques, des génies qui concertassent les moyens de tirer leur sexe d'avilissement ».

Un des autres thèmes de son œuvre est que la femme ne peut pas avoir à la fois l'amour et la gloire. Elle écrit cette célèbre formule dans De l'Allemagne *en 1810 : « la gloire est le deuil éclatant du bonheur ».*

Revenons sur cette phrase galvaudée et utilisée tronquée. La citation complète est la suivante :

« On a raison d'exclure les femmes des affaires politiques et civiles, rien n'est plus opposé à leur vocation naturelle que tout ce qui leur donnerait des rapports de rivalité avec les hommes et la gloire elle-même, ne saurait être pour une femme qu'un deuil éclatant du bonheur. »

On universalise le propos (chez Jean-Luc Godard par exemple) alors qu'il concerne précisément et uniquement les femmes.

Certes, on connaît la contradiction entre gloire et bonheur. Aussi, il faut analyser l'expression « deuil éclatant ». S'il y a deuil, c'est que le bonheur a existé, il n'est pas nécessairement empêché par la gloire. Mais quel bonheur ? Dans la préface de 1814 aux *Lettres sur Rousseau*, Germaine de Staël écrit : « la culture des lettres m'a plutôt valu plus de jouissances que de chagrins » ou encore « les jouissances de l'esprit sont faites pour calmer les orages du cœur ».

L'étude est un remède au malheur d'une part, un outil de compréhension d'autre part : « en développant leur raison, on les éclaire sur les malheurs souvent attachés à leur destinée ». Donc, si je cultive les lettres, ou simplement ma raison, je vais comprendre le malheur d'être femme. La gloire comme « deuil éclatant du bonheur », c'est aussi la possibilité de l'écrire.

Ce rapport souffrance / jouissance, bonheur / malheur a toujours intéressé les philosophes. Kierkegaard, cité par Simone de Beauvoir en exergue du deuxième volume du *Deuxième Sexe* : « Quel malheur que d'être femme, et pourtant le pire malheur quand on est une femme, est au fond de ne pas comprendre que c'en est un. » Diderot : « Femmes que je vous plains. » Nietzsche : « La loi des sexes : dure loi pour la femme. »

HÉLÈNE DE MONTGEROULT (1764-1836) SIMPLEMENT CRÉATRICE*

L'œuvre ne fait pas l'autrice. Cette phrase s'impose à moi au fil de la lecture du manuscrit de Jérôme Dorival. Hélène de Montgeroult souffre de la maladie commune des créateurs, particulièrement répandue chez les femmes, la maladie de l'oubli. Que faire alors ? Patiemment reconstituer le puzzle comme l'auteur de la minutieuse recherche qui suit, et puis, à sa suite, poser et reposer la question essentielle du pourquoi. Pourquoi est-elle oubliée ? Pourquoi son parcours d'interprète, de compositrice, de pédagogue théoricienne est-il en morceaux d'insignifiance ? Pourquoi cette témoin de la rupture révolutionnaire se double d'une protagoniste de l'histoire musicale, précisément du passage du clavecin au pianoforte, sans qu'on lui accorde la moindre responsabilité historique ? Pourquoi ses témérités romantiques, annonciatrices de musiciens autrement célèbres, sont-elles méconnues ?

* « Simplement créatrice », préface à Jérôme Dorival, *Hélène de Montgeroult. La Marquise et la* Marseillaise, Lyon, Éditions Symétrie, 2006.

La musique n'est pas la littérature. Tout musicien me dira qu'une partition ne livre son secret que si elle est jouée. Les œuvres d'Hélène de Montgeroult sont inaccessibles. Cela ajoute de l'oubli à l'oubli. À l'inverse, une écrivaine se dévoile dès qu'on feuillette un de ses livres. Je me souviens avoir été saisie d'émotion en ouvrant le fascicule de Fanny Raoul, *Opinion d'une femme sur les femmes* (1801) dès les premières pages. Pour une musicienne, en revanche, il faut passer par le ouï-dire, par le dire justement, le commentaire, l'appréciation, pour supposer un talent. Il fut donc plus facile de retenir la qualité de pédagogue d'Hélène de Montgeroult que de reconnaître ses œuvres. Quoi de plus seyant d'ailleurs, pour une femme du siècle de l'école et de l'instruction, le XIXe siècle, que d'être considérée comme une pédagogue ? Enseigner et éduquer se mêlent en un seul lieu commun surtout pendant la toute première moitié du siècle. Hélène de Montgeroult fut donc appréciée comme pédagogue plutôt que comme compositrice ; on retint également quelques anecdotes relatant des improvisations téméraires. Et tout fut dit.

Cependant, le livre qui suit n'est pas le récit du parcours d'une pionnière, avec « la vie et l'œuvre de » pour sous-titre. L'ambition de Jérôme Dorival est d'imposer une figure importante de l'histoire de la musique. La multiplicité des talents de cette femme ne se réduit pas à des facettes éclatées ou éparses, elle se fond en une peinture unique. Il fallait donc la patience de l'historien doublée de la ténacité du musicien pour nous rendre ce tableau. Ce n'était sûrement pas un travail facile. L'histoire de l'art aime laisser les femmes dans un statut relatif, aux deux sens du mot, secondaire et dépendant. Lorsque certaines femmes en ont décidé autrement, elles s'épuisent souvent entre énergie contestataire et exercice de leur talent. Hélène de Montgeroult, quant à elle, n'est une pionnière que parce qu'elle est une artiste. Elle ne trace pas une vie loin des normes pour exprimer une liberté créatrice, écarter les limites d'une vie féminine, goûter à la jouissance de l'art, comme le revendiquait la poétesse Constance de Salm au même moment. Une telle volonté aurait certainement suffi à mériter un portrait deux siècles plus tard ; et l'histoire des femmes aurait réintégré cette figure exceptionnelle comme personnage de la grande Histoire. Mais elle n'avait pas à militer : les barrières n'ont tout simplement pas résisté à son talent ; ce qui n'enlève rien aux difficultés et à la souffrance de la femme artiste. Ainsi, sa biographie ici reconstruite nous offre plus qu'un portrait de femme d'exception, elle nous donne celui d'une artiste désormais incontournable dans l'histoire du piano. Il était temps.

L'histoire ferait-elle l'œuvre ? Même si un artiste n'est jamais d'aucune époque, il faut bien s'interroger. La configuration historique, période révolutionnaire, passage d'un monde à un autre, de l'ancien au nouveau, prête à l'audace. Hélène de Montgeroult est une aristocrate, proche d'une autre témoin du bouleversement politique, Germaine de Staël. Les cercles cultivés de la monarchie finissante sont favorables à la liberté des femmes.

Dans *De la littérature*, Mme de Staël décrit magnifiquement leur situation au regard de la rupture politique. De l'exception de quelques-unes à la règle future de la démocratie, de la singularité de quelques privilégiées à la publicité impitoyable de l'égalité républicaine, le parcours d'une femme est alors particulièrement fragile, et potentiellement remarquable. Hélène de Montgeroult ressemble à l'héroïne de Germaine de Staël, Corinne. À l'heure des disputes sur le droit au génie du sexe féminin, disputes en miroir de celles qui portent sur l'éventuelle citoyenneté des femmes, Corinne raconte les affres de l'artiste lyrique et de l'amante inquiète, montre la femme partagée autant qu'unifiée par ses désirs multiples, exactement par son double désir érotique, désir esthétique et désir amoureux. On peut se demander pourquoi l'héroïne Corinne, femme artiste, est représentée par les arts de la scène plutôt que par la littérature ou par la peinture ; on peut y voir la volonté d'offrir un large éventail des figures de l'artiste, interprète et compositrice, ou encore médiatrice et créatrice ; on peut aussi, évidemment, chercher le portrait d'Hélène de Montgeroult. En tout cas, en ces années 1800, la polémique à propos de la femme artiste est vive, façon de dire que l'audace est possible, mais la riposte inévitablement sévère.

Cela n'est en rien une explication, une raison pour comprendre l'oubli. Si ce livre commence par une réflexion serrée sur « l'organisation » de l'oubli, il saute aux yeux que les pistes sont nombreuses et qu'il n'en faut négliger aucune.

Insistons simplement sur le moment historique, inventif et polémique, configuration singulière propice à l'éclatement des talents et du génie d'Hélène de Montgeroult.

Il faut jouer une musique pour l'entendre ; jadis, avant que n'existe la technique d'enregistrement, il fallait se produire en public pour qu'une œuvre soit connue et appréciée. La « publicité » de la musique est une nécessité première. Faire de la musique dans un salon d'Ancien Régime était banal. Lorsque le salon s'efface avec la Révolution, la marquise ne se produit déjà plus guère. Or la composition ne requiert pas l'estrade. N'est-ce pas un exercice solitaire, plus accessible, que celui de l'interprétation dont les codes sociaux sont momentanément troublés ? À quoi s'ajoute, paradoxalement, le théâtre où, telle Corinne, elle se plaît à improviser ; et le conservatoire, où elle est nommée d'office en pleine Révolution. Quant à son Cours de pédagogie (où se trouvent nombre de ses partitions), il ne vise pas une école.

Elle semble donc avoir joué à cache-cache avec la publicité, avec l'espace public, enjeu essentiel du temps. Si elle hésite ainsi entre différentes postures d'artiste, cela tient à son art, à sa vie de femme, mais aussi au trouble de son époque concernant la redéfinition du privé et du public.

Tout créateur est un sujet singulier, avec ses stratégies, ses empêchements, ses formules artistiques. Jérôme Dorival traduit le choix d'Hélène de Montgeroult par l'image de l'improvisatrice. Telle semble être, en effet, sa qualité première ; composer et interpréter étant finalement deux manières d'improviser. Or, improviser se conjugue toujours au temps présent : on suit ses louanges par ouï-dire, et elle sait « faire parler les touches », dit la peintre Élisabeth Vigée-Le Brun. De même, la musique est au présent lorsqu'elle sauve sa tête devant le Comité de salut public en leur jouant *La Marseillaise*.

On se demande, pour finir, quelle conscience elle a de son destin, quelle idée elle a de son pouvoir créateur. Jérôme Dorival nous propose l'image de la sibylle. C'est une image étrange, celle de la prophétesse, de la femme inspirée par sa vision de l'avenir ; personnage en acte. La sibylle est aussi une tierce figure, moins précise que la muse inspiratrice, ou le génie créateur ; une figure où se mêlent médiation et création, un personnage indépendant dans sa relation à autrui. J'insiste : elle n'est pas la muse, source pour un autre ; elle n'est pas le génie, créateur d'une œuvre. La sibylle délivre une vérité, elle donne forme à la vérité autant qu'elle la produit. D'où le mystère qu'elle traîne avec elle. Cette image laisse en suspens l'identité de l'artiste que fut Hélène de Montgeroult, pour elle même et pour nous. Reste la vérité de l'artiste. Désormais, il faut entendre son œuvre.

JEANNE DEROIN (1805-1894) RÊVE EUROPÉEN D'UNE FEMME POLITIQUE*

Il faudrait oublier le caricaturiste, et retrouver le peintre [Honoré Daumier]. Il faudrait associer les caricatures des féministes des années 1840 et 1850 aux gravures et tableaux des laveuses de la Seine et des jeunes filles au bain. On se souviendrait de son esquisse d'une République si généreuse qu'elle donne le sein simultanément à deux enfants. On voudrait convaincre Honoré Daumier que les femmes émancipées de la Révolution de 1848 ne sont pas si éloignées des femmes qu'il aime.

Mais le féminisme n'échappe jamais à la caricature. Cette expression collective de la revendication des droits des femmes, née politiquement avec la Révolution française, est particulièrement dynamique après 1830. Honoré Daumier en perçoit les traits les plus facilement contestables, la prétention d'une femme à devenir écrivaine, intellectuelle, et l'ambition des militantes de prendre

* « Le rêve européen d'une femme politique », in *La vie politique de Daumier à nos jours*, Noëlle Lenoir (dir.), Somogy, 2005.

part aux affaires de la cité. Écrire des livres et devenir citoyenne, deux enjeux symboliques qui ne méritent raillerie que parce que l'homme y est touché dans ses prérogatives. Il est sans danger de plaindre l'ouvrière. Peut-on sérieusement admirer la femme libre ?

Le désir d'écrire, de créer devrait rester masculin ; telle est l'opinion largement répandue en cette première moitié de XIXe siècle. Les bas-bleus, image venue de Londres, préfigurent les intellectuelles que l'enseignement obligatoire multipliera. Avant la bataille du baccalauréat que mènera Julie-Victoire Daubié en 1860, la querelle a pris la forme du droit à être auteur. Certes, George Sand semble transcender cette querelle par sa liberté. N'empêche, l'opinion raille facilement celles qui ont moins de talent, ou plus de timidité.

Après la Révolution de 1848, l'obtention du droit de vote pour le sexe masculin (dit « suffrage universel » jusqu'à récemment), et l'expérience d'un journal quotidien, *La Voix des femmes*, l'heure est à l'action. Honoré Daumier le comprend vite. En 1849, la critique de la femme politique l'emporte sur le persiflage de la femme auteur. Entre-temps, pendant la Révolution elle-même, il nomme les femmes des clubs « les divorceuses » comme s'il réduisait la portée de leur engagement à une affaire de mœurs. Ne nous y trompons pas. Le divorce, autorisé en 1792, puis supprimé en 1816, est une revendication essentielle du XIXe siècle. Une remarque alors, pour souligner que le droit au divorce ouvre la porte à l'autonomie des femmes, autonomie civile qui préfigure la citoyenneté et accompagne déjà l'indépendance économique. Divorcer, c'est pouvoir échapper au contrôle masculin. Le vicomte de Bonald l'avait bien vu, lui qui affirmait, pour obtenir l'interdiction du divorce au début du siècle, que le divorce menaçait l'État. C'est exactement ce que dit, à l'envers, la légende d'une gravure de Daumier représentant un club de femmes en 1848 : « Citoyennes... on fait courir le bruit que le divorce est sur le point de nous être refusé... constituons-nous ici en permanence et déclarons que la patrie est en danger ! » Comprenons qu'il n'y a pas vraiment de clivage entre les droits de la vie sexuelle et domestique et les droits politiques. Rien ne sert de les superposer ou de les substituer les uns aux autres. Le droit au divorce appelle le droit au suffrage, et inversement. Traiter les femmes de la Révolution de 1848 de « divorceuses » sert avant tout à les discréditer. Qui voudrait entendre que, dans le bruit des clubs, on discute aussi du sort de l'ouvrière ?

J'ai choisi, aujourd'hui, le dessin d'une femme socialiste, la caricature d'une femme politique. Honoré Daumier la montre assise devant une table où s'éparpillent quelques papiers, lasse et pensive. À lire la légende, on reconnaît Jeanne Deroin, militante du droit des femmes, rédactrice au quotidien *La Voix des femmes* : « Repoussée comme candidate à l'Assemblée nationale, une porte me reste encore ouverte... laisse-moi Zénobie... ne trouble pas mes pensées... je suis en train de rédiger un manifeste à l'Europe ! » En 1849, en effet, elle se porte candidate aux élections. Le suffrage dit universel s'instaure à peine. Les femmes en sont clairement exclues ; elles en dénoncent alors l'injustice. On connaît la polémique, au printemps 1848, entre George Sand et les rédactrices de *La Voix des femmes* : celles-ci demandent à l'écrivaine de se présenter, et ainsi de représenter la cause des femmes. George Sand garde ses distances, affirmant la priorité du combat pour le droit civil, le divorce notamment, et non pour le droit civique. Elle fait donc partie de ceux qui voient une contradiction entre les deux objectifs. Plus encore, sa stratégie politique ne passe pas par un collectif féministe. Jeanne Deroin pense différemment ; même si, au fond, elles ont l'une et l'autre le souci et le désir de s'occuper des affaires de l'État. Elle veut être citoyenne et pas seulement femme publique. Alors elle n'a pas peur de braver préjugés, tabous et interdits. La radicalité du geste n'échappe pas au trait ironique du peintre, mais cette radicalité l'incite peut-être à l'ouverture vers le rêve politique. Écrire un manifeste, n'est-ce pas le choix de l'utopie ?

En attendant, l'image classique de la féministe est là : bourgeoise, elle marque son autorité sur sa domestique, évidemment peu concernée par un enjeu politique ; rejetée de l'espace public et politique, cette femme pense, et est obligée de penser plus loin : à l'Europe, à un au-delà de la nation. Puisque sa patrie la récuse comme candidate, cette femme n'abandonne pas pour autant sa volonté politique. Évidemment, 150 ans plus tard, cette image prend un tout autre sens et c'est cela l'amusant. Soudain le dessin semble peu caricatural.

Certes, la femme est d'apparence négligée, mal habillée, mal coiffée. C'est sans doute le matin ; elle travaille, elle pense, elle rédige. Elle rêve à l'Europe. Elle n'est pas la seule. L'Europe est une idée qui traverse républicains et socialistes. Les poètes aussi voient au-delà de la nation. Et tout est déjà là : le commerce, la paix, les langues. Prêter à Jeanne Deroin ce rêve d'Europe ne nous semble plus ridicule en ce début de XXIe siècle. La différence est seulement dans l'adresse : nous écririons un manifeste « pour » et non « à » l'Europe. Nous serions déjà dans l'Europe et il nous faudrait « plus » d'Europe. La femme du dessin d'Honoré Daumier s'adresse aux autres, « à » l'Europe. Dirons-nous que l'histoire de la construction européenne a ainsi commencé ? Oui, sans doute.

Et finalement, tout est déjà dit. Aujourd'hui n'ajoute pas grand-chose. Un jour, nous voulons que les lois accompagnent la transformation des mœurs, pacte civil de solidarité, et transmission aux enfants des noms des deux parents ; un autre jour, nous dénonçons le manque cruel de femmes élues et nous nous battons pour la parité. Un jour, le féminisme s'exprime à propos de la vie sexuelle, contraception ou violence conjugale ; un autre jour, il n'est question que de politique : absence des femmes de tous les lieux de pouvoir, politique, académique, économique, ou polémique sur les qualités féminines propres à changer la politique... Le féminisme politise la vie sexuelle et sexualise la vie politique. Tout cela est déjà inscrit depuis plus de 150 ans.

Et l'Europe ? Elle offre ce parlement de l'avenir

dont rêvaient peut-être le peintre et ses images, et sûrement les utopistes et les poètes. La présence des femmes, plus d'un tiers des élus désormais, signe la mixité d'une assemblée. Cette mixité se définit simplement : elle existe lorsqu'on l'oublie, telle une évidence.

JENNY D'HÉRICOURT (1809-1845) PHILOSOPHE*

Jenny d'Héricourt reste à découvrir ; et sa pensée reste à connaître. Elle appartient à la famille féministe des logiciens et logiciennes de l'égalité. Cette famille est reconnaissable, dans l'histoire moderne du féminisme, à une détermination radicale, dans la rigueur de la pensée, comme dans l'imaginaire de l'action. Poulain de la Barre, Olympe de Gouges, Fanny Raoul, Jenny d'Héricourt, Hubertine Auclert, Simone de Beauvoir ont en commun de penser sans limites l'émancipation des femmes, sans la contrainte d'une adaptation à la société qui indique leur contexte. Le principe égalité est pris au sérieux dans son exigence. La démonstration obéit alors à une logique qui échappe à la maîtrise des convenances. D'ordinaire, un texte féministe tient compte du moment d'histoire où il se déploie, et souvent tergiverse, et souvent accepte le compromis. Ce n'est pas le cas de Jenny d'Héricourt.

* *Les Affranchies : Franc-Comtoises sans frontières*, Nella Arambasin (coord.), Besançon, Presses universitaires de Franche-Comté, 2013.

Dans cette famille de pensée, Jenny d'Héricourt se qualifie elle-même de « machine à raisonnement ». Par là, elle introduit sa singularité. Quand Proudhon l'accuse de « paralogismes », elle lui rétorque qu'il use de « syllogismes ». Ce n'est donc pas conviction contre conviction, valeur contre valeur qui font la scène de la pensée féministe mais prise au sérieux des arguments. Cela n'empêche pas l'humeur du style ! Mais c'est une autre histoire...

Ainsi, le discours sur l'égalité des sexes se reconnaît d'abord par la qualité de l'argumentation plus que par le contenu même de la pensée. On dirait que Jenny d'Héricourt le sait. En cela elle appartient à la recherche philosophique. Son ambition d'introduire une lecture critique des penseurs contemporains (d'Émile de Girardin à Michelet, d'Auguste Comte à Proudhon et « autres novateurs modernes ») indique sa conscience d'un enjeu propre à la question des sexes dans toute philosophie. Cela est neuf.

Trois textes méritent d'être mis en avant.

Le premier, critique de la religion chrétienne, date de 1857, il a été publié dans la *Revue philosophique et religieuse* de Charles Lemonnier, revue où de nombreux textes de Jenny d'Héricourt sont parus, y compris la polémique avec Proudhon. Ce texte, un parmi une polémique qui s'étend sur plusieurs numéros, s'adresse à une autre féministe, Henriette Wild. Le second est l'introduction de *La Femme affranchie*, texte offensif de 1860 qui annonce la critique des penseurs de son temps, telle qu'elle la développera dans l'ouvrage.

Cabet sera sa référence majeure. Le troisième est une lettre publiée dans *La Solidarité*, journal de Charles Fauvety, qui paraît entre 1866 et 1870. Elle y fait référence à son statut de sage-femme, en sus de sa position (sans statut) de philosophe. Cette lettre, écrite des États-Unis où elle vit désormais, est un témoignage biographique, regard sur sa position d'« affranchie » qu'elle a su tenir tout au long de sa vie. Si son œuvre majeure s'appelle *La Femme affranchie*, gageons qu'elle pensait vivre une époque où on pouvait ajouter au terme d'émancipation celui d'affranchissement, signe que la femme esclave, décrite d'abondance dans les textes féministes de la première moitié du XIXe siècle, pouvait s'adosser à la liberté donnée par la loi d'abolition de l'esclavage en 1848.

Ces textes ne sont ici que des indications, invites à une étude de cette autrice impliquée dans l'histoire de la pensée philosophique et féministe du XIXe siècle.

CLÉMENCE ROYER (1830-1902) PAR-DELÀ L'AUTODIDACTE*

Clémence Royer est une philosophe et femme de sciences née à Nantes, le 21 avril 1830 et morte à Neuilly-sur-Seine, le 5 février 1902. Elle fut l'unique fille d'un officier légitimiste, reconnue par le mariage de ses parents en 1837. Monarchisme et catholicisme entourent sa formation initiale, mais, à 10 ans, la fréquentation d'une école religieuse provoque une crise personnelle. La Révolution de 1848 coïncide avec ses premiers vers, son refus de la « loterie » du mariage et sa décision de faire des études. Brèves études réservées alors aux femmes et études autodidactes exigeantes. La découverte des Encyclopédistes est capitale. Elle traduit *L'Origine des espèces* de Charles Darwin dès sa parution, au moment où elle ouvre un cours de philosophie uniquement destiné aux femmes, commence une intense collaboration

* *Destins de femmes. Religion, culture et société. France, XIXe-XXe siècles*, Anne Cova et Bruno Dumons (dir.), Letouzey et Ané, 2010 ; *Dictionnaire des intellectuels français. Les personnes, les lieux, les moments*, Jacques Julliard et Michel Winock (dir.), Seuil, 1996.

avec *Le Journal des économistes* et écrit un roman féministe et anticlérical, *Les Jumeaux d'Hellas*. Ces activités multiples perdurent et s'étendront à tous les champs du savoir pendant les quatre décennies suivantes. Elle écrit beaucoup, donne de nombreuses conférences, prend facilement à partie ses contemporains, mais ne vit pas de ce métier de « philosophe et femme de sciences » : puisque femme, et donc nécessairement autodidacte, les portes des institutions universitaires lui sont fermées. Il ne faut pas oublier ces conditions matérielles pour lire une autrice du XIXe siècle.

« La doctrine de M. Darwin, c'est la révélation rationnelle du progrès, se posant dans son antagonisme logique avec la révélation irrationnelle de la chute. Ce sont deux principes, deux religions en lutte... Pour moi, mon choix est fait : je crois au progrès ». Ces dernières lignes de la préface de Clémence Royer à sa traduction du livre de Darwin résument plusieurs affirmations de la traductrice : elle écrit ce que Darwin pense sans le dire, à savoir que la théorie de l'évolution invalide la croyance en la création divine ; elle souligne la négativité de la thèse de la création divine en opposant le progrès (cher aux Lumières) à la chute des hommes (au centre de la Bible). C'est en vain, dit-elle, que Darwin a protesté de sa bonne foi auprès des représentants chrétiens. Elle-même n'a pas peur et ne masque pas les conséquences d'une théorie subversive. Clémence Royer croit à la science et non à la religion, et si Dieu existe, comme elle le dit encore aux dames de Lausanne en 1860, c'est parce qu'il est le principe et la finalité de l'univers, vision panthéiste compatible avec une connaissance complète et totale du monde. Il n'y a pas d'inconnaissable, seulement de l'inconnu, dira-t-elle à la fin de sa vie, publiant alors en 1900 un livre intitulé *La Constitution du monde*, théorie moniste d'un principe unique, l'atome fluide.

Elle explicitait Darwin sans l'accord de ce dernier et, de plus, le discutait, accumulant dans sa traduction notes et commentaires idéologiques : le plus célèbre étant son choix de traduire « sélection » par « élection » ! Darwin changera de traducteur après la troisième édition tout en laissant Clémence Royer republier sa traduction.

La notoriété de Clémence Royer vint de ce scandale, puis de ses nombreuses interventions, écrites et orales, dans tous les domaines : de la théorie de l'impôt à l'amélioration du sort de la classe ouvrière, de l'analyse des peuples et des nations, des races et des singes à l'origine des mondes et aux sciences de la vie.

Sa critique de la révélation, qui lui valut bien des désagréments dans le milieu scientifique, s'accompagne aisément d'une charge virulente contre l'Église. Outre son engagement auprès des libres-penseurs sous le Second Empire et sa participation à la fondation de la première loge maçonnique mixte, « Le Droit humain », autour de la féministe Maria Deraismes à la fin du siècle, Clémence Royer donne, dans son roman *Les Jumeaux d'Hellas*, une description féroce de l'Église, de Rome et des jésuites. Autour de l'histoire de deux jumeaux, enfants royaux naturels, fils de l'amour et non de la convention, elle attaque le mensonge du prêtre face à la sexualité, de l'institution cléricale face à la puissance de l'argent, et dénonce le pouvoir temporel de ceux qui devraient se consacrer à l'idéal spirituel. Imprimé en Belgique, ce livre, raconte-t-elle, fut intercepté à la frontière et mis à l'index par Rome. On ne peut lire ce roman sans y voir le témoignage d'une jeune femme qui connaît le poids de l'Église pesant sur la liberté des femmes.

Si les philosophes des Lumières furent le creuset de sa révélation personnelle et de son engagement philosophique et scientifique, son expérience de femme du XIXe siècle privée de nombreux droits et pourtant libre de sa pensée et de ses actes est certainement une clé essentielle de cette femme étonnante.

Engagée par sa personnalité même dans la lutte féministe, féministe en acte plus qu'en paroles car elle n'aimait ni les étiquettes, ni les embrigadements, Clémence Royer inaugura en 1860 à Lausanne un cours de philosophie uniquement destiné aux femmes dont il ne nous reste que l'introduction ; à la fin de sa vie, elle sera une collaboratrice régulière de *La Fronde*.

JULIE-VICTOIRE DAUBIÉ (1824-1874) INTELLECTUELLE PIONNIÈRE*

Julie-Victoire Daubié est née en 1824 à Bains dans les Vosges et décède en 1874 à Fontenoy-le-Château.

C'est au double titre de pionnière et d'essayiste que Julie-Victoire Daubié fut une femme remarquable pour l'histoire de l'égalité des sexes. Elle est connue pour avoir été la première bachelière (1861) et pour être l'autrice d'un ouvrage important, *La Femme pauvre au XIXe siècle*, paru en 1866.

Julie-Victoire Daubié bénéficia de l'enseignement de son frère, prêtre, auteur de plusieurs catéchismes, qui lui apprit le latin et le grec. Elle passe le brevet supérieur de capacité en 1844. Face à la difficulté de devenir institutrice étant donné le monopole de l'éducation des filles par les congrégations religieuses, elle se fit préceptrice, et décida de passer le baccalauréat ès lettres. On

* « Biographies nouvelles (1789-1939) », M. Cordillot, C. Pennetier, et J. Risacher (dir.), in *Dictionnaire biographique du mouvement ouvrier français*, Claude Pennetier (dir.), Paris, Les Éditions de l'Atelier / Éditions Ouvrières, coll. Jean Maitron, 1997, t. 44.

lui refusa l'inscription à Paris, elle fut acceptée à Lyon grâce au doyen, Francisque Bouillier. Mais il fallut l'intervention de M. Arlès-Dufour, industriel saint-simonien, ainsi que celle de l'impératrice Eugénie pour que le ministre de l'Instruction publique, Gustave Rouland, acceptât de lui délivrer le diplôme. À défaut d'un texte interdisant aux filles de se présenter à l'examen, il fallut bien reconnaître cet acte individuel d'une autodidacte, ce fait accompli. Ainsi Julie-Victoire Daubié donna-t-elle l'exemple, imposant un nouveau droit, celui de bachelière, sans attendre qu'une décision, décret ou loi, vînt l'imposer. Puis elle continua et passa une licence ès lettres en 1871 (Emma Chenu l'avait précédée en sciences en 1868).

Julie-Victoire Daubié n'était pas une inconnue. En 1859, elle avait remporté le prix du concours de l'Académie impériale de Lyon portant sur les moyens d'améliorer la condition économique et sociale des femmes. Son mémoire, *La Femme pauvre au* XIXe *siècle*, fut publié en 1866 puis en 1870, augmenté d'une partie sur « la condition morale », lorsque la même Académie réitéra cette question de concours.

Qu'est-ce que « la femme pauvre » ? Non pas seulement une femme prise par la misère, mais celle qui doit travailler pour vivre, avoir ses propres « moyens de subsistance », par conséquent une femme seule bien souvent, grande « anomalie » du XIXe siècle. Alors ce mémoire propose une lecture de ce phénomène à plusieurs niveaux, celui de l'enquête, fût-elle livresque plus que concrète, car toutes les professions pour les femmes y sont minutieusement recensées, celui de l'interprétation historique car le XIXe siècle est vu dans sa nouveauté économique et politique comme « antipathique » aux femmes, celui de la théorie féministe, d'une philosophie morale qui cherche à concilier la nécessité de subsistance avec la dignité de la femme. Ce travail fut salué aussi bien par John Stuart Mill que par Victor Hugo et lui ouvrit sans doute les portes du *Journal des économistes* et de *L'Économiste français*.

Son parcours individuel d'accès au savoir la conduisait naturellement à réfléchir aussi les questions d'instruction. C'est pourquoi elle publia en 1862, *Du progrès dans l'instruction primaire. Justice et liberté !*, où il était fondamentalement question du droit des femmes à s'instruire et à enseigner. Ce mémoire avait été rédigé pour un concours ouvert par le ministre de l'Instruction publique en 1860 mais n'avait pas été couronné. La critique de la lettre d'obédience dispensant les religieuses enseignantes de diplômes et la revendication qu'il exprime lui donnait peu de chance d'être apprécié par un ministre.

Le droit à la subsistance et le droit au savoir sont les deux thèmes fondamentaux de l'émancipation des femmes. Ainsi son engagement intellectuel pour l'éducation des femmes et leur activité économique fit nécessairement de Julie-Victoire Daubié une féministe active. Elle donna des conférences remarquées (à la Presse scientifique, 20 rue Mazarine) et participa à la création du journal de Maria Deraismes et Léon Richer, *Le Droit des femmes*, en 1869.

Elle créa ensuite l'« Association pour l'émancipation progressive de la femme » en 1871 dont elle fut vice-présidente, la présidence revenant à Arlès-Dufour, son ami et soutien de toujours. Cette association avait un double objectif : lutte contre la prostitution et demande de droit de vote. Cette association fit paraître plusieurs brochures, « La tolérance légale du vice » sur la prostitution, « La question de la femme d'Alexandre Dumas fils » et le *Manuel du jeune homme* de Silvio Pellico ; Julie-Victoire Daubié préfaça ces livres. Elle publia aussi au même moment *L'Émancipation de la femme* en dix livraisons. Ce troisième ouvrage n'est plus une enquête ou un état des lieux critique. Il énonce un « programme » qui définit l'émancipation par « son sens grammatical d'égalité pour tous et pour toutes » et qui précise que « l'émancipation politique semble inséparable de l'émancipation civile dans toute démocratie ». À partir de là, elle propose une série de réformes juridiques et publie un « Manifeste pour la revendication du suffrage des femmes », texte pionnier dans l'histoire du droit de vote.

Julie-Victoire Daubié n'était pas socialiste. Elle était fortement marquée par le saint-simonisme mais elle en avait une interprétation morale et politique plutôt personnelle. Dénoncer la misère de la femme pauvre avait aussi pour objectif moral la régénération de la famille et se doublait d'un constat historique, celui d'une régression des droits des femmes : la centralisation d'un État moderne avait entraîné au XIXe siècle une législation favorable aux hommes (masculins) étouffant ainsi la mixité du droit antérieur, souvent coutumier. L'insistance de Julie-Victoire Daubié à dénoncer un XIXe siècle défavorable au progrès des droits des femmes ouvrait une réflexion à venir sur l'exclusion des femmes produite par la société nouvelle, industrielle et démocratique.

HUBERTINE AUCLERT (1848-1914)
LE SIGNE ÉGAL,
OU LA LOGIQUE DANS L'HISTOIRE*

Il suffit d'un instant d'imagination : je ne regarde pas cette femme singulière du XIXe siècle qui s'appelle Hubertine Auclert ; je décide de regarder l'histoire avec ses yeux ; je suis née en 1848 dans l'Allier, et ma jeunesse coïncide avec la mise en place définitive de la République ; j'observe cette république en pleine construction, je vois la nation s'apaiser après la guerre et la Commune, je regarde les féministes se rassembler, et les prolétaires s'organiser durablement. Je serai donc citoyenne, pleinement. Être une femme ne devrait pas être un obstacle.

Il n'est plus temps de découper les droits demandés en morceaux stratégiques, soit en réclamant les droits de l'instruction avant les droits politiques, soit en demandant les droits civils avant les droits publics. Aller à l'essentiel, la citoyenneté républicaine, relève de la simple logique. Et cette

* « Le signe égal, ou la logique dans l'histoire », préface à *Hubertine Auclert, pionnière du féminisme. Textes choisis*, Saint-Pourçain-sur-Sioule, Bleu autour, 2007, présentation de Steven C. Hause.

logique s'inscrit dans l'histoire, car le temps est venu d'une émancipation complète des femmes, intellectuelle, familiale, économique et politique. Hubertine Auclert peut utiliser l'argumentaire classique du XIXe siècle, l'équation entre droits et devoirs par exemple, ou la nécessité de l'instruction ou d'un salaire décent, cela est moins important que le signe égal qui doit désormais s'imposer partout. Les hommes se sont peu servis de leur droit de vote depuis 1848, mais, désormais, avec la fin de l'Empire et le début de la Troisième République, ce droit est mis en pratique. Les femmes en sont exclues. En les qualifiant d'« êtres à part », Hubertine dénonce l'illogisme, souligne le scandale. Comment faire des lois avec des élus, construire la paix retrouvée, donner forme à une nation française, si la moitié de la société manque dans les délibérations politiques ? Impossible, impensable.

Il est donc urgent d'écrire ce signe égal dans l'histoire en train de se faire. D'où cette impatience d'Hubertine, qui se soucie peu de l'ordre temporel.

Lorsque l'image d'Hubertine Auclert apparaît dans les livres d'histoire féministe, on nous montre la suffragette, la militante du droit de vote. Elle use de l'argument de la non-contradiction, déjà employé en 1830 (je ne vote pas, je ne paye pas mes impôts), et elle occupe l'espace juridique lorsqu'elle fait irruption dans une cérémonie de mariage. La logique et le droit sont les outils de la revendication abstraite de la citoyenneté. Radicalité de la lutte des femmes qui ne souffre aucun compromis ou étroitesse de la revendication trop strictement politique ? Vision subversive ou obsession partisane ? La réponse transparaît dans le moindre de ses écrits : le vote est la clé de voûte de tous les autres droits. Voter n'est pas une simple conquête de l'individu républicain soucieux de son droit ; voter permet de gouverner, de participer à la souveraineté populaire, en un mot de décider de son présent et de son futur. Le suffragisme d'Hubertine Auclert n'indique pas la marginalité d'un combat plus républicain que social, plus bourgeois qu'ouvrier ; il est le fondement, la base de toute organisation sociale. Hubertine Auclert n'est pas marginale dans le combat féministe de la Troisième République ; elle est radicale dans son objectif, donc dans sa stratégie. Point d'utopie féministe, plutôt une simple rigueur démocratique.

L'histoire singulière devient alors plus intéressante parce qu'il faut la lire à l'endroit, et non à l'envers, à l'endroit de la radicalité, et non à l'envers de la marginalité. Hubertine Auclert se met ainsi dans des situations remarquables, et inattendues : en 1878, lors du premier congrès international du droit des femmes, je dis bien le premier, elle se voit refuser une tribune pour plaider le droit politique des femmes. À l'inverse, en 1879, soit un an plus tard, elle obtient une vraie place au congrès ouvrier socialiste pour y défendre le combat féministe, loin d'être évident pour tous les participants. Le congrès féministe a peur du suffragisme et privilégie, tactiquement, la lutte pour les droits civils ; en revanche, le congrès ouvrier est, par simple conjoncture, ouvert aux droits des femmes en général, et par conséquent au droit de vote. La situation est étonnante car on a plutôt l'habitude du contraire, les féministes capables de faire feu de tout bois en matière de revendications (même si on se dispute sur les priorités), les socialistes craintifs et réticents devant l'exigence féministe de leurs compagnes ouvrières. L'histoire du mouvement ouvrier raconte, en effet, la permanente tension entre féminisme et socialisme. Ainsi, Hubertine, à la fin des années 1870, est à contre-emploi politique. Elle s'en moque sûrement. Sa rigueur fait fi des contextes.

Car elle n'a qu'une idée, qu'une logique : convaincre que la participation à la *res publica*, à la chose publique, est une nécessité pour les femmes comme pour les hommes. Elle a des précurseures en excellence argumentative — Fanny Raoul, Jenny d'Héricourt, Julie-Victoire Daubié[1], la première inaugurant l'espace de « l'opinion » des femmes, la seconde se faisant contradictrice de tous les philosophes utopistes du siècle, la troisième, première bachelière, initiant de solides réflexions sur « la femme pauvre » et « l'émancipation des femmes ». Mais surtout, elle accède à l'espace public, à une tribune où exposer son raisonnement. Et cela est plutôt nouveau : hors des temps révolutionnaires, les grands rassemblements étaient jusqu'alors impensables. On se souvient que les clubs de femmes furent fermés en 1793 comme en 1848. Vient désormais le temps des congrès. Les congrès sont plus que des livres, plus que des journaux, ce sont des lieux de parole vive, de discussions, de mise en commun. La rigueur logique trouve ainsi son terrain dans l'espace public. On n'oubliera pas pour autant les images anciennes, fussent-elles des images littéraires : Lysistrata et ses amies chez Aristophane, les femmes nobles et les femmes du peuple dans *La Colonie* de Marivaux ; toutes interpellent les hommes gouvernants avec la même force de raisonnement.

Ses textes sont donc des adresses, des discours, des appels ; et les destinataires sont des femmes, des prolétaires, des républicains. La première force d'Hubertine Auclert est de cibler ses auditoires sans en négliger aucun, de les mêler dans son analyse tout en les distinguant. Si les femmes peuvent faire cause commune avec les prolétaires, c'est parce qu'ils sont les uns et les autres porteurs d'une demande de justice.

Ainsi, avant les gestes militants et subversifs accomplis dans l'espace public (non-paiement des impôts, discours provocateurs dans les salles de mariage, renversement d'une urne de vote), Hubertine comprend l'importance du discours, de l'adresse à des audiences rassemblées autour d'une cause émancipatrice ou révolutionnaire.

Je l'ai dit, ces discours décrivent, racontent l'erreur politique de la démocratie naissante, soulignent un défaut de logique républicaine. Réparer l'erreur, accorder le droit de vote aux femmes, telle est la solution. On aime d'abord la démarche politique, absolue, entière. Et puis, on lit les discours de plus près, on regarde le contenu des arguments. Alors, la logique rencontre l'histoire.

Il y a aujourd'hui, il y a hier et il y a demain. La référence au passé évoque la rupture, le fondement révolutionnaire de 1789, mais aussi l'alerte donnée par Olympe de Gouges dans sa Déclaration des droits de la femme et de la citoyenne. Le présent, on l'a vu, est celui de la consolidation de la république, de la *res publica* comme espace d'égalité possible, et nécessaire. Quant au futur, il implique l'espérance socialiste, la justice sociale. Elle sait donc que l'histoire n'est pas facile : 1789 est une référence problématique, le progrès, vu au présent, ne peut se développer sans les femmes, et nous sommes forcément responsables de l'avenir. L'histoire est plutôt lourde à porter. Hubertine est toujours soucieuse de ces hommes et ces femmes qui font l'histoire, qui sont en charge de l'histoire humaine.

Ainsi se lit aussi son séjour en Algérie. Elle se fait « enquêteuse », découvre les quelques avantages et les nombreux inconvénients de la vie de ces femmes arabes, pointe les contradictions de la colonisation française dont les tribunaux sont capables de respecter les « anomalies » des mariages forcés et de la polygamie, par exemple. Et elle rêve avant tout d'instruction des filles. Ainsi se découvre sa compréhension d'une temporalité historique, temporalité relative à chaque société, et pourtant tournée vers une même finalité.

Il y a toujours de mauvais esprits pour mettre en question la représentativité de telle ou telle figure singulière. Hubertine Auclert n'appartenait pas à la classe ouvrière et pratiquait en solitaire la lutte féministe[2]. Qu'est donc une représentante d'un combat sans appartenance ? Passe encore si elle est une héroïne politique qui transcende les groupes de résistance ou les catégories sociales. Passe encore si elle laisse la trace d'une action historique remarquable ou d'une œuvre littéraire importante. Mais si ses textes sont avant tout des articles de presse ou des discours de congrès, et ses actes, des provocations ponctuelles, alors sa biographie peut apparaître anecdotique et sa pensée fragmentaire. Il est vrai qu'Hubertine est restée solitaire dans son combat, seule à la tribune d'un congrès, seule à la direction d'un journal, seule dans son enquête algérienne. À cette aune, il me semble, on mesurera la souffrance intime et sociale qui se fait voir ici ou là. Parions cependant que la radicalité, la clarté et la rigueur d'Hubertine Auclert peuvent encore nous accompagner dans nos réflexions. La logicienne qui traverse les congrès ouvriers et féministes sans tenir compte des discordances possibles dans les priorités stratégiques est bien la même que celle qui s'implique dans l'histoire des femmes arabes. Telle est sa façon, audacieuse, de faire de la politique.

MARGUERITE THIBERT (1886-1982) PHILOSOPHE ET FÉMINISTE*

Née le 31 janvier 1886 à Chalon-sur-Saône, Marguerite Thibert fut l'une des premières femmes à avoir soutenu un doctorat d'université (1926) et la responsable infatigable du service du travail féminin au Bureau international du travail de Genève. Sa thèse ne manquait pas de hardiesse aux yeux du savoir académique puisqu'elle portait sur *Le Féminisme dans le socialisme français de 1830 à 1850*. Il est vrai que son directeur était Célestin Bouglé. Aussi ce travail était-il un hommage à ces féministes du XIXe siècle qui lui avaient permis, à elle et à sa sœur médecin, d'avoir « une vie intellectuelle conforme à nos goûts que ne limitait plus aucune interdiction légale ». Marguerite Thibert avait alors probablement oublié que l'une et l'autre préparèrent en cachette de leurs parents (le père est grossiste en quincaillerie) le baccalauréat. Et toutes deux avaient choisi des études

* *Dictionnaire des intellectuels français. Les personnes, les lieux, les moments*, Jacques Julliard et Michel Winock (dir.), Seuil, 2002.

difficiles pour les filles d'alors, philosophie pour la première, médecine pour la seconde.

Marguerite Thibert fut ainsi professeur de philosophie au collège Sévigné cependant qu'elle commençait à militer au Parti socialiste et à « La Paix par le droit ». Elle adhéra aussi à « L'Union française pour le suffrage des femmes ». Sa thèse fut aussi un point de départ : « Est féministe toute manifestation de l'activité féminine tendant à élargir le champ d'action des femmes », concluait-elle, sachant peut-être déjà qu'elle consacrerait le reste de son existence à défendre le travail des femmes : défendre leur droit au travail salarié d'abord, lutter contre leur exploitation spécifique aussi. Albert Thomas lui propose en effet le service du travail féminin du BIT en 1926 et elle y restera jusqu'en 1965.

De fait, le travail féminin est un enjeu essentiel du XXe siècle : parce que ce droit est mis en cause à chaque crise économique, parce que l'industrialisation a redistribué le travail à domicile, notamment en le renvoyant dans les pays pauvres. Ainsi, Marguerite Thibert mit en pratique son féminisme théorique : en voyageant partout dans le monde pour aider la structuration du travail féminin — sans oublier les aspects connexes, travail des enfants et immigration — ; en insistant dès 1944 (déclaration de Philadelphie) sur la reconversion de la main-d'œuvre féminine dans l'économie de paix. Elle connut le féminisme d'après 1970 où elle vit surtout une demande de liberté sexuelle plus qu'une volonté de « promouvoir » la femme. Sans doute les féministes du

XIXe siècle l'avaient-elles persuadée que la liberté des femmes était une question déjà élaborée ; le travail des femmes en revanche, même s'il fut âprement discuté au XIXe siècle, ne fut un débat général qu'au XXe siècle.

SIMONE DE BEAUVOIR (1908-1986)
LA JOUISSANCE PRÉCÈDE LA SOUFFRANCE*

Diriez-vous que Simone de Beauvoir est une grande philosophe ?

Elle est d'abord une très grande écrivaine. Elle a une langue que je découvre à chaque nouvelle lecture. Et elle a tellement lu. En parcourant ses *Cahiers de jeunesse*, je me suis dit qu'au même âge, moi-même étudiante en philosophie, je lisais l'écume pendant qu'elle lisait la mer entière. Et sa capacité à absorber les lectures est inimaginable. On l'entend dans son écriture. Ses romans, *Tous les hommes sont mortels* par exemple, sont un drôle de truc. On est pris dans une langue qu'on ne connaît pas et qu'on n'a pas encore mesurée. Cela rejoint un souci qui m'est très personnel depuis mon premier texte : j'ai compris que sur la question du féminisme, il fallait que j'écrive pour me faire entendre. Avec d'autres écrivaines que je peux lire et relire — Virginia Woolf,

* Entretien avec Xavier de La Porte, *L'OBS*, 4-10 août 2016, repris dans le hors-série de la même revue, « Comprendre les grands philosophes », avril 2019.

Mme de Staël et quelques révolutionnaires du XIXe siècle — Beauvoir partage l'écriture comme issue théorique.

Cela explique-t-il le fait que Beauvoir ait mené de front son œuvre littéraire et son travail théorique ?

Le premier renversement épistémologique produit par Beauvoir est de considérer qu'elle doit écrire *Le Deuxième Sexe* avant de faire un travail autobiographique. En général, les femmes écrivaines font des romans et, à un moment, se disent qu'elles doivent écrire sur les femmes. Souvent, c'est leur plus mauvais livre. Elles pensent qu'elles ont sur les femmes la pensée innée et naturelle, parce qu'elles sont des femmes. Beauvoir dit et fait exactement le contraire. Néanmoins, son meilleur texte est à mon sens le récit de la mort de sa mère, *Une mort très douce* : « Dur travail de mourir quand on aime si fort la vie. Maman aimait la vie comme je l'aime, elle éprouvait devant la mort la même révolte que moi. » Quelque chose de ce récit est au cœur même, non pas de son rapport avec sa mère, mais de son rapport à la vie et à la mort. C'est un texte extraordinaire.

Comment définiriez vous ce rapport de Beauvoir à la vie ?

Elle a un rapport à la jouissance, au sens fort du terme — une jouissance qui n'est pas seulement sexuelle et corporelle —, qui renvoie à la sublimation. Quand, par exemple, elle raconte son entrée, jeune étudiante, à la bibliothèque Sainte-Geneviève et le sentiment que tout d'un coup, tout lui est donné.

Pour une femme comme vous qui aviez 20 ans en 1968, Beauvoir était-elle un objet de fascination ?

Le Deuxième Sexe était un livre emblématique. Mais alors que l'édition de 1949 était dans la bibliothèque de ma mère, je ne l'avais pas lu, et je ne l'ai toujours pas lu en entier. Les générations qui ont suivi l'ont lu, mais nous, jeunes femmes en 1968, n'en avions pas besoin, tout comme je n'avais pas besoin de faire une révolution féministe personnelle, elle était déjà là. Je me fichais que Beauvoir me raconte quelle sexualité je devais avoir. Je me suis débrouillée toute seule. Le livre était ouvert partout. Pour quoi le lire ? Je me vois encore descendant la rue Victor Cousin en mai 68, Sartre était dans le grand amphi de la Sorbonne, on rigolait : « Sartre est venu récupérer le mouvement, pauvre con ! » Dans les années 1970 et 1980, quand Beauvoir et lui se sont mis à soutenir toutes les causes gauchistes, on a trouvé qu'ils n'étaient pas mal du tout. Puis avec quelques militantes, je les ai rencontrés autour des émissions que l'ORTF avait proposées à Sartre et auxquelles il voulait que les féministes participent. En avril 1980, j'étais à l'enterrement de Sartre, enceinte jusqu'aux yeux. Six ans plus tard, j'étais à l'enterrement de Beauvoir, avec ma fille. Il était impossible de ne pas être à ces deux enterrements. Donc il y avait un rapport à Beauvoir en tant qu'icône, en tant qu'emblème. Mais nous, les femmes de cette génération, on disait « nous ». Ce passage, que Beauvoir n'a compris qu'après avoir écrit *Le Deuxième Sexe*, en venant vers les féministes, en leur ouvrant la revue des

Temps modernes, ma génération l'avait fait. Nous étions dans le pluriel, dans le collectif, dans le mouvement.

Quel type de personne était-elle ?

La première fois que je l'ai rencontrée, j'ai été très frappée parce qu'elle avait le même corps que ma mère, qui était une universitaire classique de la même génération : un corps qui a avalé un parapluie. Le corps de ces femmes qui ont fait la bascule, qui ont eu accès au savoir illimité. Des corps rigides. Une femme qui a été belle, dont le corps est rigide, et qui parle de façon rigide. Nous, les féministes des années 1970, naviguions entre les habits baba cool et la libération sexuelle. Physiquement, nous étions beaucoup plus libérées que la génération de ma propre mère et de Beauvoir… Pas pour tout, mais physiquement, oui.

Regardait-elle votre génération avec envie ?

On ne se posait pas la question. On était trop pressées, on filait d'une réunion à l'autre, il fallait tout faire à la fois. Ma génération n'a pas réalisé ce qu'il avait fallu de lutte pour que les femmes obtiennent le droit de vote. J'avais 25 ans et je ne votais pas. On était dans un autre monde. Comment nous a-t-elle regardées ? Avec beaucoup d'attention, je pense.

Et quelle place occupe Le Deuxième Sexe *dans la pensée féministe ?*

Beauvoir n'a pas compris l'histoire des féminismes. Dans le chapitre du *Deuxième Sexe* consacré à l'histoire, elle explique que les femmes d'avant n'ont rien compris, n'ont fait que bavarder, que leur histoire est celle d'un long consentement.

Elle s'est trompée parce qu'elle pense avec la catégorie de l'altérité et du conflit, elle pense Hegel et Marx. Même si elle a plus tard reconnu son erreur, même si elle a accepté de dire « nous », elle ne se rend pas compte qu'il y a déjà eu des « nous » dans l'histoire. Par exemple, les féministes de la Révolution de 1848, qui font un journal quasi quotidien pendant trois mois, disent bien « nous ». Mais Beauvoir ne le voit pas. Donc elle ne peut pas produire de l'historicité.

Mais Le Deuxième Sexe *aborde bien d'autres questions : la biologie, les mythes…*

Oui, mais pour affirmer que le féminisme pense, l'histoire est centrale. Je n'ai jamais été intéressée par le fait de savoir ce qu'est la différence, l'universel, comment départager nature et culture, etc. Je pense avec Michel Foucault que pour créer un champ d'intelligibilité, il faut aller chercher des textes qui ne sont pas canoniques, car n'importe quel texte est la possibilité de penser. Démontrer que le féminisme fait histoire, c'est le faire entrer dans l'universel.

Pourquoi, selon vous, Beauvoir ne voit-elle pas ça ?

Ce qui est étonnant, c'est qu'elle aurait pu rencontrer les féministes des années 1930 — Louise Weiss ou Cécile Brunschvicg, qui devient sous-secrétaire d'État de Léon Blum — et ce n'est pas le cas. Certes, ce sont des républicanistes, mais Beauvoir n'est pas très gauchiste à l'époque. D'autant qu'elle met en exergue du premier volume du *Deuxième Sexe* une citation de Poulain de la Barre, un auteur clé du XVIIe siècle et de la modernité. De la même façon qu'elle voit Stuart

Mill. Elle repère les auteurs clés des trois derniers siècles, mais elle ne repère pas l'activisme féministe contemporain.

Mais Le Deuxième Sexe *agit malgré ses erreurs épistémologiques...*

Oui, parce qu'il y a quelque chose de très intéressant dans la Beauvoir intellectuelle, qui m'a occupée dans les années 1980 et 1990. Beauvoir ne fait pas la guerre des sexes, elle s'institue comme « correspondante de guerre ». Elle écrit qu'un soldat en train de se battre ne peut pas écrire sur cette bataille. Mais si on est complètement étranger à cette situation, on ne peut pas non plus écrire dessus. Beauvoir se considère un peu entre les deux, en marge. C'est ce qui distingue Sartre et Beauvoir : elle, quand elle écrit sur les femmes ou la vieillesse, se mêle de ce qui la regarde ; lui est dans la position gênante de celle de l'intellectuel généraliste.

N'est-ce pas ce que certains lecteurs, hommes en particulier, lui reprochent, d'être une femme, donc d'être partisane ?

Bien sûr, mais cette position, elle l'a réfléchie de manière épistémologique. Dans son introduction du *Deuxième Sexe,* elle dit clairement : « Je sais aujourd'hui que pour me décrire, je dois dire d'abord que je suis une femme. » Elle raconte que Sartre lui a dit : « Vous voulez écrire vos mémoires, mais savez-vous ce que vous êtes ? » *Le Deuxième Sexe* est la réponse à cette question. Et je suis obligée, en tant que philosophe femme, de me la poser aussi. Pourquoi je me sers de Beauvoir ? Parce que cela me permet de m'appuyer sur quelqu'un qui a fait le boulot. Beauvoir ne cesse de le dire : être femme est « une donnée de mon histoire, non une explication ». Elle est géniale ! Elle est bien plus forte que les débats d'aujourd'hui sur le « savoir situé ».

Son apport majeur n'est-il pas d'avoir créé cette position ?

Oui, et c'est ce que je raconte dans le livre que je lui ai consacré en 2008, *Le Privilège de Simone de Beauvoir*. Le terme de « privilège » est central chez Beauvoir. C'est un mot qui n'est pas du XXe siècle, qui vient plutôt de l'Ancien Régime et des penseurs du contrat social. Pourquoi l'utilise-t-elle ? Parce qu'il dit la chance qu'elle a eue de faire des études comme les garçons. Et elle termine l'introduction du *Deuxième Sexe* là-dessus : « [...] beaucoup de femmes d'aujourd'hui ayant eu la chance de se voir restituer tous les privilèges de l'être humain ». C'est absolument vrai.

Cette notion de privilège explique-t-elle la réception négative des marxistes, qui a manifestement peiné Beauvoir ?

C'est une autre question. Le marxisme et la pensée révolutionnaire se construisent sur le fait qu'il y a une contradiction entre le féminisme et le socialisme. C'est valable autant en 1793 que pendant la Première Internationale, la Révolution russe ou dans le mouvement ouvrier jusqu'à aujourd'hui. Chaque fois qu'on évoque le féminisme, le réflexe marxiste consiste à dire : « Ça suffit les bourgeoises, ne nous emmerdez pas, la contraception, le Planning familial, c'est secondaire, ce sont des histoires de bonne femme... »

Certes, la révolution est pour tous, mais pour les femmes, ce n'est pas tout de suite, pas maintenant. Il est donc tout à fait logique que Beauvoir se fasse taper dessus par les marxistes, mais elle se fait aussi taper dessus par Mauriac...

Cette position lui est-elle utile dans d'autres engagements, comme celui contre la guerre d'Algérie ?

Oui, ça lui donne à mon sens une unité. « Je suis complice des privilégiés et compromise par eux : c'est pourquoi j'ai vécu la guerre d'Algérie comme un drame personnel », écrit-elle dans *La Force des choses*, II. Mais surtout, elle a produit une inversion de la pensée classique. Non seulement elle se pose la question de « comment je pense », mais elle se demande aussi « comment je passe à l'universel ». C'est dans cette optique que je rapproche l'introduction du *Deuxième Sexe* du *Discours de la méthode* de Descartes. Comme lui, elle veut faire table rase ; comme lui, elle sort de la belle philosophie classique. Mais son cogito à elle est existentialiste : « Je suis donc je pense. » Tout ce que fait Beauvoir en termes de subversion touche à l'universel et c'est ce qui me semble le plus important. II faut lire le magnifique exergue emprunté à Kierkegaard au début du second volume du *Deuxième Sexe* : « Quel malheur que d'être une femme ! Et pourtant le pire malheur quand on est une femme est au fond de ne pas comprendre que c'en est un. » Elle a compris que c'est un malheur d'être femme. Et elle offre le savoir. Donc ça n'est plus un malheur. D'où le fait de placer la jouissance avant la souffrance. Elle échappe au pire malheur en écrivant *Le Deuxième*

Sexe. Elle ne sera pas dans le malheur, mais dans le savoir.

Et la fameuse phrase « On ne naît pas femme : on le devient », comment la lisez-vous ?

C'est le verbe qui est important, c'est le « devient », la temporalité, l'historicité. C'est ce qui va faire histoire, comment les sexes font histoire. J'ai eu la chance de faire partie des pionnières. Nous avons connu le Far West et je préfère avoir connu le Far West que la suite de l'histoire. Aujourd'hui, il faut dénaturaliser parce qu'il faut montrer qu'il y a une construction sociale. Puis on déconstruit le social. Mais il ne faut pas revenir à la nature, parce que la nature, ce n'est pas bien. Sauf que la construction sociale non plus ce n'est pas bien, et on revient au point de départ, au débat nature / culture… Arrêtons de penser comme ça ! Tout ce modèle épistémologique est périmé. Ce mot « devenir » que nous laisse Beauvoir, il me comble. Je l'adore. Ce mot, on le prend et on travaille avec.

Y a-t-il des choses datées dans le travail de Beauvoir ?

Sûrement, mais ce n'est pas ce qui m'intéresse chez elle. Beauvoir n'a jamais été mon objet. Mais si j'ai tant écrit sur elle, c'est parce qu'elle est sur mon chemin. Dans mon objet, la question du féminisme et de l'égalité des sexes, et ce que l'on peut en faire dans le champ philosophique, elle est toujours là.

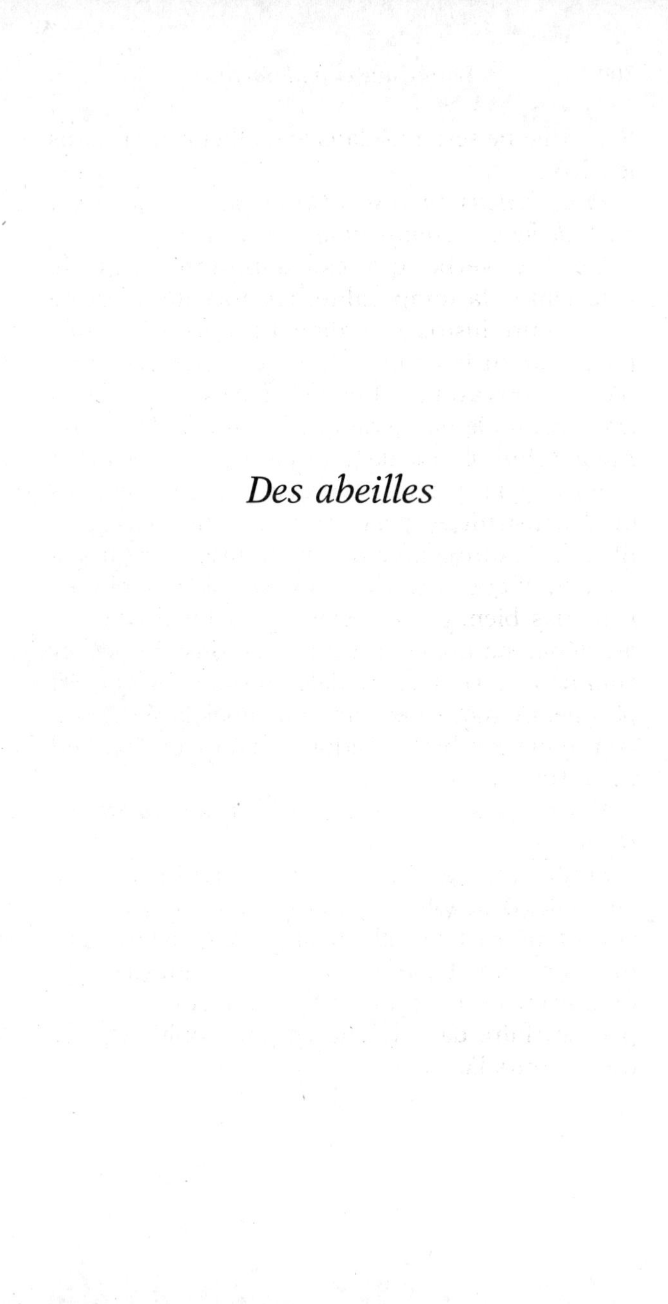

Des abeilles

LEE MILLER (1907-1977)*

On nous dit que Lee Miller, dont l'œuvre photographique est exposée au Jeu de Paume, choisit toutes les postures ; elle est modèle et artiste, mannequin et photographe, assistante de Man Ray et icône du surréalisme, image de papier glacé, et correspondante de guerre à l'ouverture des camps de concentration… dans la revue américaine *Vogue* notamment. On parle des vies, pluriel obligé, de Lee Miller… Au même moment, un acteur, cinéaste, artiste, etc., Denis Hopper, est exposé à La Cinémathèque française. On dit de lui, je l'entends à la radio, qu'étant devant et derrière la caméra, il est un « artiste complet ». Ainsi la pluralité des postures pour la femme artiste d'un côté, la complétude de l'homme créateur de l'autre ; le pluriel pour elle, l'unité pour lui.

Pourquoi en être surpris ?

Je note qu'aujourd'hui encore le mot « muse » persiste souvent pour qualifier Lee Miller. Envers celle qui choisit toujours l'aventure avant l'amour,

* *Libération*, « Libé des philosophes », 13 novembre 2008.

la singularité de l'expérience avant la relation créatrice, et dont on peut voir les photos d'Égypte, de Roumanie ou de l'Allemagne vaincue, le mot est déplacé ; ou ironique ? L'histoire est pourtant simple : lorsque la femme sortit de son immémoriel destin de muse, inspiratrice du génie créateur masculin, le désordre s'installa : on pouvait être muse et génie à la fois, ou tour à tour ; vertige de l'artiste femme qui s'émancipe de la tradition… Lee Miller aurait eu la connaissance diffuse de la querelle des poètes qui, à la fin de la Révolution française, se traduisait par un péremptoire : « Inspirez, mais n'écrivez pas ! » Elle aurait répondu, comme à l'époque Constance de Salm, qu'elle était pour le partage des jouissances. Anaïs Nin résumera ainsi les choses : à être regardée, on peut avoir envie de regarder à son tour. Lee Miller pose nue pour son père, puis pour Man Ray, notamment. Ensuite, elle n'a jamais pensé se suffire de ce rôle d'inspiratrice éblouissante, de muse consentante ; elle choisit d'être l'élève, l'assistante, de Man Ray ; et alors ? Elle ne reste pas une seconde dans l'ombre, elle est immédiatement photographe ; et brillamment, de Paris à New York…

Mais encore ?

Cette femme est un puzzle, c'est écrit à l'entrée de l'exposition. On parle toujours d'un puzzle pour l'éparpillement de ses morceaux, non pour le dessin d'ensemble. Et si elle avait eu des raisons de laisser en pièces son histoire de créatrice ? Se contenter d'explorer les possibilités, entre tradition et subversion ?

Cette photo de profil — ce qu'elle préfère, son profil, dit le fils — où elle est le modèle et le photographe, où elle fait ainsi la couverture d'un magazine, cet autoportrait m'impressionne, et pas seulement pour son incroyable beauté. L'autoportrait du peintre de jadis correspondait à un moment de retour sur soi ; on gagnait sa vie en peignant les autres, les puissants, et on se réfléchissait comme peintre, dans la discrétion de l'atelier ; ici, l'autoportrait est source de financement, il permet de gagner de l'argent. C'est là que Lee Miller est une image importante : elle devient à la fois le sujet et l'objet, l'artiste et le tableau, la photographe et la photographie. Elle se paye ainsi ; elle vit avec ça. Au même moment, certaines femmes font de l'autoportrait une recherche essentielle, je pense à Claude Cahun qui ne cesse de travailler son visage. Se représenter, c'est s'approprier la création artistique, jusqu'ici réservée aux hommes. Pour Lee Miller, c'est une expérience parmi d'autres.

Car Lee Miller ne s'attarde pas sur cette double ou triple position : modèle, artiste, artiste qui se prend pour modèle pour mieux se vendre. Elle est déjà ailleurs, c'est-à-dire aux extrêmes de l'histoire du XXe siècle : photographier l'éclat de la mode, photographier les ruines de guerre. Du plus futile au plus grave.

Pourquoi nous dit-on qu'elle fut violée à l'âge de 7 ans par le fils d'une famille amie ? Une souffrance d'enfance comme cause de la sublimation artistique ? Un traumatisme sexuel comme l'échappée hors de l'histoire classique des femmes ? Aurait-on ce souci historiographique pour le parcours d'un créateur masculin ? Non, sans doute.

Reste la photographe, celle du *Portrait de l'espace*, trou dans une toile tissée, ouvrant sur un large paysage nu, avec un cadre de miroir joint à cette déchirure : Lee Miller nous offre des cadrages, des lignes de lumière, des ombres géométriques, bref tout ce qui permet un regard sur les lignes signifiantes du monde.

HANNA SCHYGULLA (1943-)*

Sous l'œil du photographe, dans le large salon d'un grand hôtel éclairé par le soleil d'automne, elle est en majesté. Majesté d'une femme qui allie la grandeur et la gloire. Elle ne pose pas, elle est. C'est sans doute pourquoi nous parlerons ensemble simplement, du proche et du lointain. Le proche, c'est ce film superbe de Fatih Akin, *De l'autre côté*, où elle interprète une mère allemande qui perd sa fille, et en découvre une autre. La fille biologique est une étudiante en quête d'engagement, la fille à qui elle transfère son amour est une jeune Turque d'extrême gauche. Cette mère est là, dans le deuil, et dans le recommencement.

Hanna Schygulla n'a pas d'enfant. Elle a d'abord choisi de ne pas en avoir, pour « mieux me connaître » dit-elle, puis elle n'a plus choisi ; et cela ne s'est pas fait. Alors le transfert prend tout son sens, la transmission biologique laisse place à l'invention de la relation. La maternité n'a pas

* « La vie Marleen », *Libération*, « Libé des philosophes », 8 novembre 2007.

de frontière. C'est d'ailleurs toute la portée, qu'on dit philosophique, de ce film. De l'Allemagne vers la Turquie, d'un fils qui se coupe d'un père meurtrier pour rechercher la fille de la prostituée juste tuée, d'une fille qui laisse sa mère pour secourir une exilée sans papiers. À l'heure de l'ADN national, ce film nous arrive droit au cœur, et à la tête. L'humeur du film est proche d'elle, de son sentiment d'être à la frontière tout le temps, frontières d'Europe pour cette enfant née en Silésie, réfugiée toute petite en Allemagne, vivant à Paris depuis longtemps ; Paris où elle vient pour une première visite, dès 1962, à cause d'Édith Piaf, se souvient-elle.

Elle dit donc qu'elle disperse la maternité. L'image de la dispersion nous éloigne de l'idée d'une transmission maternelle. Elle s'attache au mot « invention », que j'utilise, et qu'elle reprend au bond. On part alors dans le lointain des origines. Elle voulait être « autre » que sa mère, *Hausfrau* allemande classique, et cependant mère qui « a implanté en moi la joie de donner ». Les images d'arbres et de forêts servent à raconter cette origine, cette famille de paysans, de forestiers, d'ouvriers des mines de charbon, cette famille que la petite fille unique revoit comme des branches d'arbre où monte la sève. La terre, le sol, la forêt : moujik son ascendance ? Sans doute, la sève déborde. Elle reparle des personnages du film, si moyens au départ, et qui deviennent extraordinaires, se dépassent. La générosité est un mot dévalué, dit-elle. Donner à perte est maternel, et aussi paternel. Le père dit à son fils qu'il n'aurait pas accepté le sacrifice d'Isaac, qu'il se serait opposé à Dieu. Le fils ira retrouver le père, c'est la dernière image du film, le pardon est extraordinaire, dit-elle encore...

Elle continue en mêlant la décision de toujours surmonter la haine, dans sa vie, et le rappel de sa génération d'après-guerre, d'après le nazisme. Elle sait que son père n'a pas tout rejeté pendant la guerre. Pendant un temps long, des années et plus, elle s'est occupée de ses parents à la fin de leur vie, sa mère, puis son père ; elle est devenue la mère de sa mère, et elle voulait que son père ait une fin de vie heureuse.

Ce n'était pas difficile de mettre la carrière à distance, après les grands succès, Fassbinder, Wim Wenders, Godard et tant d'autres. La vie est multiple.

Qu'est-ce qu'une star ? À trois reprises, je pose la question. « Rêver les yeux ouverts », avoir « l'illusion d'être aimée de tant de gens », la star risque d'être la dupe d'elle-même. Antistar alors, lui a-t-on suggéré jadis. C'était une formule qui collait bien aux années 1970 et 1980, et qu'elle peut ainsi traduire : ne pas rester sur un socle, un piédestal, là où on arrête de prendre des risques, pour conserver l'acquis. C'est quoi prendre des risques ? Être prête à donner une autre image que celle construite par le succès, s'exposer comme elle vient de le faire dans le film de Fatih Akin ; pour bien vieillir..., pour se tenir en dehors surtout. Elle a toujours su être dedans et dehors, elle est aujourd'hui star et non-star, les deux places lui vont bien, et le passage d'une place à l'autre n'est pas difficile. Ce qu'elle aime sûrement, c'est garder la possibilité d'aller du glamour à la plénitude ; cela ne se fait pas sans décision, moments de ruptures, comme après *Effi Briest*, ce film de Fassbinder qui la consacre et qui fait d'elle une « chose figée », comme après la mort de Fassbinder, quelques années plus tard, où il faut retrouver sa source intérieure.

Elle connaît les images accolées à son succès, « muse » du réalisateur, « égérie » aussi. Elle entend ces mots qui lui viennent de l'extérieur. Elle veut bien avoir été inspiratrice du cinéaste prolifique et pressé qu'était Fassbinder, elle veut bien avoir été une figure emblématique du cinéma allemand de l'urgence des années 1970. Ces images de femme relative sont un état de fait ; ou un acquis ? Je n'ai pas osé questionner plus. Car elle se réapproprie désormais les choses comme créatrice. « Je me suis réinventée » ; suivons-la dans ce parcours de la femme artiste où la place de l'actrice est désormais occupée par la créatrice.

Il y a la chanteuse, celle qui aime Marlène Dietrich et Édith Piaf et qui va à la rencontre de Louise Brooks. Lorsqu'on lui propose d'incarner Lili Marleen et qu'elle suggère que ce soit avec Fassbinder, elle ne pense pas alors qu'elle chantera plus tard, qu'elle rencontrera Jean-Marie Sénia, lors d'un programme d'Arte, un musicien qui lui offre une musicalité libre, « forêt d'harmonie ». En Allemagne, elle se consacre à une biographie musicale, depuis les comptines de son enfance jusqu'au rock, sans compter Brecht bien sûr, qui fut comme une bouée de sauvetage dans sa jeunesse. Sur la télé espagnole, le réalisme magique de deux films avec García Márquez…

Et puis, elle réalise *Protocoles de rêves, Traumprotokolle*. Alors elle « enfante en elle-même une énergie créatrice ». Elle se souvient avoir découvert les surréalistes lors de sa première venue à Paris ; elle voit le moment où Fassbinder lui a fait lire *L'Homme-Jasmin* d'Unica Zürn, la compagne d'Hans Bellmer, elle aussi Allemande vivant en France. Elle raconte, ils étaient alors au festival de Cannes, qu'il lui avait proposé de réaliser ensemble ce travail, elle se souvient qu'elle se demandait si elle serait à la hauteur. Puis l'ami de Fassbinder est mort, il a tout arrêté, longtemps. Plus tard, elle a continué. Elle s'est « déchaînée comme dans une impulsion créatrice », et un autre moi est apparu. On sent qu'elle goûte cette découverte. En toute liberté survint ce déchaînement. Elle a acheté une caméra, et s'est filmée pendant deux mois. Lorsqu'en 2005, le MoMA, à New York, lui consacre une rétrospective, elle ressort ces bouts de film. Elle reprend ces images, en y ajoutant d'autres images d'elle, film en abyme. Elle s'est déchaînée, répète-t-elle.

La précision, légèrement décalée, de qui habite une langue étrangère, donne à ses réponses une couleur singulière, apurée. Soudain, en partant, j'ai regretté de ne pas entendre sa langue allemande.

Son air de majesté n'a pas disparu, il accompagne son rêve.

ÉLISABETH DE FONTENAY (1934-)*

Née à Paris le 18 octobre 1934, Élisabeth de Fontenay, dont la mère était juive, reçut une éducation catholique. Elle pense que sa judéité fut sa première prise de conscience du monde. En choisissant la philosophie et son enseignement en classe de terminale, lettres supérieures, puis à l'université de Paris, elle développa deux idées majeures : que l'universel de la philosophie n'existe pas sans les catégories qui le questionnent, ici juive et femme, et que la pensée sans traduction dans le politique, sans action, perd de sa puissance. L'enseignement et l'engagement militant se mêlent ainsi dans une exigence de clarté théorique qui le dispute à la complexité de la réflexion pratique.

C'est dans la société des philosophes et autour de la revue *Socialisme ou barbarie* qu'Élisabeth de Fontenay découvre brutalement la lutte des

* *Dictionnaire des intellectuels français. Les personnes, les lieux, les moments*, Jacques Julliard et Michel Winock (dir.), Seuil, 1996.

classes. Ce sont les écrivains russes qui, en lui donnant la conscience du totalitarisme, introduisent 20 ans plus tard une discordance entre sa volonté d'engagement et les certitudes collectives. Les rencontres philosophiques furent des temps d'engagement personnel dans la théorie et dans la pratique : avec Vladimir Jankélévitch, la guerre des Six Jours et mai 68, l'Association pour la paix au Moyen-Orient et *Les Nouveaux Cahiers* ; avec Alain Finkielkraut, en compagnie de qui elle crée *Le Messager européen* en 1987. Elle développe notamment dans cette revue une réflexion sur l'« affaire Heidegger » où elle propose d'« user de Heidegger contre Heidegger » : non pas de sauver la philosophie tout en condamnant la position politique, mais de se servir de l'une pour critiquer l'autre.

Entre l'individuel et l'universel, Élisabeth de Fontenay a refusé la simple solution de la dialectique ; entre la différence de chacun, race, sexe, peuple, et l'identité de la communauté, elle ne croit pas que « le conflit est le maître du devenir ». Dans l'écart entre deux exigences, entre universel et dissémination, elle a situé sa pensée : « Être ambigu pour ne pas être équivoque », disait Merleau-Ponty. De ce point de vue, le théâtre est une figure concrète de cette tension, sa mise en œuvre autant que son déplacement : elle est l'autrice de *Diderot à corps perdu* (mis en scène par Jean-Louis Barrault), de l'adaptation de *Madame de La Carlière* de Diderot (1988), et de *Michelet ou le Don des larmes* (1989) avec Simone Benmussa.

Avec des auteurs, Marx et surtout Diderot, tous

deux matérialistes et acteurs de la modernité, des catégories de l'être, juif, femme, animal, et l'enjeu d'une écriture à la recherche d'un équilibre entre affect et vérité (d'où l'importance de Derrida), la philosophe Élisabeth de Fontenay choisit de mêler métaphysique et politique, de radicaliser les oublis de la métaphysique comme les errements contemporains du politique.

CLAIRE ETCHERELLI (1934-)*

Née à Bordeaux, Claire Etcherelli fut boursière, mais ne poursuivit pas ses études au-delà du baccalauréat. En venant à Paris en 1956, elle apporte un manuscrit qui lui est refusé. Suivent 27 mois sur une chaîne de montage auto, 16 mois dans une usine de roulements à billes, puis des emplois alimentaires alors qu'elle écrit *Élise ou la vraie vie*, publié par Maurice Nadeau — couronné par le prix Femina, le livre est porté à l'écran par Michel Drach en 1970. Accompagnatrice de groupes pour touristes, guide de groupes scolaires dans les musées, animatrice pour le théâtre de Sartrouville où Catherine Dasté cherche pour les enfants une alternative à la télévision, elle entre au secrétariat des *Temps modernes* en 1973 puis au comité de rédaction l'année suivante. Elle le quitte en 1987 lors de débats au sujet d'Israël, tout en restant au secrétariat. Tout le temps partagé avec Simone

* *Dictionnaire des intellectuels français. Les personnes, les lieux, les moments*, Jacques Julliard et Michel Winock (dir.), Seuil, 1996.

de Beauvoir, qui coïncida aussi avec la forte présence des féministes et de la rubrique « Le sexisme ordinaire », éclaira cette dizaine d'années d'une lumière joyeuse. Plusieurs romans et nouvelles furent alors publiés.

Parcours exemplaire de la fille du peuple devenue écrivaine, de l'ouvrière devenue intellectuelle ? *Élise ou la vraie vie*, dans le décalage de l'autobiographie, dit beaucoup plus que tout cela. La solitude des femmes attachées sans cesse, et malgré le travail, à l'espace domestique avec pour horizon l'homme aimé, la vie et la mort de la province, l'engagement dans la guerre d'Algérie si loin des pétitions universitaires, l'attention improbable, inattendue, portée à l'autre de couleur différente.

Ainsi, dans ce mélange de militantisme et de rencontre avec la vie intellectuelle, d'action concrète et d'écriture littéraire, Claire Etcherelli a dessiné un parcours original, où se croisent guerre d'Algérie et féminisme, syndicalisme et *Temps modernes*, parti communiste (de 1965 à 1969) et écriture.

FRANÇOISE PASQUIER (1944-2001)*

Comment supporter d'apprendre ta mort sur une page de journal ? À cette place-là, tu es tout à coup morte et vivante à la fois. Tu ne nous as pas laissées approcher ta mort ; et la mort t'a si vite attrapée. Mais cela te va bien de t'absenter sans prévenir. Tu nous avais suffisamment confié, il y a très longtemps, que ta santé n'était pas bonne. C'était à nous de te croire. Je t'ai crue alors ; mais je n'ai pas été assez vigilante.

Au temps du féminisme allié au gauchisme, nous te rencontrions à la librairie Parallèles. La rue des Prouvaires, lieu de rencontres féministes, n'était pas loin, les réunions s'y succédaient, le chantier des Halles nous indifférait et la librairie regorgeait de publications recherchées. Ta fidélité a commencé par ta présence vive. Nous étions sûres de t'y trouver, à la caisse souvent, près de l'entrée, à gauche. Tu parlais tout le temps des

* Cimetière du Père-Lachaise, 11 janvier 2001 ; « Intellectuelles », *Clio. Histoire, femmes et sociétés*, n° 13, Toulouse, Presses universitaires du Mirail, 2001.

livres et de la politique, de la politique et des livres. C'était quoi alors, la politique ? Pas celle des institutions, bien sûr. C'était des projets et des inventions. Le catalogue *Ressources* dressait l'inventaire des révoltes et des alternatives. En 1976, tu y introduisis un chapitre féministe. Et tu décidas de faire un volume pour les femmes. De l'entrée de la librairie, nous passâmes au premier étage, et là encore nous enchaînâmes les réunions.

Je retrouve le nom de toutes celles que tu remercias alors. Tes liens étaient si nombreux et ta relation avec chacune si singulière que nous perdions vite la mesure de tes entreprises. On ne savait plus où étaient les limites, on craignait pour la rigueur de la structure ; et tout d'un coup, l'objet était là, le livre était fait. De ces premiers travaux en commun, j'appris qu'il fallait te faire confiance quoiqu'il apparût d'un désordre ou d'un excès de passion pour un être comme pour un texte.

Éditer un livre, donc éditer des livres : tu franchis le pas comme par évidence en créant les éditions Tierce avec Françoise Petitot. Tierce, ce titre était superbe : il disait les femmes, ce tiers état de la subversion ; il disait le chiffre trois pour parler du deuxième sexe ; il disait la tierce personne, personne en plus ou en moins, homme ou femme, on ne savait plus. Aussi bien à la librairie Parallèles que rue des Fossés Saint-Jacques, tu as toujours vu le féminisme se partageant avec d'autres luttes et d'autres passions. Tu vins rejoindre les éditions Solin, et longtemps nous vîmes vos bureaux côte à côte. *Les Révoltes logiques*, *Quel corps ?*, *Tankonalasanté*, *Actes* voisinèrent bientôt

Questions féministes, *La Revue d'en face*, et *Les Cahiers du GRIF* que Françoise Collin apportait de Bruxelles. Yolaine Simah, à quelques mètres de là, au Lieu-dit, rue Saint-Jacques, se faisait l'écho de la revue *Sorcières*.

Alors ce lieu des Fossés Saint-Jacques fut un espace. Chacune de ces revues et toutes à la fois ont porté leur charge d'utopie et de subversion. Espace de réunions, revue après revue, espace de rencontres de fidèles et d'étrangers, espace d'action : nous ne pensions pas à refaire le monde, parole après parole. Non, nous étions trop pressées. Nous pensions aux articles à écrire, aux collectifs occasionnels, aux traductions en souffrance. Nous transformions le monde sans même à avoir à le décider. Nous étions très occupées. Assise à ton bureau, ironique, sarcastique, chaleureuse, épuisée, regardant passer ce monde féministe avec le désir toujours de le publier, c'est-à-dire de le rendre public, visible, intelligent, créatif.

Et vinrent les livres, les livres politiques, les livres scientifiques, les livres philosophiques, les livres d'intervention ou d'histoire féministe, les livres français et les livres étrangers ; et les livres de littérature sans lesquels tu ne nous aurais jamais supportées. En exemple, pêle-mêle : *Calamity Jane* (tu fus si heureuse qu'il passe en poche au Seuil), le premier livre de Fatima Mernissi, la poésie de Brigitte Fontaine, Hannah Arendt avec d'abord la traduction de Rahel Varnhagen. Hélène Chatelain te convainquit sans mal de publier des dissidentes russes. Evelyne Le Garrec t'apporta les *Papiers* de Séverine. Madame Léautey, qui nous a toutes initiées à la bibliothèque Marguerite Durand, alors place du Panthéon, en était émerveillée. Françoise Gaill lança une collection scientifique. *Le monde est rond* de Gertrude Stein fut une surprise. Je mesure après coup l'étonnante diversité de tes publications. « C'est cela le métier de l'édition ! », me dit en riant ton amie, Irène Lindon.

Avant et après 1981, il y eut l'actualité féministe. Simone de Beauvoir fut dès le début un de tes anges gardiens. Il m'est arrivé de t'accompagner pour la tenir au courant. Elle fut un soutien et un conseil. Parce qu'au milieu de tout cela, tu étais très seule. Yvette Roudy, pendant son ministère, t'aida à créer le CRIF, Centre de recherche et d'information féministe. Nous fîmes un bulletin, et surtout avec Nadja Ringart et Françoise Gaill, un rapport sur la recherche féministe. Elle t'aida aussi à créer la librairie de la rue de la Roquette.

Tu disais : « Je ne suis pas une intellectuelle ; tu sais bien que je n'y comprends rien ». Tu répétais cette phrase avec des intonations différentes suivant les interlocuteurs ou le baromètre de tes humeurs. Il fallait alors autant te croire que t'ignorer. Parce que sortie du bureau (tu aimais dire « Je suis au bureau, je vais au bureau »), tu n'arrêtais pas le dialogue ni la discussion. Place de l'Estrapade, chez Perraudin, au café à côté de la librairie Savoir, plus loin rue Soufflot, nous avons quadrillé le quartier de nos échanges. Tu avais l'art de la complicité. Tu me demandais conseil souvent, et puis tu décidais autrement. De cela nous avons ri. Nous avons ri de tout. Françoise, tu n'existes pas sans ton rire. Ton rire de blague et d'humour, et ton rire de sarcasme ou de désespoir. On ne peut pas raconter le féminisme des années 1970 sans parler de nos rires. Et là tu fus l'une des meilleures d'entre nous. Aussi tu es devenue la marraine de ma fille Chloé. Je sais que tu en étais heureuse et fière. Vous ne vous êtes connues que dans son enfance. Je remercie Chloé d'être venue aujourd'hui.

À relire ce morceau de ton histoire, je vois ta solitude et ton courage, ta confiance et ton hospitalité. Tu aimais les êtres humains, tu as toujours fait attention au point de douleur plus ou moins caché de tes visiteurs et de tes amis. Tu as su aimer les êtres féministes en leur prêtant le meilleur de leur humanité.

FRANÇOISE D'EAUBONNE (1920-2005)*

J'aurais dû m'en souvenir ; il y a longtemps que Françoise d'Eaubonne avait changé la langue et parlait d'« écrivaine » à propos des femmes qui « cultivent les lettres », comme on disait jadis. Cultiver les lettres est une belle expression, et Françoise d'Eaubonne avait choisi d'appartenir à cette tradition, celle de l'écriture. Elle s'y inscrivait dans son dialogue continu avec Simone de Beauvoir, et dans sa proximité avec Germaine de Staël pour qui cette culture des mots, des lettres, des phrases et des idées était sa respiration même. Françoise d'Eaubonne raconta Germaine de Staël dans un livre où elle la disait témoin, « témoin de son siècle ». Et elle, l'écrivaine ? Quel titre lui donner ?

La réponse se trouve peut-être dans la lettre qu'elle adressa à François Mauriac lorsque, à la parution du *Deuxième Sexe* de Simone de

* « L'écrivaine », préface à Françoise d'Eaubonne, *Une Femme nommée Castor. Mon amie Simone de Beauvoir*, Paris, L'Harmattan, 2008.

Beauvoir, celui-ci lança une enquête sur l'« exploitation de l'érotisme » et ses conséquences politiques et littéraires. François Mauriac distingue alors la réponse de Françoise d'Eaubonne en soulignant qu'elle prononçait « des gros mots avec un plaisir tout neuf de petite fille émancipée ». Voilà, elle était une femme émancipée ; l'adjectif lui va bien, l'adjectif l'emporte sur le reste, sur cette condescendance d'écrivain pour les gros mots et l'âge de la femme qui les écrit.

Écrivaine et témoin de l'émancipation des femmes du XXe siècle : il y a de quoi être fière d'avoir été distinguée par celui qui s'énervait contre la parution du livre de Simone de Beauvoir. Il y a de quoi être fière car, sûrement, les mots employés dans la réponse de Françoise d'Eaubonne touchèrent l'écrivain pour de bon ; c'étaient des « gros mots » de « petite fille », c'était donc de la littérature écrite par une femme ; permettez-moi de traduire ainsi la disproportion supposée entre le gros des mots de la langue française et le petit de la personne de sexe féminin. Puisque l'affaire était sérieuse, une jeune plume féminine était d'entrée de jeu disqualifiée par celui qui écrivait en 1936 que la science, chez une fille, se transforme immédiatement en coquetterie. C'était dans un opuscule sur « l'éducation des filles » et cette remarque méprisante ignorait à quel point ce ridicule de la femme savante est une ritournelle chez les écrivains et les philosophes de sexe masculin.

Mais que disaient ces mots dans leur grossièreté, si frappante pour l'écrivain François Mauriac ?

Ils ne s'arrêtaient pas à la levée du « tabou de la sexualité », ils ne s'attardaient pas au sexe comme « sujet d'un interdit ». François Mauriac le reconnaissait lui-même, Freud et Kinsey avaient légitimé l'objet d'étude. Non, Françoise d'Eaubonne avait bien répondu à la question, question précisément politique puisqu'il fallait identifier le « danger pour l'individu, pour la nation, pour la littérature », et désigner la responsabilité de « certains hommes, certaines doctrines ». Ainsi Françoise d'Eaubonne répondit sérieusement à la question posée ; elle répondit en inscrivant les choses dans une temporalité politique. En visant d'abord les catholiques et les pétainistes, toujours embarrassés par la jouissance : « la terreur théologique de la chair est dépassée », et « le naïf slogan pétainiste : c'est l'esprit de jouissance qui a perdu la France » est un « non-sens ». En revenant ensuite sur la guerre et le fascisme, à peine achevés : « De tout temps, ce furent les chastes, les incorruptibles, les impuissants même, qui firent couler le sang à flots ; les rationalistes, les jouisseurs et les égoïstes se contentèrent d'écrire “Gargantua” ou de peindre… ce que l'on voit dans les musées ».

Il faudrait citer l'entièreté du texte que Françoise d'Eaubonne reprend et complète dès l'essai de 1951 intitulé *Le Complexe de Diane*, et dont l'exergue était : « Le mot “féminisme” est démodé ? Soit. Il faudra en inventer un autre tant que les chances ne seront pas parfaitement égales au départ ».

J'ai revu Françoise d'Eaubonne au festival du

livre d'histoire, à Blois, en 2004, pour une table ronde autour de la publication de l'ensemble des réponses à l'enquête de François Mauriac, réalisée par Ingrid Galster. De cette polémique ancienne, l'écrivaine riait encore.

ANTOINETTE FOUQUE (1936-2014)*

Antoinette Fouque, disparue le 20 février 2014, avait créé et dirigé les Éditions des Femmes (1973) et les librairies Des Femmes. Animatrice du groupe « Psychanalyse et Politique », l'un des courants du féminisme en France, elle avait été élue députée européenne (sur la liste radicale de Bernard Tapie) de 1994 à 1999. Son livre, *Il y a deux sexes*, a été réédité en 2004.

Antoinette Fouque a été saluée, depuis sa disparition, comme une « grande et belle voix du féminisme ». Quel a été son rôle dans le mouvement en France ?

Puisqu'on parle de grande voix féministe, je remarque que cette même semaine, on a évincé une vraie grande voix du féminisme, Olympe de Gouges, l'autrice révolutionnaire, en 1791, de la Déclaration des droits de la femme et de la citoyenne. Elle avait été plébiscitée par les internautes pour entrer au Panthéon. Elle n'y

* Entretien avec Annette Lévy-Willard, *Libération*, février 2014.

entrera pas. Or Najat Vallaud-Belkacem, porte-parole du gouvernement, salue, au contraire, une autre « grande voix féministe » qui s'est tue, celle d'Antoinette Fouque. Intéressante coïncidence, superposition gênante. Et cela pose une question subsidiaire : une femme seule fait-elle l'histoire ? Une femme qui fait l'histoire est-elle une « voix » ? On veut encore des héroïnes. Mythe de l'héroïne qui perdure alors que la question de l'émancipation des femmes est depuis longtemps un « plurielles », exactement depuis la rupture de la Révolution française.

Il n'y a pas de fondatrice dans ces mouvements féministes ?

Oublions l'héroïne, et parlons de la « fondatrice » : avec Antoinette Fouque, on construit une figure historique à partir de deux notions problématiques, celle d'« origine » et celle de « fondation » d'un mouvement. Or il n'y a ni fondation ni origine à partir d'Antoinette Fouque. Olympe de Gouges est remarquable, notamment comme autrice de la Déclaration des droits de la femme et de la citoyenne. Mais on ne la place pas à un point de départ historique ou politique. On « date » son intervention historique et c'est cela qui compte. En revanche, Antoinette Fouque a prétendu être la fondatrice du MLF, donc en son origine ; tous les hommages la présentent comme une « co-fondatrice ». Or le MLF, geste collectif d'émancipation des femmes, s'inscrit dans l'histoire longue du féminisme ; n'en déplaise au courant représenté par Antoinette Fouque. Comme l'a dit Michel Foucault, il n'y a que de la « provenance » : quand on parle d'origine ou de fondation, on évacue l'histoire en train de se faire. L'historicité du féminisme est très mal reconnue. Ainsi on se trompe quand on le fait commencer avec une « première vague » contemporaine de la IIIe République en France alors que les années 1830 et la Révolution de 1848 sont des temps très forts de mobilisation et de subversion féministes.

Quelle était la singularité du courant dirigé par Antoinette Fouque ?

Les hommages ou commentaires nécrologiques d'aujourd'hui font l'impasse sur le plus original, ce qu'elle a énoncé en tant que théoricienne. Personne ne parle de sa pensée, avec laquelle de nombreuses féministes sont en désaccord, mais dont il faut reconnaître la singularité : Antoinette Fouque a proposé un ordre symbolique à partir de la mère. À ne pas comprendre seulement comme une insistance sur le féminin, et par là même sur la différence des sexes, mais comme une nouvelle construction, une filiation symbolique qui passerait par la transmission du maternel et du féminin. Antoinette Fouque n'aimait pas le mot « féminisme », parce qu'elle y voyait un désir d'assimilation à l'ordre existant, patriarcal. La psychanalyse, revisitée, joue un rôle clé. *Le Dictionnaire des créatrices*, récemment publié, souligne cette volonté de transmission.

Et ce qui restera de son action ?

Je pense qu'on retiendra peut-être sa proposition théorique sur l'importance de la mère et du féminin mais qu'on oubliera qu'elle a voulu, en s'appropriant légalement le sigle « MLF », opérer une tentative d'hégémonie politique, symbolique et commerciale sur l'un des plus grands mouvements historiques de la fin du XXe siècle : le MLF, mouvement de libération des femmes.

FRANÇOISE COLLIN (1928-2012)*

On partira du double présupposé philosophique de Françoise Collin : son refus de la pensée de la totalité et sa récusation du mouvement de la dialectique. Deux débats philosophiques contemporains, l'universalité et l'histoire, qu'elle tient à distance tout en en connaissant la pertinence. J'en fis l'expérience lors de l'entretien que je lui proposai, pour France Culture, l'été 2008 : elle ne cessait de lier pour mieux délier thèmes et analyses. À partir de là, comment parler de son travail, comment relier ce qu'elle a voulu sans cesse délier ? Nécessairement, il faut la trahir.

Elle fera du féminisme « dans » la philosophie, suggère le titre de ce texte. En effet, elle est passée, avec détermination, du « hors-champ » de la réflexion féministe, extériorité subie, assumée, et travaillée sans cesse, à l'occupation vigilante d'un champ de pensée dit commun à tous. Le

* « Le féminisme dans la philosophie », in *Penser avec Françoise Collin. Le féminisme et l'exercice de la liberté*, Dominique Fougeyrollas-Schwebel et Florence Rochefort (dir.), Éditions iXe, 2015.

féminisme tente, aujourd'hui encore, de se faire une place dans le champ de la philosophie ; non sans mal. Françoise Collin en est une des actrices, premières.

Accueillir le féminisme, pour la philosophie, c'est savoir que « le féminisme, ça pense », mais c'est aussi accepter ses images, à commencer par celle du « mouvement », groupe social sans structure, sans ligne fixe et écriture sans héritage, sans tradition. S'installer pour mieux se mouvoir ; ce n'est pas toujours facile de la suivre.

L'EXTÉRIORITÉ DE L'ÉVÉNEMENT

Le féminisme arrive dans la vie de Françoise Collin tel un événement imprévu. Comme « touchée par la grâce », il fut impossible de s'y dérober. « Ça s'est imposé », dit-elle. Elle en aura officiellement des regrets, mais elle développera, en même temps, un rare sens du devoir intellectuel, existentiel. On peut, en effet, déduire de ses multiples propos qu'elle assume positivement cette effraction politique dans sa vie d'écrivaine. Et, contrairement à la génération suivante, la mienne, celle qui naît à la pensée dans le temps même de la rencontre avec le Mouvement de Libération des Femmes, où le féminisme est une rupture certes, mais surtout un point de départ. Dans tous les cas, l'événement comme la rupture obligent à la table rase, ou à la naissance d'une radicale nouveauté.

Se sentira-t-elle obligée à la méthode cartésienne,

mise en cause, mise en doute des certitudes, avec la nécessaire reprise d'un « je » méthodologique ? Non, Françoise Collin ne s'intéresse pas au cogito fondateur, elle se tient plutôt face au lien défait entre un passé et un futur. Le passé est un héritage sans testament, c'est-à-dire, pour le féminisme, sans modèle. Car quel serait le bon modèle ? Et le futur indique une naissance, toujours à venir ; sans réalité précise, par conséquent.

Ainsi se comprend l'effraction dont elle parle à propos de la survenue du féminisme dans sa vie. La philosophe ne comprend pas cette effraction comme une contingence, une surprise historique, dans le parcours de vie et de pensée d'une intellectuelle du XXe siècle. Elle ne se pose pas non plus la question de ce qui fait histoire avec un tel événement. Elle se l'approprie, très vite, et en fait l'expression d'un choix de pensée. Plutôt que l'expression, il faudra dire la confirmation d'un choix philosophique antérieur, celui de l'équilibre périlleux entre le passé et le futur. Cette confirmation n'a pas été recherchée : le féminisme en fut cependant l'occasion, la « bonne » occasion. Car ce qui advient a partie liée avec la naissance. Qu'est donc le présent, en conséquence ?

ACTION-PENSÉE

Dans la vulgate intellectuelle, faisant retour sur les quatre dernières décennies, il est usuel de situer le moment militant, chez une théoricienne, avant le moment réflexif. Agir, puis penser. On entend mon humeur critique. Car, justement, Françoise Collin est le parfait exemple de cette illusoire chronologie existentielle. Comment procède-t-elle ? En faisant coïncider l'agir et la pensée, en soulignant qu'elle ne voit aucune temporalité différenciée entre politique et poétique. C'est pourquoi l'agir féministe commence par la création en 1973 d'une revue, *Les Cahiers du Grif*, publication qui n'est que va-et-vient entre thématiques urgentes du féminisme et contributions autour de figures de la création et de la pensée. Pas de modèle, là encore, s'adossant à l'histoire, mais une sorte d'affrontement avec les philosophes du temps, ou plutôt avec l'univers des années 1970. On comprend ainsi le mot « praxis » comme une étroite complicité entre philosophie et engagement, écriture et militantisme. La distance est abolie, les médiations classiques entre action et pensée ne sont pas respectées. De ce point de vue, Françoise Collin se retrouve plutôt seule dans la nébuleuse philosophique et politique de l'époque.

ONTOLOGIE ET POLITIQUE

On peut alors rapprocher les sous-titres de deux de ses ouvrages, « De Platon à Derrida », et « De Platon à la parité ». Elle y privilégie, dans la perspective de la philosophie occidentale née en Grèce, deux lignées historiques qui impliquent, à la fois, la différence et le différend. La différence se soucie de l'Être, et le différend s'inquiète du rapport entre les êtres. Or, ni la philosophie de la déconstruction derridienne d'un côté, ni une réforme de la Constitution française de l'autre ne suffisent à réfléchir le féminisme. Que faire de cette différence, ici de la différence des sexes, dans le télescopage entre l'ontologie et le politique ? Si la différence est « différenciation infinie », ou « différence pour échapper à la différence », cela indique autant l'absence de totalité ontologique que de maîtrise politique ; puisque « ni le Un, ni le Deux » ne sont jamais une solution.

Ainsi cherche-t-elle à penser ontologie et politique ensemble, à les rapprocher comme expression d'un même problème. Pour ma part, je dissocie ces deux axes de subversion, comme deux possibles radicalités, chemins d'émancipation qui peuvent se croiser ; mais pas toujours. Françoise Collin, en revanche, les entremêle dans l'« incertitude » entre le féminin et le féminisme. Cela soulève une essentielle question philosophique. Que fait-elle de cette incertitude ? Car si le féminin se prête, sous sa plume, à peu d'interprétations, ses textes dessinent une fine problématique féministe avec le « conflit » et le « jugement ». Là se prennent les décisions. Retour sur l'agir, indissociable de la pensée, et dérangeant toujours. Agir et penser ensemble, une cristallisation théorique qui reste à approfondir dans ses textes.

LE FÉMINISME, JUSTEMENT

Livre après livre, il apparaît clairement qu'elle privilégie une pensée de la liberté ; presque au détriment, pourrait-on dire, de l'égalité. La liberté va avec la libération, et colle à l'agir, à la pratique, à la praxis.

Plus encore, l'égalité montre ses défauts, celui de sa contiguïté avec la « mêmeté », celui de ses conséquences inattendues à chaque victoire, par exemple celle de « l'inhumanité des gagnants ». On pourrait établir un rapprochement avec la pensée de Carole Pateman, thèse d'un « contrat sexuel » au fondement du contrat social moderne, analyse qui jette un soupçon sur toute émancipation, plus précisément sur toute inclusion dans le monde du dominant. Pourtant, que l'exclusion ne puisse se transformer, par la praxis, en bonne inclusion ne devrait pas nécessairement récuser tout mouvement de libération et d'émancipation. Là encore, Françoise Collin s'interroge sur la pertinence de la dialectique. Inquiète de toute totalité à venir, la philosophe se montre suspicieuse. Si le droit des femmes se traduit en assimilation, politique, culturelle, il peut avoir trois conséquences : l'arrêt du mouvement historique, la similitude forcée des êtres, et l'arrogance du gagnant qui croit à la victoire.

La liberté plus que l'égalité : c'est pourquoi les oppositions conceptuelles imposées dans le débat de la pensée féministe, par exemple entre l'universel et la différence (etc.), sont reconnues par la philosophe sans pour autant être validées. Pourquoi ? Parce qu'il s'agit, dans ces jeux d'opposition, de stratégie plutôt que de théorie. Elle commente, à plusieurs reprises, ces débats, elle en montre les facettes, donc leur importance, mais jamais leur validité dans la pensée. Ainsi, les disputes, dilemmes, alternatives théoriques et pratiques sont abondamment commentés, avec un regard distancé. Elle déplore le conflit tout en cherchant à bien définir le dissensus, le différend ; mais elle se refuse à y injecter de la controverse, de la dynamique historique.

De mon point de vue, je lui proposerais volontiers de reprendre le mouvement de l'histoire, et de ne pas craindre la mécanique de la dialectique. En effet, en intégrant l'histoire, on rend manifeste le « contretemps » qui marque la synergie des émancipations. Ainsi disparaît le risque de totalité, de mêmeté, d'assimilation. Ainsi se construit, si possible avec une lucidité joyeuse, la contradiction des égalités.

« MAUVAISES » QUESTIONS ?

Revenons sur ce qui fait répétition dans la pensée de Françoise Collin. Questions sans réponse, sans doute, donc solubles dans l'agir et dans la discussion ; mais aussi questions qui s'inscrivent, en profondeur, dans l'historicité du féminisme contemporain.

La première est donc celle de l'ontologie, du Un qui n'est pas du Un, et du Deux qui n'est pas du Deux. Privilégiant la reconnaissance de l'écart, on l'a souligné, elle contourne toujours tout mouvement dialectique. Mais aussi, c'est dans la statique qu'elle affronte le soupçon qui pèse sur l'emprise du Un et la clôture du Deux. Alors elle n'ouvre pas le chemin, aujourd'hui très fréquenté dans la pensée féministe, du Multiple, qui échappe au Un comme au Deux. Elle ne cherche pas de solution. Elle substitue la voie politique, comme une conséquence de cette double impasse : comment négocier le différend ? Car le différend, c'est ce conflit qui se juge toujours à partir du Deux pour fabriquer du Un. Et cela sans y donner une portée transcendantale.

La seconde question sans réponse concerne la tension entre une rupture (historique, philosophique) et un événement (politique, existentiel). Ce qui change sa vie, au début des années 1970, par-delà l'adéquation à sa démarche philosophique, c'est l'opportunité de voir le monde autrement. Mouvement des femmes, droit des femmes, peut-être ; mais surtout « féminisme ». Le féminisme est un enjeu philosophique plus encore qu'une affaire d'émancipation. Il permet un passage, il est un seuil. Alors deux images, qui marquent, encore une fois, un écart : le féminisme est désormais un « pivot » de l'histoire, ainsi un axe qui va permettre des « médiations ». Mais cet apport pourrait bien n'être qu'une « révolution des termites », et dans ce cas il faudra du temps, longtemps, pour qu'advienne du neuf. Si elle emploie aussi l'image du

« grain de sable », je peux le rapprocher de ce que je cherche du côté du « dérèglement ». « Source d'historicité », écrit-elle à propos de mon travail, faisant ainsi du féminisme un apport à la marche de nos sociétés. Le féminisme : une occasion de changer les règles ?

D'OÙ LA QUESTION DU SUJET

Il faut dire un mot de son traitement du sujet ; sujet individuel pris, à la fois, dans le commun et dans le singulier. Le commun, comme agir, est toujours une histoire à plusieurs. Le singulier, c'est d'abord « quelqu'un », écrit-elle, c'est-à-dire un possible universel. « Quelqu'un » est une singularité, mais une singularité détachée de certaines contingences individuelles, intimes ou publiques. Et en effet, Françoise Collin donne son avis, assume très facilement de dire « je », mais ne s'encombre pas d'ancrer ce « je » dans ses conditions de possibilité et d'énonciation. En ce sens, elle s'éloigne des problématiques contemporaines, de celles qui mettent en lumière le point de vue du sujet comme énonçant un « savoir situé ». Elle sait son « je » pris dans le réel de son histoire, privée et publique, mais elle délaisse cette histoire justement, au profit de la limite, de la limitation d'une singularité porteuse de ce qui l'excède. Ce « quelqu'un » est modeste et ambitieux à la fois.

Elle insiste sur le terme de « praxis ». Je dirais qu'elle est dans l'« exercice » : dans l'exercice de l'agir, de la pensée, de l'écriture, de la création. Elle a fort à faire, et dit « je » sans prétention à l'universel ; tout en voyant ce « je » comme lieu d'un partage possible. Cela pourrait renvoyer à la position ironique, de cette ironie de la communauté dont parlait Hegel à propos du féminin. Mais, ici, c'est la femme, et non le féminin, qui s'octroie l'ironie. Position ironique de la féministe qui affronte le monde, de la penseuse qui se déplace au gré de ses intérêts et de ses urgences.

Je me souviens d'une discussion, en 1990, au Collège International de Philosophie, quand je précisais que je n'étais pas une chercheuse féministe, mais une féministe qui fait de la recherche. Intéressée, Françoise Collin pouvait se reconnaître, et ne pas se reconnaître, dans cette affirmation soucieuse d'exigence épistémologique. Et surtout, et encore, elle souhaitait ne pas être assignée, ni dans la sexuation, ni dans le neutre de la pensée.

SIMONE DE BEAUVOIR

En 1988, Françoise Collin organisait un cycle de conférences à Bruxelles sur Simone de Beauvoir. Peu d'années après la mort de celle-ci, cela ressemblait à une sorte d'obligation intellectuelle ; car elle disait aussi, et elle le fit souvent, sa distance à l'égard de l'écrivaine.

Position critique, voire négative, l'organisatrice reconnaît alors que ces rencontres ne trouvent pas de public. Vingt ans plus tard, nous sommes à

Barcelone pour un hommage à Simone de Beauvoir. Alors que j'insiste sur sa jouissance à lire et à écrire, dès l'enfance et tout au long de sa vie intellectuelle, Françoise tient à souligner la place de la douleur dans son écriture. Non pas la douleur individuelle de cette femme célèbre, mais l'expression irréductible de la souffrance. Il y a « excédent de la douleur sur l'injustice », dit-elle. Telle est sa participation à cette rencontre, et notre dernier échange, contradictoire sur le fond.

« Excédent » : ce mot relativise toute démarche politique, car il souligne combien l'injustice n'est pas soluble dans la justice. Ce mot charge aussi l'interrogation ontologique à propos de la différence des sexes d'un poids existentiel éprouvant. Elle dit ailleurs que la domination masculine, à quoi le féminisme fait face, est un « accident durable ». Façon de dire qu'on n'en connaît ni l'origine, ni la structure, mais qu'en revanche, cela fait mal. Resterait à voir en quoi le « durable » échappe au « définitif ».

Aussi, un accident durable, cela n'existe pas. Un accident est un instant et non une durée...

Comment ne pas entendre, ici, son legs à la pensée du féminisme dans la philosophie, à la pensée féministe. « Héritage sans testament », aimait-elle à dire. Un legs est « une disposition à titre gratuit faite par testament ». Comment repartir de la douleur de l'injustice, comment penser la douleur échappant à la justice ? Elle nous laisse au travail.

DOMINIQUE DESANTI (1914-2011)*

« Le féminisme représente le premier mouvement qui fait entrer le corps sexué dans l'histoire. » Une citation prise au vol dans ses textes, et je m'y reconnais absolument.

« La femme à sa fenêtre » du journal *Le Monde*, spectatrice passionnée du mouvement de libération des femmes des années 1970, regarde vraiment ce qui se passe dehors : « Le corps sexué entre dans l'histoire », pense-t-elle. Cette femme à sa fenêtre est résolument moderne. Jadis, recherchant la lumière près de l'embrasure, elle aurait été occupée à des travaux de couture, ou concentrée sur la lecture d'un livre. Ces images prisées du XIXe siècle, représentations figées de la clôture domestique, n'ont plus cours un siècle plus tard. La femme à sa fenêtre, si elle s'appelle Dominique Desanti, n'est donc ni une rêveuse sage, ni une spectatrice mélancolique. Ou plutôt, elle est une

* « Quelle fenêtre ? », in *Dominique Desanti. Une femme à sa fenêtre. Chroniques publiées dans Le Monde (1972-1979)*, Guillemette Racine (dir.), Paris, Éditions du chat pour l'Association « Les amis de Dominique et Jean-Toussaint Desanti », 2017.

spectatrice engagée, exactement, embarquée dans l'Histoire. C'est pourquoi son regard a déjà de la distance. Elle ne rencontre pas simplement l'histoire du féminisme dans sa version renouvelée de la génération 68 / MLF. Elle connaît les arcanes des milieux communistes où on se disputait dans les années 1950 sur les vertus révolutionnaires de la contraception ou de l'accouchement sans douleur ; elle connaît aussi les déploiements de l'ONU, organe international où elle suivit, dans les mêmes années, les travaux sur la « condition » des femmes dans le monde. Plus même, elle parcourt l'histoire de l'émancipation des femmes, sachant tout de suite la contradiction, répétée, entre marxisme et féminisme. En 1972, son livre sur Flora Tristan est une biographie où elle s'implique, dans l'écriture même, comme femme du XXe siècle.

Ainsi, la femme à la fenêtre est une femme « avertie », enthousiaste certes, mais aussi lucide. Lisant à rebours aujourd'hui ces chroniques, j'en vois la profondeur. À l'époque, je rencontrais la passionnée des « socialistes de l'utopie », mais je n'avais pas perçu l'intellectuelle insolente.

Elle est insolente parce qu'elle a de la distance, mise en perspective politique. Le 6 mai 1958, Dominique Desanti prononce une conférence à la Sorbonne, rencontre initiée par l'Union rationaliste. « La femme dans le monde contemporain » ne mâche pas ses mots : trois conditions doivent être réunies pour penser l'efficacité de l'égalité des sexes : la loi, l'autonomie économique, les mœurs. Que la marxiste souligne la nécessité économique, cela va de soi. Ce qui l'intrigue, et fait sans doute une spécificité de la question féministe, c'est la tension entre mœurs et lois. Vieille histoire, en effet, celle qui oscille entre la loi qui provoquerait un changement dans le réel, et l'évolution sociale qui exigerait de nouvelles lois. Les mœurs, c'est quoi finalement ? Des pratiques anciennes ou nouvelles, des subversions ou des traditions ; bref, l'énigme de l'histoire du corps sexué, toujours en train d'advenir ; avec l'égalité comme boussole contemporaine.

SIMONE VEIL (1927-2017)*

Ont-ils osé, ceux qui se nomment les survivants, militants extrêmes contre l'avortement, ont-ils osé adresser à Simone Veil leur argument, celui qui compare l'avortement à un génocide, voire à l'Holocauste ? C'est bien possible, et ce ne serait pas la moindre des violences adressées à cette femme.

Qu'ils se disent survivants me semble impensable, car ils supposent ainsi que leur vie a résisté à la mort programmée par cette époque, époque qui a enfin offert aux femmes un *habeas corpus*, une propriété de soi et de sa fécondité. Car avorter n'est pas donner la mort. Et vivre, c'est avoir un nom propre qui nous désigne comme singularité, par-delà toute mort à venir.

Simone Veil a profondément délié la vie de la mort, et la mort de la vie. Au regard de son histoire, survivante et femme de loi, c'est comme un seul geste, unique et magistral. Avorter, ce

* « Elle a su délier la vie de la mort, et la mort de la vie », *Libération*, 1er juillet 2017.

n'est pas tuer, c'est accepter d'être libre. Et en faire un droit, c'est inscrire dans l'histoire humaine l'extraordinaire tension entre le désir des corps qui s'unissent et le choix de chaque conscience.

YVONNE KNIBIEHLER (1922-)*

Dans la prestigieuse revue des *Annales*, en 1976, Yvonne Knibiehler s'interrogeait sur l'exclusion des femmes des nouvelles sphères de droit qu'ouvraient les lendemains de la Révolution française. La question était neuve, et surtout elle était dérangeante. Les conséquences de la Révolution n'étaient pas les mêmes pour les deux sexes. L'histoire était sexuée, et à défaut de donner les causes de la hiérarchie et de la domination masculine, on pouvait chercher à comprendre comment cela s'était passé, comment le XIXe siècle commençant fabriqua quelques barrières pour freiner l'émancipation des femmes. L'historienne analysa alors en détail les textes scientifiques, et surtout médicaux, ces textes qui consolidaient la nature physique féminine et leur destination incontournable de femmes et surtout de futures mères. Il faut dire que le péril était grand, après la rupture

* Préface à Yvonne Knibiehler, *Réformer les congés parentaux. Un choix décisif pour une société plus égalitaire*, Rennes, Hygée Éditions, 2019.

révolutionnaire, de voir les femmes vouloir les mêmes droits que les hommes...

Bien plus tard, l'historienne proposa une autre hypothèse, comme le verso de l'image de l'exclusion démocratique, celle du droit de vote concomitant du baby-boom après la Seconde Guerre mondiale. Maternité et citoyenneté ne s'excluaient plus mutuellement, mais, au contraire, se structuraient ensemble, marchaient, sans contradiction aucune. La maternité requise par l'après-guerre pouvait se voir comme un acte citoyen.

Alors on comprend, par ces deux exemples liés à des temps historiques forts, qui vont de l'exclusion à l'inclusion politique, que la maternité est un fil rouge de sa démarche épistémologique.

L'histoire des mères interpelle l'histoire des femmes tout court, l'histoire des mères participe de l'histoire politique...

En 1983 eut lieu un colloque fondateur initié par Michelle Perrot, intitulé « Une histoire des femmes est-elle possible[1] ? ». Yvonne Knibiehler proposa de réfléchir à la chronologie, chronologie de l'Histoire à partir du moment où les femmes sont reconnues, je devrais dire identifiées, comme actrices de l'histoire. Quelles « actrices », s'est-on demandé à partir des années 1970 ; et dans quel temps historique sont-elles impliquées ?

Ce fut donc la question d'Yvonne Knibiehler, et sa témérité fit sur le moment même sensation. Bien sûr, elle s'adossait à l'histoire de la vie privée, de la maternité, de la vie familiale. Mais alors elle affrontait les difficultés sans avoir peur : « On peut se demander, écrivit-elle, si la chronologie au féminin n'entraîne pas des changements dans l'épistémologie de l'histoire ». Oui, il s'agit d'épistémologie, c'est-à-dire des conditions de la connaissance en histoire.

Événements, temporalité, périodisation, hiérarchisation des faits, tout peut être examiné à l'aune de la présence des sexes dans l'histoire. Alors imaginerait-on — l'historienne avance avec prudence — une « rupture épistémologique », expression philosophiquement consacrée ? Nous discutions ardemment de cela au début des années 1980, lorsque le changement politique de gouvernement nous donnait de l'enthousiasme. Pour ma part, la « rupture » me paraissait incertaine, mais l'idée de temporalités problématiques, et surtout de contretemps historiques (l'émancipation des femmes vue comme en retard ou en avance dans l'histoire commune), m'offrit une source de réflexions stimulantes.

Avec cet ouvrage consacré aux congés parentaux, elle exerce à nouveau sa sagacité. Le sous-titre annonce que ce livre est plus qu'une analyse historique. Comme elle le dit joliment dans son introduction, « l'histoire rend aux groupes sociaux un service comparable à celui que la psychanalyse rend aux individus ».

M'est ainsi donnée l'heureuse occasion de saluer la détermination du long parcours d'Yvonne Knibiehler.

JOËLLE LÉANDRE (1951-)*

D'emblée, elle est ailleurs. Elle est ici, mais toujours en voyage. Elle est de là-bas, le Sud, Aix, l'Italie, mais elle est désormais de partout, d'Allemagne, des États-Unis, du Japon. Elle est de France, ce pays qu'elle aime, ce pays qui ne sait même pas qu'il la reconnaît si mal.

J'ai l'honneur aujourd'hui de contribuer à une reconnaissance nationale, évidente à nos yeux, à peine un début au regard du travail accompli par l'artiste Joëlle Léandre.

Joëlle donc, Joëlle la méritante, bosseuse infatigable, voyageuse de même.

Joëlle l'exigeante, rompue au nomadisme avec un instrument trop difficile à trimbaler.

Joëlle la guerrière, sûre d'avoir tant combattu et pourtant encore étonnée de ne pas conquérir plus.

Joëlle l'ironique, qui mêle dans sa vie musique savante et excès sonore.

Joëlle l'aventurière des pays et des arts, et qui

* 23 mai 2000, discours de remise de la médaille de l'ordre national du Mérite.

parcourt les lieux géographiques comme elle traverse le jazz et la musique contemporaine, la poésie et le théâtre.

Joëlle l'impérieuse, impatiente pour elle et pour les autres, convaincue de l'urgence chronique et quotidienne.

Joëlle l'impétueuse, entre torrent et murmure, éclat de voix, éclat de rire.

Joëlle connue et reconnue dans le monde entier.

Écoutons-la :

« Ce n'est pas la France qui m'a nourrie. »

Qui me nourrit, devrait-elle dire. Elle joue sur le temps du verbe, car son enfance est française, nourrie par des parents attentifs et des institutions scolaires qui récompensent son excellence. Mais la France ne la nourrit pas aujourd'hui. Il faut dire que ses maîtres qui sont aussi rapidement ses interlocuteurs sont trouvés par elle au loin : John Cage, Scelsi, pour les plus importants.

Joëlle est une nomade qui n'est pas née nomade. Elle dit aussi : « La France, c'est mes racines », dans ce Sud où la famille modeste aime les voix de l'opéra, où le frère est le premier musicien. La vie paysanne de sa mère, le métier de cantonnier de son père l'inscrivaient dans un lieu qui ne bouge guère.

Et pourtant, elle a pris les routes sur lesquelles son père travaillait et on perd alors le lien entre ses racines et son arbre.

À regarder sa biographie, on voit bien qu'elle est allée au loin, qu'elle a voyagé dès le début, dès 1976. Le voyage n'est donc pas un dépit, ni un pis-aller. Le voyage est un goût, pas le goût du voyage, un goût tout court. J'imagine volontiers que le goût des musiques l'a forcée à voyager.

Elle dit aussi :

« Je suis une guerrière qui lit. »

Quel musicien, quelle musicienne pourrait dire une phrase pareille ? Guerrière ou lectrice, on veut bien ; mais guerrière lectrice, on s'interroge. Guerrière, oui. Se battre avec son instrument d'abord. Elle n'a pas oublié ses larmes du temps de l'apprentissage, ces larmes de gamine qui confinent au désespoir.

Se battre parce que musicienne sûrement. L'artiste n'a pas la vie facile ; l'art n'est jamais reposant. Cette vie pas facile, on l'a dit ; je n'y reviens pas. L'art difficile, avec Joëlle, ce n'est pas seulement l'exécution d'un art, c'est même le contraire. On la dit « aventurière des sons » : elle veut tout, interpréter, improviser, composer ; être savante et vulgaire, crier et chuchoter. Elle veut tous les genres à la fois et successivement. Mais pas n'importe comment : l'improvisation travaille avec l'émotion et le dialogue ; la composition c'est autre chose.

Tout à coup, si elle est une guerrière, le titre de chevalière de l'ordre du Mérite paraît une formule presque trop douce. N'a-t-elle pas dit d'ailleurs qu'elle jouait pour « nettoyer ses colères » ?

Et puis, c'est une guerrière qui lit. On ignore si elle lit lorsqu'elle fait la guerre ou lorsqu'elle se repose. Mais on sait avec certitude qu'elle écrit, qu'elle écrit de la poésie, c'est-à-dire des mots. Évidemment, de la poésie, elle en fait de toute façon, avec des sons, avec son « bout de bois », avec sa

« bonne grosse boîte », avec son corps. Encore une fois il faut dire que Joëlle a le goût de la musique parce qu'elle a le goût tout court, de la littérature et des livres, de la peinture et des tableaux autant que de la musique.

Elle dit encore :

« Vouloir faire passer sur le devant de la scène cette grosse et grande caisse que l'on met toujours derrière. »

Mettre en avant un instrument toujours en plus, jamais au centre. Oui, il y a un engagement dans sa décision de jouer en solitaire d'un instrument renvoyé au collectif et à l'anonyme dans l'histoire de la musique. Quitte à inventer, il faut partir d'un point zéro.

Alors, tout est singulier avec Joëlle. Une femme sur scène avec un grand morceau de bois ; une femme qui défend un instrument trop peu aimé.

De là vient l'invention. De là vient la possibilité de jouer seule, en duo pour le jazz, comme dans un grand ensemble à l'Ircam ; de là vient que sa musique, sur scène et dans ses nombreux disques, est toujours une musique libre, une « free music ». La musique libre de Joëlle Léandre est une affaire personnelle. Nous tous qui sommes ici l'avons entendue un jour ou l'autre. Elle dit « je » quand elle joue, quand elle écrit, quand elle chante. Elle dit « je » à partir des riens de sa vie qui sont tout, un répondeur, quelques chauffeurs de taxi. Mais quand elle dit « je », elle peuple l'espace de tous ceux qui l'écoutent. Là est la magie de son invention ; là est la grande œuvre de création, nous le savons, c'est lorsqu'une singularité parvient à se faire universelle.

Merci, Joëlle, pour cette universalité singulière.

Tu es entrée dans ma vie par ta rue Lepic, sur cette butte si malcommode à la circulation et d'où tu emportes ta grosse boîte tant bien que mal. Daniel Deshays qui me visitait à Barbès venait t'y chercher ou t'y accompagner. Tu nous as suivis à Châtillon où le travail du studio mélange des bouts de musique, leur fait faire des boucles, et quand tout se passe bien, ces morcellements en continu mêlent les rires et les angoisses. La bande se pince quand elle va vite, ou bien se traîne quand elle copie. Ma mémoire est pleine de la multiphonie de ce travail en studio, et de ta voix qui monte et descend, sur tous les tons.

Et c'est, pour finir, mon image de toi.

Merci encore pour cette singularité universelle.

Notes

PREMIÈRE PARTIE
ÉPISTÉMOLOGIE POLITIQUE

I
COLPORTEUSE

1. Voir *infra*, p. 245. Le buste sera finalement inauguré en octobre 2016.

2. Voir *Service ou servitude. Essai sur les femmes toutes mains* [1979], Le Bord de l'eau, 2009.

3. Voir *Muse de la raison. Démocratie et exclusion des femmes en France* [1989], Gallimard, coll. « Folio Histoire », 2017.

4. Geneviève Fraisse, *Les deux gouvernements : la famille et la Cité*, Gallimard, coll. « Folio Essais », n° 390, 2000.

5. Voir *Du consentement* [2007], Seuil, 2017.

6. « Le jeu aporétique des deux sexes », *in* Geneviève Fraisse, *La Controverse des sexes*, PUF, Quadrige, 2001 puis *À côté du genre*, Le Bord de l'eau, 2010.

II
ENTRE PROVENANCE ET GÉNÉALOGIE

1. Sommaires de la revue *Les Révoltes logiques* (1975-1981) sur *Fragments d'Histoire de la gauche radicale*,

http://archivesautonomies.org/spip.php?, article 86, consulté le 6 avril 2017.

2. Geneviève Fraisse, *À côté du genre*, Le Bord de l'eau, 2010.

3. Geneviève Fraisse, « Les femmes libres de 48, moralisme et féminisme », *Les Révoltes logiques*, nº 1, Centre de recherches sur les idéologies de la révolte, repris dans *Les Femmes et leur histoire*, Gallimard, coll. « Folio Essais », 1998, 2010.

4. « Libération des femmes : année zéro », *Partisans*, nº 54-55, F. Maspero, 1970.

5. Voir *infra*, p. 277 ; Julie-Victoire Daubié, *La Femme pauvre au XIXᵉ siècle* [1866], Côté Femmes éditions, 1992.

6. « Poullain de la Barre ou le procès des préjugés », *in* Geneviève Fraisse, *Les Femmes et leur histoire*, Gallimard, coll. « Folio Essais », 1998, 2019 et « Poullain de la Barre, un logicien de l'égalité », *in* Geneviève Fraisse, *La Sexuation du monde. Réflexions sur l'émancipation*, Presses de Sciences Po, 2016.

7. Geneviève Fraisse, *Muse de la Raison. Démocratie et exclusion des femmes en France* [1989], Gallimard, coll. « Folio Essais », 2017 ; *La Sexuation du monde. Réflexions sur l'émancipation*, Presses de Sciences Po, 2016.

III

À REBOURS.
CONTRAT SOCIAL, CONTRAT SEXUEL

1. *Mary Astell et le féminisme en Angleterre au XVIIᵉ siècle*, textes traduits et présentés par Line Cottegnies, ENS Éditions, 2008.

2. Monique Wittig, *La Pensée straight*, Balland, 2001.

3. Joan Kelly, *Women, History and Theory*, The University of Chicago Press, 1984.

4. Joan B. Landes, *Women and the Public Sphere in the Age of the French Revolution*, Cornell University Press, 1988.

5. Carole Pateman, « The theoretical subversiveness of feminism », introduction à Carole Pateman et Elisabeth

Gross (dir.), *Feminist Challenges, Social and Political Theory*, Northeastern University Press, 1986.

6. John Milton, *Doctrine et Discipline du divorce* [1644], trad. et prés. Christophe Tournu, Belin, 2005.

7. François Poullain de la Barre, *De l'égalité des deux sexes* [1673], Michel Serres (éd.), Fayard, 1984.

IV

L'INDOCILE PHILOSOPHE

ENTRETIEN

1. Geneviève Fraisse, *À côté du genre. Sexe et philosophie de l'égalité*, Le Bord de l'eau, 2010.

2. Christiane Dufrancatel, Arlette Farge, Christine Fauré, Geneviève Fraisse, Michelle Perrot, Élisabeth Salvaresi et Pascale Werner, *L'Histoire sans qualités*, Éditions Galilée, 1979.

3. *Clémence Royer. Philosophe et femme de sciences*, La Découverte, 1984 ; coll. [Re]découverte, 2002, réédition.

4. Geneviève Fraisse, « Des héroïnes symboliques ? Celle qui écrit et celle qui parle : George Sand et Louise Michel », *Les Révoltes logiques*, 1977, n° 6, p. 35-54 ; Geneviève Fraisse, *Les Femmes et leur histoire*, Gallimard, coll. « Folio Essais », 1998, 2019.

5. Michelle Perrot (dir.), *Une Histoire des femmes est-elle possible ?*, Rivages, 1984.

6. Arlette Farge et Christiane Klapisch-Zuber (éd.), *Madame ou Mademoiselle ? Itinéraires de la solitude féminine. 18e-20e siècles*, Arthaud-Montalba, 1984.

7. Geneviève Fraisse, *Le Privilège de Simone de Beauvoir* [2008], Gallimard, 2018.

8. En 1998, Michelle Perrot publie *Les Femmes ou les silences de l'histoire* et je publie *Les Femmes et leur histoire* ; ces deux livres sont des recueils d'articles parus à partir du milieu des années 1970 ; les deux titres révèlent bien deux regards opposés.

9. Carole Pateman, *Le Contrat sexuel* [1988], La

Découverte, 2010, trad. Charlotte Nordmann, préf. Geneviève Fraisse et postface Éric Fassin. Voir *supra*, p. 51.

10. Fanny Raoul, *Opinion d'une femme sur les femmes* [1801], Le passager clandestin, 2011, préf. Geneviève Fraisse.

VI

LE MOUVEMENT DES FEMMES, CONTRETEMPS DE MAI 68

1. Voir *infra*, p. 315 et *Élise ou la vraie vie*, Gallimard, 1973.

DEUXIÈME PARTIE CORPS COLLECTIF

I

LE CORPS DE LA FEMME EST UN ÉCRAN OÙ CHACUN PROJETTE SA VIOLENCE

1. Geneviève Fraisse, *Les Excès du genre. Concept, image, nudité*, Éditions Lignes, 2014.

III

LE CONSENTEMENT EST UN MOT ARCHAÏQUE

1. Entretien avec Laure Adler, « Hors-champs », France Info, 3 décembre 2015.

IV

LES FEMMES FONT CORPS

1. « Affaire DSK : le fait divers, c'est du politique », *in* Geneviève Fraisse, *La Fabrique du féminisme* [2012], Le Passager clandestin, 2018.

2. Voir *infra*, p. 212.

3. Ce procès a marqué une étape dans la discussion sur « le consentement » et la prise de conscience de la gravité du viol, devenu en 1980 un crime puni de 15 ans de réclusion criminelle.

4. Voir *infra*, p. 126.

VII

« L'HISTOIRE SE FAIT SOUS NOS YEUX »

1. Carole Pateman, *Le Contrat sexuel* [1988], La Découverte, 2010, trad. Charlotte Nordmann, préf. Geneviève Fraisse et postface Éric Fassin. Voir *supra*, p. 51.

IX

UNE HISTOIRE SANS FIN

1. Choderlos de Laclos, *De l'éducation des femmes* [1783], Éditions des équateurs, 2018. Voir *infra*, p. 126.

X

« MAINTENANT, C'EST LA QUESTION DU CORPS... »

1. Geneviève Fraisse, « Sur l'incompatibilité supposée de l'amour et du féminisme », *Esprit*, mai 1993, n° 191, p. 71-77, repris dans *À côté du genre*, Le Bord de l'eau, 2010.

XI

DÉMOCRATES... ET SEXISTES

1. Geneviève Fraisse, *Les deux gouvernements : La famille et la Cité*, Gallimard, coll. « Folio Essais », n° 390, 2000.

TROISIÈME PARTIE
L'ÉPREUVE DE L'HISTOIRE

1. Voir *infra*, p. 107.

X
L'EXTRAORDINAIRE SEXISME ORDINAIRE

1. Saisi par l'association « Les Effronté-e-s », le tribunal administratif de Strasbourg avait interdit le placement de ces silhouettes un peu partout dans la ville. La mairie avait alors saisi le Conseil d'État.

2. Loi souhaitée par Simone de Beauvoir dans sa préface à l'édition du *Sexisme ordinaire* (Seuil, 1979), chronique inaugurée dans *Les Temps modernes* en 1973.

3. Geneviève Fraisse, *Muse de la Raison. Démocratie et exclusion des femmes en France* [1989], Gallimard, coll. « Folio Essais », 1995, chap. 5, « L'âme des femmes ».

QUATRIÈME PARTIE
LIGNÉES ET ABEILLES

1. Édith Thomas, *Les Femmes de 1848*, Puf, 1948.

HUBERTINE AUCLERT (1848-1914)
LE SIGNE ÉGAL, OU LA LOGIQUE DANS L'HISTOIRE

1. Julie-Victoire Daubié, *La Femme pauvre au XIXe siècle* [1866-1871], éd. Agnès Thiercé, Côté-Femmes éditions, 1992 ; Julie-Victoire Daubié, *L'Émancipation de la femme*, Paris, 1871-1872 ; Jenny d'Héricourt, *La Femme affranchie. Réponse à MM. Michelet, Proudhon, E. de Girardin, A. Comte*, Bruxelles-Paris, 1860 ; *Opinions de femmes, de la veille au lendemain de la Révolution française* (textes de M.-A. Gacon-Dufour, O. de Gouges, C. de Salm, A. Clément-Hémery, F. Raoul), éd. Geneviève Fraisse, Côté-Femmes éditions, 1989.

2. Elle popularise le mot « féminisme », inventé dans un tout autre contexte, médical et littéraire, quelques années plus tôt.

YVONNE KNIBIEHLER (1922-)

1. Michelle Perrot (dir.), *Une Histoire des femmes est-elle possible ?*, Rivages, 1984.

DEUXIÈME PARTIE

CORPS COLLECTIF

TROISIÈME PARTIE

L'ÉPREUVE DE L'HISTOIRE

QUATRIÈME PARTIE

LIGNÉES ET ABEILLES

DE LA MÊME AUTRICE

Aux Éditions Gallimard

MUSE DE LA RAISON. Démocratie et exclusion des femmes en France [1989], coll. « Folio Histoire », n° 68, 1995, 2017, édition augmentée d'une postface « Démocratie exclusive, république masculine ».

LES FEMMES ET LEUR HISTOIRE, coll. « Folio Histoire », n° 90, 1998, 2019, reprise partielle de LA RAISON DES FEMMES [1992] et autres textes, édition augmentée en 2010 d'une préface « "Leur" histoire, ou comment échapper à la ritournelle ».

LES DEUX GOUVERNEMENTS : LA FAMILLE ET LA CITÉ [2000], coll. « Folio Essais », n° 390, 2019.

LE MÉLANGE DES SEXES, Gallimard Jeunesse, 2006.

LE PRIVILÈGE DE SIMONE DE BEAUVOIR [2008], coll. « Folio Essais », n° 642, 2018, édition augmentée.

Chez d'autres éditeurs

Essais

FEMMES TOUTES MAINS. Essai sur le service domestique, Seuil, 1979 ; SERVICE OU SERVITUDE. Essai sur les femmes toutes mains, Le Bord de l'eau, 2009, nouvelle édition augmentée d'une préface « 30 ans après... ».

CLÉMENCE ROYER. Philosophe et femme de sciences, La Découverte, 1984 ; coll. [Re]découverte, 2002, réédition.

MUSE DE LA RAISON. La démocratie exclusive et la différence des sexes, Alinéa, 1989.

LA RAISON DES FEMMES, Plon, 1992.

LA DIFFÉRENCE DES SEXES, Puf, 1996.

LA CONTROVERSE DES SEXES, Puf, 2001.

DU CONSENTEMENT, Seuil, 2007 ; 2017, édition augmentée d'un épilogue « Et le refus de consentir ? ».

LE PRIVILÈGE DE SIMONE DE BEAUVOIR, Actes Sud, 2008.

L'EUROPE DES IDÉES, suivi de TOURISTE EN DÉMOCRATIE, CHRONIQUE D'UNE ÉLUE AU PARLEMENT EUROPÉEN. 1999-2004, avec Christine Guedj, France Culture / L'Harmattan, 2008.

À CÔTÉ DU GENRE. Sexe et philosophie de l'égalité, Le Bord de l'eau, 2010, reprise de LA DIFFÉRENCE DES SEXES [1996], LA CONTROVERSE DES SEXES [2001] et autres textes.

LA FABRIQUE DU FÉMINISME. Textes et entretiens, Le passager clandestin, 2012 ; coll. Poche, 2018, édition augmentée d'une préface « Automne 2017 : fin de la disqualification ».

LES EXCÈS DU GENRE. Concept, image, nudité, Lignes, 2014 ; Seuil, coll. « Points », 2019, édition sous-titrée « Une enquête philosophique ».

LA SEXUATION DU MONDE. Réflexions sur l'émancipation, Presses de Sciences Po, 2016.

LA SUITE DE L'HISTOIRE. Actrices, créatrices, Seuil, 2019.

Ouvrages en collaboration

HISTOIRE DES FEMMES EN OCCIDENT, Georges Duby et Michelle Perrot (dir.), vol. IV (XIXe siècle), avec Michelle Perrot, Plon, 1991 ; Perrin, coll. « Tempus », 2002.

DEUX FEMMES AU ROYAUME DES HOMMES, avec Roselyne Bachelot et la collaboration de Ghislaine Ottenheimer, Hachette Littératures, 1999.

Éditions

Marie Armande Gacon-Dufour, Olympe de Gouges, Constance de Salm, Albertine Clément-Hémery, Fanny Raoul, OPINIONS DE FEMMES DE LA VEILLE AU LENDEMAIN DE LA RÉVOLUTION FRANÇAISE, Côté-Femmes éditions, 1989.

Fanny Raoul, OPINION D'UNE FEMME SUR LES FEMMES [1801], Le passager clandestin, 2011.

Choderlos de Laclos, DE L'ÉDUCATION DES FEMMES [1783], Éditions des équateurs, 2018.

Rapports d'initiative parlementaire

THÉÂTRE ET ARTS DU SPECTACLE DANS L'EUROPE ÉLARGIE, Parlement européen, 2002.

FEMMES ET SPORT, Parlement européen, 2003.

Composition Nord Compo.
Impression Novoprint,
à Barcelone, le 27 janvier 2021.
Dépôt légal : janvier 2021.
1er dépôt légal dans la collection : décembre 2019.
ISBN 978-2-07-287799-5./Imprimé en Espagne.

394005